译作卷/中

许振轩 编

吕荧全集

时代出版传媒股份有限公司
安徽教育出版社

(1915—1969)

本卷说明

本卷收录吕荧先生1952年至1957年翻译出版的文艺理论集,分别为《列宁论作家》(列宁著,1952年新文艺出版社出版),《列宁与文学问题》(A.米雅斯尼科夫等著,1953年国际文化服务社出版),《论西欧文学》(普列汉诺夫著,1957年人民文学出版社出版)。

目录

党的组织和党的文学　003

列宁论作家　010

论别林斯基、赫尔岑、车尔尼雪夫斯基　011

论拉吉希柴夫　015

论别林斯基　017

论赫尔岑　021

论车尔尼雪夫斯基　030

论杜布罗柳波夫　043

论毕沙莱夫　045

论谢甫琴珂　047

论屠格涅夫　048

论涅克拉索夫　052

论萨尔蒂科夫·谢德林　055

论乌斯宾斯基　066

论马雅可夫斯基　068

论绥拉非摩维奇　070

论巴比塞 071
论约翰·李德 073

列宁论托尔斯泰 074
列夫·托尔斯泰，一面俄国革命的镜子 075
列夫·托尔斯泰 082
转变没有开始吗？ 088
列夫·托尔斯泰与现代工人运动 091
托尔斯泰与无产阶级的斗争 094
"躲躲藏藏"的英雄们 096
列夫·托尔斯泰和他的时代 103

列宁论高尔基 108

辑译后记 161

译者引言 165
列宁与苏联艺术 167
列宁与文学问题 182
列宁论托尔斯泰 198

列宁与文学问题

评封·波连茨的长篇小说《农民》 227
亨利克·易卜生 234
斯托克曼医生的儿子 304
两篇关于古·朗松《法国文学史》一书的评论 332
关于加·摩格拉《一个社会的末日》一书的评论 352
注释 360

列宁论作家

列宁 著

列宁论作家

党的组织和党的文学

十月革命[1]之后在俄国造成的社会民主党工作的新条件,在日程上提出了党的文学的问题。非法的刊物和合法的刊物的分别,专制的俄国,农奴制时代可悲的遗物,开始在消失。它还没有死,还远得很。我们内阁总理的伪善的政府[2]还在这样的胡作妄为,《工人代表苏维埃新闻》[3]还得要"非法地"出版,但是,除去对政府的耻辱,除去给它新的精神上的打击,这种愚蠢的企图"禁止"政府所没有力量干涉的东西,是什么也得不到的。

当非法的和合法的刊物之间的分别存在着的时候,党和非党的刊物的问题是极端简单而又极端虚伪、畸形地解决的。所有非法的刊物都是党的,由各个组织出版,由各个集团主持,它们和党的实际工作者的集团有这样或那样的联系。所有合法的刊物都是非党的——因为党性是被禁止的——但是都"倾向"于这一党或那一党。

不可避免地,就有了畸形的联合,变态的"同居",虚伪的掩护;想表示党的观点的人不得不说些含糊其辞的话,和那些没有成长到党的

---

[1] 指一九〇五年十月开始的革命运动。
[2] 指维特伯爵政府。维特一九〇五年任内阁总理,采取缓和、麻痹革命运动的伪善政策。一九〇五年十月革命运动发生,沙皇在十月底发表宣言承认言论、出版自由,等等,就是这种伪善政策之一。
[3] 《工人代表苏维埃新闻》是彼得堡工人代表苏维埃的正式机关报,但是得秘密地出版,从一九〇五年十月十七日(三十日)到十二月十四日(二十七日),共出十期。

观点的人们、那些在本质上不是党人的人们底不彻底的或是懦怯的思想混淆在一起了。

这个伊索寓言的笔调、卑躬屈节的文字、奴隶的语言、农奴制度的思想的可诅咒的时代！无产阶级结束了这种窒息俄罗斯一切活生的新鲜的力量的丑恶行为。但是无产阶级目前只为俄国争取到一半的自由。

革命还没有完成。如果沙皇制度"已经没有"力量战胜革命,那么革命也"还没有"力量战胜沙皇制度。我们生活在这样一个时候,到处都看得到公开的、忠实的、直率的、彻底的党性,和地下的、掩蔽的、"外交辞令的"、模棱两可的"合法性"的不自然的结合。这种不自然的结合在我们的报纸上也看得到：不管古期科夫先生[1]怎样嘲骂禁止印行自由主义资产阶级的温和报纸的社会民主党的暴政,而事实仍然是事实,俄国社会民主工党的中央机关报,《无产者》报[2],仍然被关在"专制的"警察的俄国的门外。

无论怎样,一半的革命逼迫我们大家赶快着手把事情进行新的整顿。文学现在能够,甚至"合法地",十分之九是党的。文学应当成为党的。针对着资产阶级的习气,针对着资产阶级营业性的、生意经的出版事业,针对着资产阶级文学上的地位主义和个人主义,"老爷式的无政府主义"和唯利是图——社会主义的无产阶级应当提出"党的文学"的原则,发展这个原则,并且尽可能以更完全更完整的方式实

---

[1] 古期科夫,大工业资本家和大地主的反革命政党十月党的领袖。
[2] 《无产者》报是布尔塞维克的报纸,俄国社会民主工党的中央机关报,根据党第三次代表大会的决议创办的。党中央委员会并且决议任命列宁为主编。《无产者》报在日内瓦出版,一九〇五年九月十四日(二十七日)创刊。

现它。

这个党的文学的原则的含义是什么呢？这不只是说，对于社会主义的无产阶级，文学事业不能是个人或者团体谋利的工具，而且整个地说来，它不能是脱离总的无产阶级事业的个人的事业。打倒非党的文学家！打倒超人的文学家！文学事业应当成为整个无产阶级事业的"一部分"，成为一个统一的、伟大的、由整个工人阶级全体觉悟的先锋队所推动的社会民主主义的机器底"齿轮和螺丝钉"。文学事业应当成为有组织的、有计划的、统一的社会民主党的工作底组成部分。

"一切的比喻都有缺陷"，德国的谚语说。我把文学比作螺丝钉，把活的运动比作机器，也是有缺陷的。或许，甚至会有一些歇斯底里的知识分子因为这样的比喻大声号叫起来，这个比喻降低了、僵硬了、"官僚主义化了"自由的思想斗争、批评的自由、文学创作的自由等等。在实质上，这一类的号叫只是资产阶级知识分子个人主义的表现。无可争论地，文学事业最不允许机械的平均、划一、少数服从多数。无可争论地，在这种事业里无条件地必须保证个人的创造性，个人的爱好的广大的范围，思想和幻想、形式和内容的广大的范围。这一切都是无可争论的，可是这一切只说明了，无产阶级党的事业底文学部分不能和无产阶级党的事业底其他部分被呆板地一样看待。这一切并不能推翻那个对于资产阶级和资产阶级民主派陌生而又奇怪的原则：文学事业应当必定要成为和其他部分不可分离的联系着的、社会民主党的工作底一部分。报纸应当成为各个党组织的机关报。文学家应当一定要参加党的组织。出版社和书库，书店和阅览室，图书馆和各种书报贩卖所——这一切都应当成为党的、负责任的机构。有组织的社会主义的无产阶级应当监督这一切工作，掌握这一切工作，在这一切工作里面,没有任何例外的,带进生气蓬勃的无产阶级事业底生气蓬勃的活力,这样,取消那种旧式的、半奥勃罗摩夫[1]式的、半生意经的俄国的原则——"作者写写,读者读读"——的一切地盘。

我们不是说,自然,这种被亚洲的检查制度和欧洲的资产阶级弄糟了的文学事业的改造,能够一下子做到。我们一点不是想宣传什么一色的制度或是用些条规来解决任务。不,在这个领域里是最不能讲公式主义的。问题在于使我们整个的党,使全俄国整个觉悟的社会民主主义的无产阶级都认识到这个新任务,明白地提出它,处处地来着手解决它。摆脱了农奴制的检查制度的束缚,我们不愿意去而且也决不去做资产阶级生意经的文学关系的俘虏。我们要创造而且我们也一定会创造自由的出版事业,不仅在脱离警察压迫而自由的意义上,而且也在脱离资本而自由,脱离地位主义而自由的意义上;不但如此,而且也在脱离资产阶级无政府的个人主义而自由的意义上。

最后这一句话好像是奇僻之论或是嘲笑读者的话。怎么!也许,某一位知识分子,自由的热烈的拥护者,会叫喊起来。怎么!你想叫像文学创作这样精细的个人的事情服从集体!你想让工人用多数表决来解决科学、哲学、美学的问题!你否认绝对个人的思想的创作底绝对自由!

——冷静点,先生们!第一,我们说的是党的文学和文学服从党的掌握。每一个人都有自由写他愿意写,说他愿意说的一切,没有丝毫的限制。但是每一个自由的结社(党也在内)也有自由开除那些利用党的招牌来宣传反党观点的分子。言论和出版的自由应当是充分

---

[1] 冈察罗夫的小说《奥勃罗摩夫》里的主人翁,一个典型的过寄生生活的地主。

的。但是结社自由也应当是充分的。就言论自由讲，我应该给你充分的权利随你高兴地去叫喊、撒谎、写作。但是就结社自由讲，你应该给我权利吸收或是开除说这样或那样话的人。党是自愿的结社，它如果不清洗那些宣传反党观点的党员，就不可避免地要瓦解，起初在思想上，然后在实际上瓦解。确定党的和反党的界限，有党纲、有党的策略的决议和党章，最后，有国际社会民主党、无产阶级的国际的自愿结社底全部经验，它经常地吸收一些不完全彻底的、不完全纯粹马克思主义的、不完全正确的、个别的分子或者派别到自己的党里来，可是也经常地定期"清洗"自己的党。我们也要，资产阶级的"批评自由"的拥护者先生们，"在党内"这样子做：现在我们的党马上要成为群众性的，现在我们处在突然转到公开的组织的过渡时期，现在不可避免地会有许多不彻底的（从马克思主义的观点来看）人，或许，甚至于有些基督教徒，或许，甚至于有些神秘主义者，要加入我们的党。我们有坚强的胃，我们是坚如铁石的马克思主义者[1]。我们消化得了这些不彻底的人们。党内的思想自由和批评自由决不是叫我们忘记人们组织命名为党的、自由的结社的自由。

第二，资产阶级个人主义者先生们，我们应当告诉你们，你们所说的绝对的自由只是一种伪善。在以金钱势力作基础的社会里，在劳动群众当叫化子而一小撮富人作寄生虫的社会里，不可能有真正的真实的"自由"。作家先生，你能脱离资产阶级的出版人而自由吗？你能脱离要求你画春宫画、卖淫图来"补充""神圣的"舞台艺术的资产阶级的

---

[1] 指布尔塞维克。列宁在《政治评论》里写道："这将是一场顽强的战争。我们善于在革命以前工作了多年。无怪乎人们称我们为坚如铁石的人。"（《列宁全集》第十三卷，第四〇九页）

观众而自由吗？要晓得这种绝对的自由只是资产阶级的或无政府主义的辞令(因为，作为世界观，无政府主义是翻过来的资产阶级思想)。生活在社会里要脱离社会而自由是不可能的。资产阶级的作家、艺术家、演员的自由，不过是戴着假面具的(或者伪善的装扮了的)对于钱袋、收买、豢养的依赖。

而我们，社会主义者，暴露这种伪善，揭穿这个假的招牌，不是为了要弄出非阶级的文学和艺术(这只有在社会主义的没有阶级的社会里方才可能)，而是为了拿真正自由的、"公开的"和无产阶级联系着的文学，去对抗伪装自由的，而实际上和资产阶级联系着的文学。

这将是自由的文学，因为不是利益也不是地位，而是社会主义的思想和对劳动人民的情感将要把一批又一批新的力量吸引到它的队伍里来。这将是自由的文学，因为它不为饱食终日的贵妇人，不为胖得发愁的和苦闷的"几万上等人"服务，而是为千千万万劳动人民服务，他们是国家的精华、国家的力量、国家的将来。这将是自由的文学，它要用社会主义的无产阶级底经验和活的工作去丰富人类革命思想的最高成就，它要建立过去的经验(完成了社会主义从原始的空想的形式发展成科学的社会主义)和现在的经验(工人同志们现在的斗争)之间的经常的相互的作用。

工作罢，同志们！在我们面前是困难的和新的，然而是伟大的和荣幸的任务——组织广大的、多方面的、多样性的，和社会民主主义工人运动密不可分地联系着的文学事业。所有的社会民主主义的文学应当成为党的。所有的报纸、杂志、出版社等应当立即进行改组的工作，准备条件，使它们在这样或者那样的原则上整个地加入到这些或者那些党的组织里去。只有那时候"社会民主主义的"文学才在实际上成为社会民主主义的,只有那时候它才能尽到它的责任,只有那时候它才能在资产阶级的社会结构里挣脱资产阶级的奴役而与真正前进的彻底革命的阶级底运动会合起来。

一九〇五年十一月

——《列宁全集》第十卷,第二六—三一页

列宁论作家

论别林斯基、赫尔岑、车尔尼雪夫斯基

没有革命的理论，就不会有革命的运动。当醉心于最狭隘的实际活动与机会主义的时髦宣传打成一片的时候，必须极力地坚持这个思想。而对于俄国社会民主党，理论的意义更因为人们常常忘记的三种情况而增大，这三种情况就是：第一，我们的党只是刚刚组成，只是刚刚形成自己的面貌，还远没有同革命思想里许多会使运动离开正确道路的其他的派别算清账目。恰恰相反，正是在最近的时期（正如阿克塞尔罗德[1]早已就向经济主义者[2]预告过的）非社会民主主义的革命思潮活跃起来了。在这样的情况下，初看起来是"并不重要的"错误可能引起极可悲的后果，只有近视的人，才会以为派别的争论和严格的区别各派的色彩是不合时宜的或多余的事。这种或是那种"色彩"的巩固，可能决定俄国社会民主党将来许许多多年代成败的前途。

第二，社会民主党的运动，按它的本质说，是国际的。这不仅

---

[1] 阿克塞尔罗德，俄国社会民主党的创始人之一，后来成为孟塞维克派，第二国际的领袖之一，反对列宁和苏维埃政权。
[2] 经济主义者——这是俄国马克思主义组织里第一个妥协主义的机会主义集团，他们主张"与厂主及政府作经济斗争"，而政治斗争则让自由资产阶级去做。这在实际上就是放弃政治斗争，否定工人阶级需要有独立的政党，使工人阶级变成资产阶级的政治附庸。

仅是说，我们应当和本国的沙文主义[1]斗争。这也是说，在年青的国家里刚刚开始的运动，只有在它运用别的国家的经验的条件下，才能顺利发展。但是，要真能运用别国的经验，简单地认识这种经验或是简单地抄袭别国最近的决议是不够的。要真能做到这个，必须要善于用批评的态度来对待这种经验并且独立地来检验它。谁只要想一想，今天的工人运动已经发展和散布得多么广大，就会懂得，为了实现这个任务需要储蓄多少理论的力量和政治的（以及革命的）经验。

第三，我国社会民主党的民族的任务，是世界上任何一个社会主义的党所没有过的任务。我们在下面就要说到把全体人民从专制政治的统治底下解放出来这个任务加在我们身上的那些政治责任和组织责任。现在我们只想指出一点，就是："只有用先进的理论作指导的党，才能实现先进的战士的任务。"读者如果要多少具体地领会这句话的含意，就请回忆一下俄国社会民主党的那些先验者，如赫尔岑、别林斯基、车尔尼雪夫斯基，以及七十年代那群光辉的革命家，请想一想俄国文学现在所获得的全世界的意义，请……这就已经够了！

——《列宁全集》第五卷，第三四一——三四二页，《做什么？》

俄国工人出版事业的历史是和民主主义与社会主义运动的历史不可分地联系着的。……

---

[1] 沙文主义，即极端狭隘的爱国主义。

俄国的解放运动经过三个主要的阶段，这三个阶段对应着俄国社会的三个主要的阶级，每一个阶级都在运动上打下了自己的标记：（一）贵族时期，约自一八二五年至一八六一年；（二）平民知识分子或资产阶级民主主义时期，约自一八六一年至一八九五年；（三）无产阶级时期，自一八九五年到现在。贵族时期最卓越的人物是十二月党人[1]和赫尔岑。在那个时期，在农奴制度下面，从整个的农奴群众中间，从没有任何权利的、"卑贱的"、"愚昧的""阶层"里分出一个工人"阶级"，这是根本谈不到的事。那个时期赫尔岑主编的大体是民主主义的、没有遭受检查的《钟》，以及类似的刊物，是工人的（无产阶级民主主义的或社会民主主义的）出版事业的先驱者。

正如同十二月党人唤醒了赫尔岑，赫尔岑和他的《钟》帮助唤醒了"平民知识分子"、自由主义和民主主义资产阶级有学识的代表人物；这些人不是贵族，而是官吏、市民、商人、农民。而在俄国解放运动中，完全取贵族而代之的平民知识分子的先驱者，就是还生活在农奴制度时代的别林斯基。别林斯基那封总结了他的文学活动的有名的《给果戈理的信》[2]，是没有遭受检查的民主主义出版物中最好的作品之一，这封信一直到今天仍然保持着重大的活生生的意义。

农奴制度的崩溃引起了平民知识分子的出现，他们在总的方面是解放运动的主要的、群众的代表人物，在个别的方面也是民主主

---

[1] 十二月党人，俄国贵族革命分子组织的团体，一八二五年十二月十四日武装起义，想推翻尼古拉第一，结果失败。这是俄国历史上第一次反对沙皇专制的武装革命。
[2] 《给果戈理的信》，别林斯基作于一八四七年七月，在信里他严厉地批评了果戈理晚年的反动思想。这封信是在国外写的，第一次发表在一八五五年赫尔岑在伦敦印行的《北极星》上面，没有遭受沙皇政府的检查。

义的、没有受到检查的出版事业的代表者。配合着平民知识分子的观点，民粹主义成了主要的潮流。作为一个社会的潮流，民粹主义从来没有能够从右边和自由主义分清界限，也没有能够从左边和无政府主义分清界限。但是车尔尼雪夫斯基，接着赫尔岑发展了民粹主义的观点，比赫尔岑向前跨了巨大的一步。车尔尼雪夫斯基是位更彻底更战斗的民主主义者。他的著作里呼吸着阶级斗争的精神。他划出了分明的界线，暴露了自由主义的叛变，这到如今还是立宪民主党人[1]和取消派[2]所恨透了的。尽管车尔尼雪夫斯基有他的乌托邦社会主义，但他是一位对资本主义非常深刻的批评家。

——《列宁全集》第二十卷，第二二三——二二四页，
《俄国工人过去的出版事业》

---

[1] 立宪民主党，帝俄时代自由主义的地主和资产阶级的政党。
[2] 取消派，孟塞维克的团体，在沙皇政府极端反动时期，主张取消不合法的地下的革命运动，改作合法的公开革命运动，实际上就是取消革命运动。

论拉吉希柴夫

我们，大俄罗斯的觉悟的无产者，是没有民族的骄傲的情感的么？自然，不！我们爱我们的语言和我们的祖国，我们竭尽全力地工作，为了使她的劳动人民（即她的十分之九的居民）提高到民主主义者和社会主义者的觉悟的生活中来。我们无比苦痛地看到和感到，我们美好的祖国遭受沙皇的刽子手、贵族、资本家们的暴行、压迫、凌辱。我们引以为傲的是：这些暴行引起了我们中间、大俄罗斯人中间的反抗，"这种"人中间出来了拉吉希柴夫[1]，十二月党人，七十年代的平民知识分子革命家，大俄罗斯的工人阶级在一八五〇年创造了人民大众的强有力的革命的党，大俄罗斯的农民也在这时候开始变成民主主义者，开始打倒神父和地主。

——《列宁全集》第二十一卷，第八五页，
《论大俄罗斯人的民族的骄傲》

我们不想说，这个深思熟虑的反动的警察政策，执政的那帮人

---

[1] 拉吉希柴夫（1749—1802），俄国最早的一个民主主义者。他写了一本《从彼得堡到莫斯科的旅行记》，暴露农奴制度的黑暗与罪恶，因此被捕，流放西伯利亚。后来他回到俄国，终于被迫服毒自杀。在俄国，他是为人民争取自由解放而牺牲的第一个作家。

物是全体还是只有几个人清楚地知道它并且有计划地来实行它。他们中间可能有些个别的人，自然，由于自己的短见，没有整个地思考过这个政策，并且因为天真地欢喜"自由主义"，看不出它的警察的外套。但是一般地整个地说来，无疑地，执政者们集合的经验和集合的智慧强迫他们确定不移地来实行这个政策。大多数高官显贵，并没有白白地经历长时期的尼古拉的政治[1]和警察的训练，可以说，没有白白地饱经磨炼。他们记得，君主们怎样忽而玩弄自由主义，忽而成为拉吉希柴夫们的刽子手并且"放任"阿拉克契也夫们[2]去虐待忠顺的臣民；他们记得一八二五年十二月十四日[3]并且担当过欧洲的宪兵的职务，那（职务）是俄国政府在一八四八年至一八四九年所执行过的[4]。专制政治的历史经验不仅仅迫使政府实行威吓和腐化的政策，并且迫使许多独立的自由主义者竭力劝告政府采取这个政策。……

——《列宁全集》第五卷，第二八页，
《地方议会的迫害者与自由主义的
汉尼巴们》

---

[1] 指沙皇尼古拉第一（1825—1855在位）实行的极端反动的专制政治。
[2] 阿拉克契也夫，沙皇亚历山大第一（1801—1825在位）宠信的陆军大臣，反动派的首领，一个专横残暴而又卑鄙无耻的人物。
[3] 指十二月党人的武装起义。
[4] 沙皇尼古拉第一积极参加镇压欧洲的革命运动，并且一八四九年出兵匈牙利镇压革命，当时俄国有"欧洲的宪兵"之称。

论别林斯基

"自由主义的叛变行为的百科全书"[1]包括三个基本的主题：（一）和俄国的（及国际的）民主主义的整个世界观的思想基础作斗争；（二）背弃近年来的解放运动并且对它进行污蔑；（三）公开宣布自己对十月党[2]的资产阶级、对旧政权、对整个旧俄国的"仆从的"心情（以及与之相适应的"仆从的"政策）。

《路标》的作者们从"知识分子的"世界观底哲学基础开始。贯穿全书的显明的线索是和唯物论作坚决的斗争，唯物论被认为是教条主义、形而上学，"研究哲理的最初步的最低级的形式"（第四页；引文据《路标》第一版，下同）。实证论受到谴责，它"对于我们"（即对于《路标》所要消灭的俄国"知识分子"）"和唯物论的形而上学是一个东西"，或者是"专门地用唯物论的精神"解释了（十五页），然而——"没有一个神秘主义者，没有一个信教者会否认科学的实证论和科学"（十一页）。不要开玩笑了罢！"对于观念论的和宗教的神秘主义的倾向的敌对"（六页）——这就是《路标》攻击"知

---

[1] 指立宪民主党政论家一九〇九年春天在莫斯科出版的文集《路标》。在《路标》里，这些自由主义资产阶级的文士们大肆攻击民主主义和俄国人民革命运动，宣传和沙皇政府妥协合作的反动思想。

[2] 十月党，俄国大工业资本家和大地主组织的反革命政党，成立于一九〇五年十月。

识分子"的原因。"尤尔凯维奇[1]，无论怎么说，和车尔尼雪夫斯基比起来，他是一个真正的哲学家。"（四页）

十分自然地，站在这个观点上面，《路标》不断地攻击"知识分子的"无神论，决然地力图完全恢复宗教的世界观。十分自然地，消灭了哲学家车尔尼雪夫斯基之后，《路标》又来消灭政论家别林斯基。别林斯基、杜布罗柳波夫、车尔尼雪夫斯基——是"知识分子的"领袖（一三四、五六、三二、十七等页）。卡阿达也夫、乌拉吉米尔·梭罗夫约夫、朵斯妥也夫斯基——"完全不是知识分子"。第一群人是《路标》与之作生死斗争的思潮的领袖。第二群人"不断地反覆说明"的，正是《路标》也在反覆的话，但是"知识分子不听他们的话，从他们身旁走过去了"，《路标》的序言如此说道。

读者从这里已经能够看到，《路标》攻击的并不是"知识分子"，这只是一种装模作样的，乱人耳目的表现方法。攻击是对民主主义，对民主主义世界观全面进行的。因为那个自吹自擂是"立宪民主主义的"党的思想领袖们，不便说出事物的真正的名称，所以他们借用《莫斯科新闻》[2]的术语，他们舍弃的不是民主主义（多么无耻的鬼话！），而只是"知识分子精神"。

别林斯基给果戈理的信，《路标》宣布道，是"知识分子情绪的热烈而且典雅的表现"（五六页）。"从别林斯基之后开始的我们的政论的历史，就生活的理解而言——简直是一场噩梦"（八二页）。

是的，是的。农奴制度下的农民反对农奴制度，显然，这是"知识分子的"情绪。最广大的人民群众从一八六一年到一九〇五年

---

[1] 尤尔凯维奇，乌克兰民族社会党人，机会主义者。
[2] 《莫斯科新闻》，起初是最反动的贵族地主和神父的报纸，一九〇五年之后，是黑帮的主要机关报之一。

对整个俄国生活机构里残余的农奴制度的抗议和斗争，显然，"简直是一场噩梦"。或者，按照我们聪明的和有教养的作者们的意见，在给果戈理的信里别林斯基的情绪能够和农奴制度下农民的情绪是无关的？我们的政论的历史能够和人民大众对残余的农奴制度的压迫的愤怒是无关的？

《莫斯科新闻》总是证明，俄国的民主主义，虽说从别林斯基开始，却一点没有表现出最广大的人民群众在争取被农奴制度所破坏的、人民的最基本的权利的斗争中的意愿，而仅仅表现出"知识分子的情绪"。

《路标》和《莫斯科新闻》的计划，在哲学上和在政论上是一样的。不过在哲学上自由主义的叛徒们决心说出全部的实话，揭露"全部的"纲领（对唯物论和唯物地论证的实证论作战，复兴神秘论和神秘的世界观），而在政论里他们含糊其辞、兜圈子、耍花头。他们背弃了民主主义最根本的思想，基本的民主主义的趋向，但是装出一副他们只是抛弃"知识分子精神"的样子。自由主义的资产阶级决然从保护人民的权利转向保护反人民的制度。但是，自由主义的政论希望保持"民主主义者"的称号。

对别林斯基给果戈理的信和对俄国政论的历史要过的，现在又对最近的运动的历史要着的，就是这么一套把戏。

——《列宁全集》第十六卷，第一〇七——一〇九页，
《论〈路标〉》

资产阶级的人物和资产阶级的知识分子就是这样说着、想着、行动着。从"自私自利的"观点看来，他们的行为是很明白的：那

些地主农奴主的依附者和寄生者们、神父们、录事们、果戈理笔下的各种典型的官吏们，憎恨别林斯基的"知识分子们"，全都觉得"难以"和农奴制度分离。但是剥削者和他们的知识奴才们的事情——是无望的事情。工人和农民在摧毁他们的抵抗——可惜，还不够坚强、彻底、无情——"并且一定会摧毁的"。

　　　　——《列宁全集》第二十六卷，第三六九页，
　　　　　《怎样组织竞赛？》

论赫尔岑

从赫尔岑诞生之日起,过去有一百年了。所有的俄国自由主义者都纪念他,小心地回避严重的社会主义问题,加意地掩盖"革命者"赫尔岑与自由主义者不同的地方。右派的报纸刊物也谈论赫尔岑,说谎话骗人,说赫尔岑在晚年弃绝了革命。至于在国外的自由派和民粹派纪念赫尔岑的言论,满篇都是些花言巧语。

工人的党应当纪念赫尔岑,不是为了要讲些庸俗的颂词,而是为了阐明自己的任务,为了阐明在俄国革命的准备上起了伟大作用的这位作家底真正的历史地位。

赫尔岑属于十九世纪前半期贵族地主革命家那一代的人物。贵族给了俄国毕隆[1]之流和阿拉克契也夫之流无数的"酗酒的军官、斗架的好汉、赌徒、市集上的恶霸、犬奴、打手、刑吏、淫棍",以及痴心妄想的玛尼罗夫们[2]。"也在他们中间,"赫尔岑写道,"生长出了十二月十四日的人物[3],这一群英雄,像罗缪勒斯和里玛

---

[1] 毕隆,俄国女皇安娜·伊凡诺夫娜(1730—1740在位)的宠臣,当时反动统治制度的首领。
[2] 玛尼罗夫,果戈理的小说《死魂灵》里的一个地主,以糊涂无能、痴心妄想为特色。
[3] 指十二月党人。

斯[1]一样,是用野兽的奶养大的……这是一些从头到脚都由纯钢铸成的英雄,勇敢的战士,他们自觉地赴汤蹈火,为的是唤醒年青的一代走向新生活,清洗那些在刽子手和奴才中间生长大的孩子。"[2]

赫尔岑就是这些孩子中的一个。十二月党人的起义唤醒了他并且"清洗了"他。他在十九世纪四十年代农奴制的俄国,竟能达到与当时最大的思想家并驾齐驱的高度。他学会了黑格尔的辩证法。他懂得辩证法就是"革命的代数学"。他比黑格尔走得更远,跟着费尔巴哈走到了唯物论。他在一八四四年写的第一封《自然界研究的信》——《经验论与唯心论》——给我们表现出这位思想家,甚至于在今天,也比无数的现代的经验主义的自然科学家和成群的现今的哲学家、唯心论者和半唯心论者们高出一头。赫尔岑走到了辩证唯物论的跟前,而在历史唯物论的前面停住了。

正是这样"停住了",赫尔岑在一八四八年革命失败之后就陷于精神破产。赫尔岑这时已经离开俄国,亲眼观察了这次革命。他当时是一个民主主义者、革命家、社会主义者。但是他的"社会主义"是一八四八年那一时代无数形态的资产阶级和小资产阶级社会主义中的一种,这些社会主义被六月事件[3]完全毁灭了。其实,这完全不是什么社会主义,而是资产阶级民主派用来表现他们"当时的"革命性的一种妄想的词句,良善的幻想;没有摆脱资产阶级民主派的影响的无产阶级也有这样的情形。

---

[1] 罗缪勒斯和里玛斯,罗马传说中一对双生兄弟,由母狼奶大成人,罗缪勒斯后来做了罗马第一个君主,也是罗马城的建立人。
[2] 引自赫尔岑的论文《结束与开始》。
[3] 六月事件,指一八四八年六月巴黎无产阶级的起义,结果失败。资产阶级政府用炮火和屠杀对付工人群众,撕破了"民主""博爱"的假面具,暴露出狰狞的面目。六月事件宣布了无产阶级革命斗争的开始,也宣告了一切形态的资产阶级和小资产阶级社会主义的灭亡。

赫尔岑在一八四八年以后的精神破产，他的深沉的怀疑论和悲观论，正是社会主义里的"资产阶级幻想"的破产。赫尔岑的精神的悲剧，乃是资产阶级民主派的革命性"已经"死亡（在欧洲），而社会主义的无产阶级革命性"尚未"成熟的，那个全世界历史时代底产物和反映。这是那些现在用如花的词句宣讲赫尔岑的怀疑论来掩盖自己的反革命思想、吹嘘俄国自由主义的骑士们所不了解的，并且也是不可能了解的。对于这些出卖了一九〇五年的俄国革命，而且根本忘掉了什么"革命者"的伟大使命的骑士们，怀疑论就是从民主主义到自由主义的转变形式——转变到那个趋附逢迎、卑鄙龌龊、残忍凶暴的自由主义。这种自由主义在一八四八年枪杀过工人、恢复过被推翻的王位、拍手欢迎过拿破仑第三，而赫尔岑"咒骂"过这种自由主义，虽然他不了解它的阶级性质。

对于赫尔岑，怀疑论是从"超阶级的"资产阶级民主主义到无产阶级的严正的、不屈不挠的、不可战胜的阶级斗争的转变形式。证据就是"给老同志的信"，赫尔岑在逝世之前一年，一八六九年写给巴枯宁的几封信。赫尔岑和无政府主义者巴枯宁决裂了。诚然，赫尔岑还把这个决裂仅仅看作是策略上的意见不同，而不是确信本阶级的胜利的无产阶级世界观与对自己的前途感到绝望的小资产阶级世界观之间的分界。诚然，赫尔岑在这里又重复了旧的资产阶级民主主义的词句，似乎应当"同样地向工人和雇主，农人和小市民进行宣传"社会主义，但是，和巴枯宁决裂，赫尔岑并没有把他的视线转向自由主义，而是转向了"国际"，转向那个马克思所领导的国际，转向那个开始"集合"无产阶级的"队伍"，团结"舍弃不劳而获者的世界的""劳工世界"的国际！

赫尔岑不了解一八四八年全部运动和马克思以前的各式各样社

会主义的本质，也就更不能了解俄国革命的资产阶级性质。赫尔岑——是"俄国的"社会主义、"民粹主义"的创始者。赫尔岑把农民"带着土地"的解放，把村社土地所有制和农民的"土地权"的思想，看成"社会主义"。他把他的这些得意的思想发挥过无数次之多。

事实上，在赫尔岑的这个学说里，正如在一切俄国民粹主义里——一直到现在的"社会革命党人"底变了色的民粹主义——没有"丝毫的"社会主义。这个学说——也是一种妄想的词句，也是一种良善的幻想，表现着俄国资产阶级农民民主主义的"革命思想"，正和西欧各式各样的"一八四八年的社会主义"一样。在一八六一年，农民得到的土地愈多，得到的土地愈便宜，地主农奴主的权力就会破坏得愈厉害，而俄国资本主义也就会发展得愈迅速、愈自由、愈广泛。"土地权"和"平分土地"的思想，无非是为了完全推翻地主权力和完全消灭地主土地所有制而斗争的农民力求平等的革命愿望的表现而已。

一九〇五年的革命完全证明了这一点：一方面，无产阶级创立了社会民主工党，完全独立地领导了革命斗争；另一方面，革命的农民（"劳动派"和"农民同盟"），力求用各种方式消灭地主土地所有制，直到"废除土地私有制"，正是以小有产者的身份，以小企业者的身份来进行斗争的。

现在来争论什么土地权的"社会主义性"，等等，只能"模糊"和掩盖真正重大的严重的历史问题：即自由主义的资产阶级和革命农民在俄国"资产阶级"革命中的"利益"的区别的问题；换句话说，就是在这个革命中的自由主义倾向与民主主义倾向，"妥协主义"（君主主义）倾向与共和主义倾向的问题。赫尔岑的《钟》所提出的正是这个问题，如果我们是看问题的实质，而不是看词句——如果我们把阶级斗争作为"理论"和学说的基础来研究，而不是相反。

赫尔岑在国外创办了自由的俄文刊物——这是他的伟大的功绩。《北极星》发扬了十二月党人的传统。《钟》（一八五七——一八六七）竭力争取农民的解放。奴隶的沉默被打破了。

但是，赫尔岑是地主贵族阶层中的人。他在一八四七年离开俄国，他没有看见革命的人民，也就不能相信革命的人民。由此就有他对"上层人物"的自由主义的呼吁。由此就有他在《钟》上写给绞刑手亚历山大第二的无数甜言蜜语的信，这些信现在读起来都令人作呕。车尔尼雪夫斯基，杜布罗柳波夫，谢尔诺-梭罗维约维奇，新的一代平民知识分子革命家的代表人物，他们责备赫尔岑这种从民主主义"向"自由主义的退却，是一百二十分正确的。不过，公平地讲来，赫尔岑虽然这样地在民主主义与自由主义之间动摇不定，但是他终究是多半趋向民主主义的。

当一个最丑恶的卑鄙的自由派的典型人物，卡维林，早先因为《钟》有"自由主义"倾向而赞扬过它的，跑出来反对宪法、攻击鼓动革命、反对"暴力"与号召使用暴力、开始宣讲忍耐的时候，赫尔岑就跟这个自由主义的贤人"决裂"了。赫尔岑抨击卡维林"为了暗中替玩弄自由主义手腕的政府策划"而写的，那个"空洞的、荒谬的、有害的小册子"，抨击卡维林常用的，说"俄国人民蠢如牛羊，而政府极端贤明"的那些"政治感伤主义的警句"。《钟》发表一篇题目叫作《祭文》的论文，痛斥"那些把自己的自高自大而又浅薄无聊的思想编成腐败的理论的教授，那些先前很诚恳的样子，后来看到健康的青年不会同意他们的陈腐思想就凶狠起来的卸职教授"。卡维林在这篇文章里一看就知道说的是他自己。

当车尔尼雪夫斯基被捕的时候,卑鄙的卡维林写道:"逮捕并不使我觉得愤慨……革命党为了打倒政府而不择手段,政府也就用各种手段来自卫。"赫尔岑在论到审判车尔尼雪夫斯基的时候,正答复了这个立宪民主党人:"而这里有一些可怜的人,草木一样的人,蜗牛一样的人,他们说是不应该骂统治我们的这一伙强盗和混蛋。"

当自由主义者屠格涅夫私人上书亚历山大第二,申诉自己的忠诚,并且献了两个金币慰劳那些镇压波兰起义受伤的兵士,《钟》就发表一篇文章,说到"一个白发的玛格达林娜[1](男性的),上书主上,申诉他夜不成眠,焦虑主上不知道他的诚心悔悟。"屠格涅夫一看就知道说的是他。

当整个的俄国自由主义者那一帮人,因为赫尔岑为波兰辩护而避开他时,当所有的"高等文化人士"都抛弃了《钟》时,赫尔岑没有动摇。他继续保卫波兰的自由,鞭笞亚历山大第二的镇压者、刽子手、绞刑吏。赫尔岑挽救了俄国民主派的名誉。他写信给屠格涅夫说:"我们挽救了俄国人的名誉,而因此受到占大多数的奴才们的迫害。"

当得到一个农奴把企图侵犯他的未婚妻的地主打死了的消息时,赫尔岑在《钟》上按道:"做得好极了!"当听说沙皇政府预备派遣军事长官去进行"平静的""解放"时,赫尔岑就写道:"如果有一个聪明的上校,他带着他的队伍去加入农民的队伍,而不是去绞杀

---

[1] 玛丽·玛格达林娜,基督教《圣经》里一个信仰耶稣的女子,耶稣从她身上赶出去七个魔鬼,治好了她的病。后来耶稣复活的时候,第一个向她显身。(见《新约》"路加福音"和"马可福音")

他们，他就会坐上罗曼诺夫皇家[1]的宝座。"当莱特恩上校不愿做刽子手的帮凶而在华沙自杀（一八六〇）时，赫尔岑写道："如果要开枪，那就应该开枪打死那些命令枪杀手无寸铁的人们的将军。"当贝斯得纳村里杀死了五十个农民，并且把他们的首领安东·彼得罗夫也处了极刑的时候（一八六一年四月十二日），赫尔岑在《钟》上写道：

> 呵，俄罗斯国土上的劳动者和受苦的人！如果我的话能够传到你的耳朵里……我要教你鄙视那些教会的牧师，他们是彼得堡的宗教会议[2]和德意志血统的沙皇派来管你的。……你恨地主、恨官吏、怕他们——这完全是对的；但是你还相信沙皇和大主教……不要相信他们。沙皇是跟他们一道的，他们是他手下的人。你现在认清他了，你，贝斯得纳村被杀的青年的父亲，你，班沙城被杀的父亲的儿子。……你的牧师——是像你一样没有学问，像你一样贫穷的人们……为了你在卡桑城遇害的那个安东（不是主教安东[3]，而是贝斯得纳村的安东）就是这样的一个人。……你的这些祭司长的尸体不会做出四十八种奇迹，向他们祷告也不会治好牙痛；但是永远地纪念着他们，就能造成一个奇迹——得到解放。

从这里可以看到，我们那些盘踞在奴才的"合法的"刊物上的

---

[1] 罗曼诺夫皇家，即俄国沙皇的一家。
[2] 宗教会议，俄国教会的最高权力机关，参加这个机关的多半是沙皇政府指派的大主教。
[3] 指安东·伏林斯基，俄国教会的大主教，沙皇政府亲信的反动分子。

自由主义者们，他们赞扬赫尔岑的弱点而隐瞒他的优点，是怎样卑鄙无耻地诬蔑了赫尔岑。赫尔岑不能在四十年代的俄国看到革命的人民，这不是他的罪过，而是他的不幸。当他"在六十年代"看到了革命的人民——他就无畏地站在革命民主派方面反对自由主义。他进行斗争是为了人民战胜沙皇制度，不是为了自由资产阶级和地主沙皇的勾结。他举起了革命的旗帜。

纪念赫尔岑，我们清楚地看到在俄国革命中活动的三代人物、三个阶级。起初是贵族和地主，十二月党人和赫尔岑。这些革命者的圈子是狭窄的。他们距离人民非常之远。但是他们的事业没有落空。十二月党人唤醒了赫尔岑。赫尔岑展开了革命的鼓动。

响应、扩大、巩固、加强了这个革命鼓动的，是平民知识分子革命家，从车尔尼雪夫斯基起，到"民意"党[1]的英雄们止。战士们的圈子扩大了，他们与人民的联系密切起来了。"将来的大风暴中的年青的舵手"——赫尔岑这样称呼他们。但是这还不是大风暴本身。

大风暴，这——是群众自身的运动。无产阶级，唯一彻底革命的阶级，起来领导群众了，并且第一次唤起千百万的农民进行公开的革命斗争。第一次大风暴的袭击是在一九〇五年。第二次大风暴正在我们的眼前开始增长。

纪念赫尔岑，无产阶级要从他这个例子来学习认识革命理论的伟大意义——学习了解全心全意的献身革命，对人民进行革命宣传，甚至于播种与收获相隔几十年的时候，也不会徒劳——学习鉴定各个

---

[1] "民意"党，民粹派的一个支派，在"到民间去"的运动失败之后成立，主张用暗杀作为手段达到革命的目的。一八八一年三月一日用炸弹炸死了沙皇亚历山大第二，但是亚历山大第三继位，仍然施行专制反动的政治。

不同的阶级在俄国革命和国际革命中的作用。无产阶级学习了这些教训，会替自己打开一条道路，和全世界社会主义工人自由联合起来，打倒沙皇专制制度这个蠹贼，而赫尔岑就是反对这个蠹贼，"用自由的俄国人的话"向群众宣传，举起伟大的斗争旗帜的第一个人。

一九一二年五月

——《列宁全集》第十八卷，第九—十五页，
《纪念赫尔岑》

赫尔岑有一次说过，看到俄国统治阶级的"作为"的时候，你会羞于承认自己是俄国人的。说这句话的时候，是当俄国呻吟在农奴制度的束缚之下，当鞭子和棍子统治着我们的国家的时候。

现在俄国推翻了沙皇。现在克伦斯基们和李伏夫们[1]之流在以俄国的名义说话了。这个克伦斯基们和李伏夫们的俄国，其待遇属下的民族的情形，就是现在也令人不由得要说出赫尔岑那句痛苦的话来。

——《列宁全集》第二十四卷，第五二七—五二八页，
《这不是民主的，克伦斯基公民！》

---

[1] 李伏夫公爵，地主，立宪民主党党员，在一九一七年二月革命前，沙皇尼古拉第二曾拟定他做内阁总理；二月革命后，沙皇政权崩溃，他就做了临时政府的首领。克伦斯基是"社会革命党"（小资产阶级政党）党员，政治掮客，二月革命后，他违反彼得堡苏维埃的意思，以"民主派"代表的资格参加临时政府，担任要职。这个临时政府的新政权，正如列宁所说，是由"资产阶级和资产阶级化了的地主"的代表组织成功的。十月革命后，李伏夫和克伦斯基都逃亡国外。

论车尔尼雪夫斯基

车尔尼雪夫斯基是乌托邦社会主义者,他幻想经过旧的、半封建的、农民的村社过渡到社会主义,他没有看到并且在十九世纪六十年代也不可能看到,只有资本主义和无产阶级的发展才能创造出实现社会主义的物质条件和社会力量。但是车尔尼雪夫斯基不仅仅是一个乌托邦社会主义者。他也是革命的民主主义者,他善于在革命的精神里来解释他那个时代的一切政治事件,发挥——经过检查制度的重重障碍——农民革命的思想,人民大众为推翻一切旧政权而斗争的思想。一八六一年的"农民改革"[1],自由主义者起初粉饰它,后来甚至于颂扬它,他则称之为"坏事",因为他清楚地看到了它的农奴制度的性质,清楚地看到了自由主义者大人先生们剥削农民,像剥菩提树一样。车尔尼雪夫斯基称六十年代的自由主义者为"空谈家、吹牛者、蠢材"[2],因为他清楚地看到了他们对革命的恐惧,他们对政府当局的奴颜屈膝。

——《列宁全集》第十七卷,第九七页,
《"农民改革"与无产阶级农民革命》

---

[1]"农民改革"——指一八六一年沙皇政府解放农奴的改革法令。
[2] 车尔尼雪夫斯基的小说《序曲》里的主人翁伏尔金说的话。

鬼晓得，说的是什么东西！分明是卑鄙之至的机会主义，却装得这样地自命不凡！著作的任务是——收集社交界中关于凶恶的马克思主义者的谣言，叩头感谢政府拯救人民免于最后的破产，欢迎那些在牌桌上坐厌了的人，教导"公众"不要推辞官职，像地政官的官职……但是，我究竟读的是什么东西啊？是《星期》还是《新时代》[1]？——不是的，我读的是——《俄国财富》[2]，前进的俄国民主主义者的机关刊物……

就是这班先生们在大谈其"先辈的理想"，自命为他们，正是他们，保存着从前的时代的传统，即法国在全欧散播社会主义思想——而俄国接受这种思想并且产生赫尔岑、车尔尼雪夫斯基的理论和学说的那个时代的传统。这简直是太不要脸了，如果不是《俄国财富》过分地滑稽，如果不是这一类的话登在那样一个刊物上只会引起人哈哈大笑，它是要令人深深感到愤怒和痛恶的。是的，你们在污辱这些理想！事实上，第一代俄国社会主义者，恰如考茨基所形容的，"当时每一个社会主义者都是诗人，而每一个诗人——都是社会主义者。"那个时代社会主义者底理想，是什么呢？

——就是"相信特别的社会结构，相信俄国生活的农村公社制度"——"相信农民社会主义革命的可能性"——就是这种信念鼓舞了他们，发动了成百成千的人和政府作英勇的斗争。你们不能够非难社会民主党人，说他们不会评价当时这些优秀人物底巨大的历

---

[1]《星期》，自由主义民粹派的周报。《新时代》，反动的贵族和官僚集团的报纸，反对革命，也反对自由主义资产阶级的运动。
[2]《俄国财富》，自由主义民粹派的月刊，宣传改良主义的思想，主张和沙皇政府协商合作，反对革命斗争，反对马克思主义，并且猛烈攻击俄国马克思主义者。

史功绩，不会深深地敬重他们。但是我要问你们：这种信念现在究竟何在呢？

> ——《列宁全集》第一卷，第二四五—二四六页，《什么是"人民之友"以及他们如何攻击社会民主党人？》

我们从关于农民改革[1]的议论里再举一个例子。前面说到民主主义与社会主义不可分的时代的民主主义者车尔尼雪夫斯基，是怎样讲这个问题的呢？在不能公开发表自己的意见的情形下面，他"缄默了"，可是用隐语这样地描写了准备施行的改革的性质：

> 我们假定，我忙着想办法来保存一些粮食，这是你用来做饭吃的。不用说，如果我这样做真正出于对你的好意，那么我的热心根据的是这一个假定：粮食是属于你的，用它做饭对你是健康的有利的。请你想象一下我的情感罢，当我知道，粮食完全不是属于你的，并且吃了用它做的每一顿饭都得要你付钱，这笔钱不仅仅这顿饭本身值不得（这是在改革"之前"写的。而尤沙科夫先生们"现在"却要人相信，改革的基本原则是保障农民!!），而且你总要极尽困苦才能付得出来。当我发现了这样奇怪的事的时候，我的脑子里会产生什么样的思想？……我

---

[1] 一八六一年二月，沙皇亚历山大第二颁布解放农奴的法令，宣布废除农奴制度，给农民人身自由，并且分给土地。但是土地的分量极少，并且农民需要为这小块土地付很大的赎金，许多年才能付清，所以农民并没有真正得到解放。这一次改革，在本质上是资产阶级性的改革，它的目的是为了巩固沙皇政府的统治，并不是为了农民的福利。

是多么地蠢，为了一桩不能保证有益的事忙碌了一气！除去蠢人之外，谁预先不确实地知道财产落在某人的手里，并且在有利的条件下落在某人的手里，会来忙碌保存在某人手里的财产呢？……不如让这些只能使我所爱的人受害的粮食完全丢掉罢！不如让那种只能使你破产的事完全失败罢！

我特别点出那些地方，它们无比明显地表现出车尔尼雪夫斯基对他当时的现实的深刻而又卓越的了解，了解什么是农民的付款，了解俄国社会阶级的对立。还要特别指出来的重要的一点是，他善于在受检查的刊物上发表这样纯粹革命的思想。在秘密出版的著作里，他也写了同样的思想，不过不用隐语罢了。在《序曲》里，伏尔金（车尔尼雪夫斯基借他的口说出自己的思想）说："把解放农奴的事交给地主的党去办罢。这并没有多大的分别。"对话的人不同意道，正相反，这有极大的分别，因为地主的党反对将土地分给农民，伏尔金坚定地回答道："不，不是极大的，而是极小的。假如农民不付赎金而得到土地，那么分别就是极大的。拿了一个人的东西，或是将一个东西给人——这是有分别的，但是拿了东西付了代价——这就没有分别。地主的党的计划和进步分子们的计划，分别仅仅只是它更简单，更直接。因此它甚至于还更好些。花样少些，或许，农民的负担也要少些。农民里面谁有钱，就让他自己去买地。谁没有钱——就算强迫去买也没有用。这样只有叫他们破产。赎——这也就是买。[1]"

---

[1] "赎——这也就是买。"这句话说破了沙皇政府农奴改革的本质，后来成为名言，列宁在《俄国社会民主党底土地纲领》里特别提出来讲过。

正因为车尔尼雪夫斯基的天才，他才能在实行农奴改革的时期（这时甚至于在西欧对它还不够了解），就这样清楚地理解到它在基本上的资产阶级性质，就理解到当时统治和管理俄国"社会"和"国家"的那些社会阶级，是无可改变地敌视劳动人民的，并且毫无疑问地要来毁灭和剥削农民的。由此车尔尼雪夫斯基更理解到，隐藏着这些对立的社会关系的政府存在着，是一个极大的祸害，特别要使劳苦大众的情形恶化起来。

"说句老实话，"伏尔金继续说道，"倒不如让农民不要土地得到解放罢。"（这就是说，如果地主农奴主真有力量，顶好让他们公开地、直接地站出来，明白地说出一切，不必用伪善的专制政府的妥协来掩盖这些农奴的利益。）"问题就是如此，我觉得没有什么可以兴奋的理由，甚至于是农民到底会不会得到解放；至于谁来使他们得到解放，自由主义者还是地主，那更不用说了。我看全都是一样的。地主甚至于还要好些。"

在他的《没有地址的信》里又写着："人们都在议论：解放农民……但是做这件事的力量在哪里？还没有力量。当没有做它的力量的时候，一件事情是没有法子做的。可是你看，却有这样的事：他们要来解放了。这件事会弄成什么样子——你自己去判断罢，当你做一桩你所不能做的事，会弄出什么结果来。弄糟了事情——做出来坏事。"

车尔尼雪夫斯基理解到，俄国农奴制的官僚制的国家没有力量来解放农民，也就是说，没有力量来推翻农奴主，它只能做出"坏事"，自由主义派的利益（赎——这也就是买）和地主们的利益之间的可怜的妥协，这个妥协，用安乐和自由的幻影来欺骗农民，而在事实上使他们破产并且出卖给地主们。所以他抗议，诅咒改革，希望它失败,希望政府纠缠在自由主义派和地主们之间保持均势的把戏里,遭受个大失败,将俄国引到公开的阶级斗争的路上去。

——《列宁全集》第一卷,第二六二—二六四页,《什么是"人民之友"以及他们如何攻击社会民主党人?》

把自由主义者的反对政府,简简单单地说成反专制政治的社会斗争,这简直是"歪曲"事实,因为俄国的自由主义者"从来"没有组织过为推翻专制政治而斗争的革命政党,虽然他们在过去和现在,一向都能够找到物质的帮助和国外的俄国自由主义代表人物来进行这个工作。而 P. M.[1] 不仅仅歪曲事实,而且还牵涉那个伟大的俄国社会主义者,车尔尼雪夫斯基的名字。P. M. 写道,"在这个斗争中工人的同盟者,是俄国社会上所有的进步的阶层,他们保护自己的社会利益和机构,清楚地明白自己的整个的利益,'他们从来没有忘记'(P. M. 引用车尔尼雪夫斯基的话),这有多么大的分别——政府的决定是出于自动的,还是'由于社会的正式的要求'方才做了某些改革。"假如这个意见像 P. M. 所理解的那样,引用到所有的"社会斗争"的代表人物身上,即引用到所有的俄国自由主义派身上,这是一个"明明白白的谎话"。俄国自由主义派从来没有向政府提出任何正式的要求,正是因此,俄国自由派过去从来没有负起过,并且现在根本不可能负起"独立的"革命的任务。"社会所有的进步

---

[1] P. M. ——经济主义者马尔丁诺夫的笔名,列宁在《做什么?》里严厉地批评了他的"极端的机会主义"的理论。

的阶层"不可能是工人阶级和社会民主党的同盟者,那只能是这一社会中许多分子所建立的革命的政党。一般地说来,自由主义者可能而且应该做革命的工人政党的补充力量和手段的"来源之一"(阿克塞尔罗德在上面说到的小册子里把这个说得十分清楚)。车尔尼雪夫斯基正是因此才无情地嘲笑了"俄国社会的进步阶层"——他们既不了解向政府提出正式的要求的必要,并且漠不关心地看着从他们中间出身的革命者,在专制政府的打击之下遭到毁灭。P. M. 在这一点上毫无意义地引用了车尔尼雪夫斯基的话,同样地,他在《副刊》[1]上的第二篇文章里毫无意义地摘引了车尔尼雪夫斯基片断的文字,企图表明车尔尼雪夫斯基仿佛不是一个乌托邦社会主义者,而俄国社会民主党人仿佛没有评价过这位"伟大的俄国社会主义者"的整个的意义。普列汉诺夫在他那本论车尔尼雪夫斯基的书里(见用德文分册出版的《社会民主党人》[2]中的论文),充分地评价了车尔尼雪夫斯基的意义,并且说明了他的理论和马克思恩格斯的理论之间的关系。《工人思想》报[3]的编辑部只是表现了自己的无能,不能对车尔尼雪夫斯基,他的强处和他的弱点,作一个综合的全面的评价。

——《列宁全集》第四卷,第二四八—二四九页,

《俄国社会民主党内的倒退倾向》

---

[1] 指《工人思想》报的《副刊》,这是个小册子,一八九九年九月出版。在这个小册子里,特别是在 P. M. 的文章《我们的现实》里,公开地表现出"经济主义者"的机会主义观点。
[2] 《社会民主党人》,是"劳动解放"社的刊物,刊载文学和政治的论文,一八九〇年—一八九二年在国外出版,共出四册。
[3] 《工人思想》报——"经济主义者"的机关报,一八九七年创刊。

在第四章第一节里我们已经详细地说明了，唯物论者过去和现在，都是从跟马赫和阿文纳留斯[1]批判康德正正相反的方面来批判康德的。在这里，简略地补充一点伟大的俄国黑格尔主义者和唯物论者车尔尼雪夫斯基底认识论的立场，我们认为不是多余的。

在费尔巴哈的德国弟子阿尔布莱赫特·劳[2]批判康德之后不久，伟大的俄国作家车尔尼雪夫斯基，也是费尔巴哈的弟子，首先企图直接地说明他对费尔巴哈和对康德的态度。车尔尼雪夫斯基还在十九世纪五十年代，就作为费尔巴哈的信奉者出现在俄国文学里了，但是俄国的检查制度甚至于不许可他提到费尔巴哈的名字。一八八八年，在即将出版的《艺术与现实的美学关系》第三版的《序言》里，车尔尼雪夫斯基企图直接谈到费尔巴哈，但是就在一八八八年检查制度甚至于连简单地提一提费尔巴哈也不许可！这篇《序言》直到一九〇六年才能发表：参看车尔尼雪夫斯基的《文集》第十卷，第二部，第一九〇——一九七页。在这篇《序言》里，车尔尼雪夫斯基用了半页的篇幅专门批判康德和那些在哲学的结论上追随康德的自然科学家。

下面就是车尔尼雪夫斯基在一八八八年写的卓越的议论：

"那些自以为是包罗万象的理论的建立者的自然科学家们，实际上仍然只是那些创造了形而上学体系的古代的思想家们的学生，那些理论体系已经部分被谢林[3]、完全被黑格尔破坏了的平庸的思想家们的学生，而且是平庸的糟糕的学生。只要想一想这件事就够了：

---

[1] 马赫，奥国物理学家和哲学家，经验批判论的发挥者，提倡一种"'克服'唯物论与唯心论"的新的哲学，实际上是一种新的唯心论。阿文纳留斯，德国教授，经验批判论的创立者。
[2] 阿尔布莱赫特·劳，德国十九世纪哲学家。
[3] 谢林，德国哲学家，在古典唯心论方面是黑格尔的先驱者。

企图建立人类思想活动规律底整个理论的自然科学家，大多数都在重复康德关于我们认识的主观性这种形而上学的理论"……（告诉昏乱透顶的俄国马赫主义者们：车尔尼雪夫斯基是站在恩格斯后面的，因为他在术语上把唯物论与唯心论的对立跟形而上的思维与辩证的思维弄混淆了，但是车尔尼雪夫斯基完全是站在恩格斯的水平上的，因为他责难康德，不是因为他的实在论，而是因为他的不可知论和主观主义，不是因为他承认"物自体"，而是因为他不能够从这个客观的泉源得出我们的认识）……"根据康德的话，他们说，我们的感情知觉底形态和对象底真实存在的形态是不一样的"……（告诉昏乱透顶的俄国马赫主义者们：车尔尼雪夫斯基对康德的批判跟马赫、阿文纳留斯以及内在论者[1]对康德的批判正正相反，因为对于车尔尼雪夫斯基，正如对于每一个唯物论者，我们的感性知觉底形态和对象底真实的，即客观的、实在的、存在的形态是一样的）……"因此，真实存在的对象和它们的真正的质，它们相互间的实际的关系，对于我们是不可知的"……（告诉昏乱透顶的俄国马赫主义者们：对于车尔尼雪夫斯基，正如对于每一个唯物论者，对象，用康德的文饰的话来说，就是"物自体"，是"真实地"存在着并且对于我们是"完全"可知的，无论是它们的存在，它们的质，它们的实际关系，都是可知的）……"假使它们是可知的，那么它们就不可能做我们的思维的对象，我们的思维是把一切知识的材料化为与真实存在的形态完全不同的形态的，而且思维的规律本身也仅仅只有主观的意义"……（告诉马赫主义者糊涂虫们：对于车尔尼

---

[1] 内在论，哲学上一种极端唯心论，主张意识决定存在，意识之外没有对象，物质是形而上的，等等。十九世纪德国哲学家苏贝是这一派的代表者。

夫斯基，正如对于每一个唯物论者，思维的规律不仅仅有主观的意义，那就是说，思维的规律反映对象底真实的存在的形态，和这些形态完全一样，而不是和它们不同）……"在实际上并没有什么我们所认为的原因与结果的联系，因为既没有先行的，也没有后继的，既没有全体，也没有部分，等等"……（告诉马赫主义者糊涂虫们：对于车尔尼雪夫斯基，正如对于每一个唯物论者，在实际上有那种我们所认为的原因与结果的联系，有自然底客观的因果性或必然性）……"当自然科学家停止讲这种以及与之类似的形而上学的胡话的时候，他们才能够造成，在自然科学的基础上，大约，造成比费尔巴哈所说的更正确更完全的观念体系"……（告诉马赫主义者糊涂虫们：车尔尼雪夫斯基把"一切"离开唯物论走到唯心论走到不可知论方面去的话，叫作形而上学的胡话）……"可是直到现在，关于所谓人的求知欲底基本问题的科学的理解，最好的说明仍是费尔巴哈所说的话"（第一九五——九六页）。

车尔尼雪夫斯基所说的人的求知欲底基本问题，用今天的话来说，就是认识的理论或认识论底基本问题。车尔尼雪夫斯基——唯一的真正的伟大的俄国作家，他能够从五十年代直到一八八八年始终站在完全的哲学唯物论的水平上，并且抛弃了新康德派、实证论者、马赫主义者，以及其他思想混乱的人们底荒谬的胡话。但是，由于俄国生活的落后，车尔尼雪夫斯基不能够，更正确点说，不可能发展到马克思和恩格斯的辩证唯物论。

——《列宁全集》第十四卷，第三四四—三四六页，
《车尔尼雪夫斯基是从哪一方面来批判康德主义的？》
（《唯物论与经验批判论》第四章第一节的补充）

《在马克思主义旗帜下》杂志所担任的保卫唯物主义与马克思主义这一工作,也是如此。幸而,俄国先进社会思想里的主要潮流有坚固的唯物主义传统。不说普列汉诺夫罢,单是提出车尔尼雪夫斯基就够了,现代的民粹派(人民社会党人,社会革命党人等)往往在追随时髦的反动的哲学学说中离开车尔尼雪夫斯基,向后倒退,崇奉所谓欧洲科学的"最新成就"的鬼话,而不能认清藏在这种鬼话下面为资产阶级、资产阶级偏见以及资产阶级反动性服务的各式各样的花头。

——《列宁全集》第三十三卷,第二〇一—二〇二页,
《论战斗唯物主义的意义》

我们记得,在半个世纪之前,把自己的生命献给革命事业的、大俄罗斯的民主主义者车尔尼雪夫斯基说过这样的话:"可怜的民族,奴隶的民族,从上到下——全都是奴隶。"[1] 公开的和掩蔽的大俄罗斯奴隶们(对沙皇君主政制尽忠的奴隶们)都不喜欢回忆这几句话。然而,在我们看来,这才是真正的爱祖国的话,这是因为感慨大俄罗斯人民群众缺乏革命性而吐露的爱国心情。那时候没有革命性。现在革命性虽然少,但是它已经有了。我们满怀民族的骄傲的情感,因为大俄罗斯民族"也"创造了革命的阶级,"也"证明了它能够给与人类以争取自由和争取社会主义的伟大的战斗模范,而不仅仅只是巨大的屠杀,众多的绞架、刑询室,巨大的饥荒,对

---

[1] 引自车尔尼雪夫斯基的小说《序曲》。

神父、沙皇、地主、资本家的极端的奴从。

——《列宁全集》第二十一卷，第八五页，
《论大俄罗斯人的民族的骄傲》

伟大的俄国革命家车尔尼雪夫斯基说过，历史的活动不是涅夫斯基大街[1]的人行道。谁"接受"无产阶级革命只是"有条件的"，要革命进行得容易而且顺利，要各国的无产者一下子联合行动起来，要预先保证不会失败，要革命的道路宽阔、自由、坦直，在走向胜利的路上，要不会有时候需要作重大的牺牲，要不会"在被包围的堡垒中等待"，或是走过狭窄的、难行的、曲折的、危险的山径——这样的人不是革命者，他还没有解脱资产阶级知识分子的迂腐，这样的人在实际上常常总是滚到反革命的资产阶级的阵营里去，像俄国右翼的社会革命党人，孟塞维克们，甚至于有些（虽然极少数）左翼的社会革命党人。

——《列宁全集》第二十八卷，第五〇页，
《给美国工人的信》

这是事实，这"正是"资产阶级自由主义者和"一切"国家里机会主义的社会民主派的政策。俄国工人们应该"学习懂得"这个

---

[1] 列宁在《共产主义中的"左派"幼稚病》里也引用过这句名言，并且加了一个注释："这是彼得堡一条宽广、清洁、平坦、笔直的大街。"

政策，如果他们不想听人愚弄。车尔尼雪夫斯基就说过：谁怕弄脏自己的手，那他就不要干政治活动。谁参加了选举，而又害怕弄脏自己的手，掘发资产阶级政治策略的卑污，那就让他走开。天真的风雅人士害怕正视事情的本质正是危害政治。

——《列宁全集》第十一卷，第四〇九页，
《社会民主党和团会选举》

在每一个现代的民族里都有两个民族——我们要对一切民族社会主义者说。在每一个民族的文化里都有两种民族的文化。一种是布里希凯维奇们，古期科夫们，斯徒卢威们[1]的大俄罗斯文化，但是还有一种是以车尔尼雪夫斯基和普列汉诺夫的名字为特色的大俄罗斯文化。在乌克兰也有"这样两种"文化，正和在德国、法国、英国，以及犹太人等那里一样。

——《列宁全集》第二十卷，第十六页，
《民族问题评论》

---

[1] 布里希凯维奇，反动地主贵族的代表人物，黑帮的首领之一，俄国第四届国会中反动派的领袖。
古期科夫，反革命的大资产阶级代表人物，十月党的领袖。
斯徒卢威，自由主义资产阶级代表人物，起初是"合法的马克思主义者"，后来是立宪民主党人。

论杜布罗柳波夫

因为高尔基被放逐而举行的示威游行没有成功[1]，但是在十八日，没有任何的准备，学生们和"不相干的人"（用我们部长们的说法）在总督府前面举行了一个不大的游行，因为政府禁止纪念杜布罗柳波夫的晚会，他在十一月十七日逝世，死了四十年了。专制政权在莫斯科的代表者被人们嗤了，他们，正如一切有教养的有思想的俄国人，敬重这位非常憎恨专制并且非常期待人民起来反抗"国内的土耳其人"[2]——反抗专制政府的作家。莫斯科学联会的执行委员会在十一月二十三日的通报里正确地指出，这个没有准备的示威游行正是不满和抗议的明显的表示。

——《列宁全集》第五卷，第二九六页，
《游行示威的开始》

如此，代表大会不彻底。它的不彻底之处何在呢？在于它没有提出"某些"改革——自由主义者回答道。

那么，你们，先生们，"完全"都提出来了吗？

---

[1] 参看《论高尔基》第一节。
[2] "国内的土耳其人"，指沙皇专制政府。

自然，没有！你们只说到为了"实现"个别的自由而"提出"的那些"条件"，但是你们没有把那些条件说出来。你们在它们前面停住了。你们现在害怕"工人阶级的群众的"口号：不是"个别的改革"，而是"整个的改革"[1]。你们在本质上是站在斯徒卢威的观点上面的。斯徒卢威在十月十七日[2]"之前"的春天接受了这个口号，但是现在不接受了，因为所有的资产阶级人物，甚至于是自由主义的，都向右转了。

类似的情形在废除农奴制度的时候也有过。彻底的民主主义者杜布罗柳波夫和车尔尼雪夫斯基正确地嘲笑了自由主义者的"改良主义"，这种主义骨子里面总是想削弱群众的积极性，想保持一点点地主的特权，类如赎金，等等。

——《列宁全集》第十九卷，第五五页，
《自由主义者与结社自由》

---

[1] 这里的意思就是：不是"改良"，而是"革命"。
[2] 指一九〇五年十月十七日，这一天沙皇颁布了给与人民"信仰、言论、集会、结社自由"的宣言，但是事实上并未实行；这只是缓和人民革命情绪的一种手段，一个欺骗。

论毕沙莱夫[1]

"应该幻想！"我写了这几个字之后，大吃了一惊。我仿佛觉得，我坐在"统一代表大会"[2]上，在我对面坐着《工人事业》[3]的编辑和作者。于是马尔丁诺夫同志站起来，严厉地质问我道："请问你，不事先向党委会请示，自治的编辑部还有权幻想么？"在他之后克里乔夫斯基同志[4]站起来，并且（哲学性地发挥早已发挥了普列汉诺夫同志的意思[5]的马尔丁诺夫同志的意思）更加严厉地继续道："我要更进一步。我问你，一个马克思主义者根本有没有权幻想，如果他没有忘记，按照马克思的话，人类总是给自己规定可能实现的任务，如果他没有忘记策略就是和党一同发展的那些任务发展的过程？"

---

[1] 毕沙莱夫（1840—1868），俄国民主主义者，批评家，出版家，创办过《俄国语文》杂志，宣传民主主义的进步的思想。

[2] "统一代表大会"，是俄国旅居国外的社会民主党人各团体的代表（"旅外俄国社会民主党人联合会"，"犹太工人同盟"，"火星与曙光"社，"斗争"社等），在一九〇一年十月在瑞士的苏黎克城举行的。在这次会上，列宁参加的"火星派"和机会主义者（经济主义者）完全决裂。

[3] 《工人事业》，是经济主义者的杂志，由"旅外俄国社会民主党人联合会"在日内瓦出版。

[4] 马尔丁诺夫，克里乔夫斯基，都是经济主义者，《工人事业》的编辑。

[5] 马尔丁诺夫写过一篇《当前的问题》，里面说到普列汉诺夫的文章《社会主义者在俄国解救饥荒的斗争中的任务》，并且发挥了（也就是批评了）普列汉诺夫的论点，实际上就是歪曲了普列汉诺夫的意见。

一想到这些严厉的问题我就不寒而栗,于是我想到只有——顶好到那里去躲一躲。我就试试躲在毕沙莱夫后面罢。

"分歧是各种各样的,"毕沙莱夫论到幻想与现实之间的分歧的问题时写道,"我的幻想可能超过事件的自然行程,它也可能完全跑到事件的任何自然行程都永远不会达到的地方。在第一种情形里面,幻想没有任何的害处,它甚至于能增长和加强劳动的人的精力。……在这样的幻想里没有那种败坏或者麻痹工作力量的东西。甚至完全相反。如果一个人完全没有这种幻想的本事,如果他不能时常跑到前头去,用自己的想象力来观察刚刚开始在他的手下成形的那个作品底整个的完全的形象——那我真不能够设想,是什么一种刺激的因素驱使人在艺术、科学、实际生活等方面从事广大而且劳苦的工作,并且把它们进行到底……幻想和现实之间的分歧没有任何的害处,只要幻想的人认真地相信自己的幻想,仔细地考察生活,把自己的观察和自己的空中楼阁作比较,并且总是诚恳地努力来实现自己的幻想。当幻想与生活之间有所相遇的时候,那时一切就都顺利了。"[1]

正是这样的一种幻想,不幸,在我们的运动里太少了。对这个应负最大责任的,便是那些以自己的慎重以自己的"熟悉""具体情况"自夸的,那些合法的批评家和不合法的"尾巴主义"的代表人物。

——《列宁全集》第五卷,第四七五—四七六页,
《做什么?》

---

[1] 引自毕沙莱夫的论文《不成熟的思想之谬见》。

论谢甫琴珂

增加了谢甫琴珂的荣誉的监禁[1]，从攻击政府的鼓动工作的观点来说，是这样一个极好的、绝妙的、难寻难觅的、成功的办法，再想不到比这更好的宣传鼓动的办法了。我想，所有我们攻击政府的最优秀的社会民主党的鼓动家们，都决不能做到这个办法在反对政府的意义上所完成的那样，在如此之短的时间里完成如此令人眩目的成果。在这个法令颁布之后，千千万万的"市民"开始变成觉悟的公民，都相信这句俗话的正确——俄国是个"民族的监狱"。

——《列宁全集》第二十卷，第一九九页，
《论民族政策问题》

---

[1] 谢甫琴珂（1814—1861），乌克兰的大诗人，艺术家，革命者。他小的时候是个农奴，后来得到茹科夫斯基的帮助，才赎了身。他在诗里写的都是帝俄境内乌克兰和其他少数民族受压迫的痛苦，农奴的悲惨的生活，沙皇政府和地主的残暴。谢甫琴珂后来被沙皇政府贬做兵士，并且被监禁七年之久。

论屠格涅夫

这都是对的，自由主义者先生们，我们回答他们道。我们比你们更知道，屠格涅夫、托尔斯泰、杜布罗柳波夫、车尔尼雪夫斯基的语言——是伟大而且有力的。我们比你们更想在所有居住在俄国的各民族的被压迫阶级之间，建立尽可能的更密切的交往和友好的团结。并且我们，当然地，赞成每一个俄国居民有可能学会伟大的俄国语言。

——《列宁全集》第二十卷，第五五页，
《需要义务国语吗？》

海顿是"人"，客厅民主主义者不胜欣喜地说。海顿是人道的。[1]

这种对海顿的人道主义的感动，令我们不仅仅想起涅克拉索夫和萨尔蒂科夫，而且想起屠格涅夫的《猎人日记》。在我们面前——一个文明的、有教养的地主，斯斯文文，温和样子，欧洲的派头。

---

[1] 海顿伯爵，大地主，十月革命前是自由主义者，一九〇五年十月革命之后就加入了十月党，反对革命，甚至也反对自由主义的地主和资产阶级。他死时，反动派的报纸一致颂扬，甚至自由主义者，客厅民主主义者，也赞美海顿的人道、文明……列宁的这篇文章里驳斥了这些谬论。

地主请客人吃酒谈天。"为什么酒不烫热?"他问侍者。侍者一声不响,脸色变白了。地主按了按铃,也不提高声音,对进来的仆人说:"关于费多尔的事……吩咐下去!"[1]

在这里你们可以看到海顿的"人道主义"或海顿"式"的人道主义的模型。屠格涅夫的地主也是一个"人道的"人……和萨尔蒂科夫的地主比较起来,例如,他这点是人道的,不亲自走到马房里去监视是否好好地办了鞭打费多尔的事。他这点是人道的,不查问鞭打费多尔的桦树条在盐水里浸过没有。他,这个地主,不容许自己动手打仆人,鞭笞仆人,他仅仅在远处"吩咐吩咐",像有教养的人那样,用温和的人道的方式,不嚷闹,不骂人,不作"公开的表示"……

海顿的人道主义完完全全就是如此。……

——《列宁全集》第十三卷,第四○—四一页,
《纪念海顿伯爵》

全都知道,一九○○年六月十二日的法令取消了县议会管理粮食的职务,把它交到县议会议长和县代表大会的手里。似乎,这样要可靠一些:选的分子排除了,对当局独立性最小的人来管理这件事,那么,也就不会有人吵闹了。但是,在奥波连斯基王爵[2]远征

---

[1] 引自《猎人日记》里的《村吏》,说到的地主是阿尔卡奇·柏夫莱奇·潘诺兹金。
[2] 奥波连斯基王爵,赫尔松省省长,反动派。在大饥荒的时候,他首先"对一切竟然胆敢写到说到大饥荒,号召社会援助饥民,组织私人团体和邀请私人参加这种援助的人宣战"。

之后，这一切仿佛还不够：应当所有的事都受部的更严格的管制，并且直接地执行部给官员们的命令，应当彻底消除任何夸大的可能。因此"决定"什么样的县算是"收成不好"这个问题，此后完全由部来做[1]。在部里，显然地，要成立一个防止饥荒的军事行动总司令部。经过各省省长的帮助，这个司令部就指挥那些把"县的粮食部门的中央机关"抓在手里的人（主要是各县的贵族首领）的活动。防止饥荒的军事行动的发动者，奥波连斯基王爵，不得不亲自到当地去，去禁止、节制、减缩。现在这个"整顿好了"，在"县中央机关"和彼得堡的中央机关之间，只要简单地通通电报（好在办公的经费每县已经摊了上千了），"吩咐吩咐"就够了。屠格涅夫的文明的地主不仅仅自己不走到马房里去，而且只是低声地经过穿大礼服戴白手套的仆人去施行惩戒："关于费多尔的事……吩咐下去！"现在我们这里也要这样"不吵闹"地，静静地高尚地"吩咐"节制饥饿的居民的无限度的饭量。

——《列宁全集》第五卷，第二三三—二三四页，
《内政评论》

---

[1]〔原注〕部怎样来决定这个问题，可以看别尔姆斯基省的例子。最近的报纸刊载，这一省还继续被认为是"收成好的"，虽然它的歉收（根据十月十日开的全省县政特别会议的报道）比一八九八年的歉收"还厉害"。粮食的收获只有中等年成的百分之五十八，而夏德林县和伊尔毕特县——只有百分之三十六和百分之三十四。一八九八年政府给与（不算地方经费）一百五十万普特粮食及二十五万以上的卢布。现在地方议会没有经费，地方议会的权力有限，歉收的情形，比一八九八年厉害得多，粮食的价格"从七月初一就"开始涨了，农民已经"卖牲口了"——而政府仍然把这一省认为是"收成好的"！

和官僚主义败坏苏维埃组织作斗争，由于苏维埃与"人民"，即劳动者和被剥削者的联系的坚强，以及这种联系的灵活和机动，保证一定得到胜利。资本主义共和国的资产阶级国会，即使就民主制度来说是世界上最好的，穷人从来没有把它们当作"自己的"机关。而苏维埃——对于工人和农民群众，是"自己的"，不是别人的。现代的"社会民主派"，谢德曼[1]派头的也罢，或者与之差不多一样的马尔托夫[2]派头的也罢，全都厌恶苏维埃，也全都向往堂哉皇哉的资产阶级国会，或是立宪会议，好像屠格涅夫在六十年前之向往温和的君主与贵族的立宪政治，好像他之厌恶杜布罗柳波夫和车尔尼雪夫斯基的农民民主主义一样。

——《列宁全集》第二十七卷，第二四四页，
《苏维埃政权当前的任务》

---

[1] 谢德曼，德国社会民主党首领之一，机会主义者。
[2] 马尔托夫，孟塞维克派的领袖，十月革命后是苏维埃政府的敌人，逃亡国外。

论涅克拉索夫

涅克拉索夫和萨尔蒂科夫教俄国社会认清在农奴制地主好看的漂亮的文明的外貌底下，隐藏着的掠夺的私心，教人们憎恨这一类人物的伪善和残忍，而现在装作民主遗产的保护者，属于立宪民主党或者做立宪民主党的应声虫的俄国知识分子，却教人民奴才之道，并且欣然自喜他们的无党无派的民主主义者的公正。……

——《列宁全集》第十三卷，第四〇页，
《纪念海顿伯爵》

涅克拉索夫在很久很久以前就感慨道：

……这样的时辰会不会来到
（来吧，来吧，希望的时辰！）
那时候人民从市场里出来，
不再拿着布留赫尔
也不再拿着蠢像的君主，
而是拿着别林斯基和果戈理？[1]

---

[1] 引自涅克拉索夫的长诗《谁在俄国生活得好》。

俄国旧民主主义者之一底希望的"时辰"来到了。商人们放弃了麦子的买卖,开始做更赚钱的交易——民主主义的廉价的小册子。民主主义的书刊成了"市场的"产品。这个新的市场的文学,完全浸透了别林斯基和果戈理的思想——这些思想使这两位作家受到涅克拉索夫的敬重,并且受到每一个正直的俄国人的敬重……

……多么"麻烦"!——自命是有教养的,而实际上是肮脏的、丑恶的、脑满肠肥的、自鸣得意的自由主义派猪猡叫喊起来,当他们"实实在在地"看到这个"人民",从市场上带走了……别林斯基给果戈理的信。

可是,老实说,这个只是——"知识分子的"信——《路标》在《新时代》报[1]派的罗沙诺夫和伏林县的安东[2]如雷的掌声中宣布了。

这是多么可耻的行径!——优秀的民粹派分子里的民主主义者要这样说。这是多么有教训意义的行径!——我们要加上这样一句。它是怎样使那些"感情地"看民主党问题的人清醒沉着起来,它是怎样"坚强"了民主党派里一切生气勃勃的有力的东西,无情地扫除掉那些腐朽的,地主老爷式的奥勃罗摩夫的幻想!

对自由主义失望,这件事对于曾经迷恋过它的人是大有好处的。而且,谁只要回忆一下俄国自由主义从前的历史,他就能在自由主义者卡维林对民主主义者车尔尼雪夫斯基的态度里,看到自由主义资产阶级底立宪民主"党"对俄国民主主义的"群众运动"的态度底最真实的模型。自由主义资产阶级在俄国"找到了自己",或者,更正确地说,找到了自己的尾巴。那么,现在不是民主主义在俄国找到自己的头的时候了么?

特别不可容忍的是,时常看到这样的一些人物,如立宪民主党

---

[1] 《新时代》报,起初是反动的贵族和官僚集团的报纸,反对革命,也反对自由主义资产阶级的运动。一九〇五年成为黑帮的机关报之一。

[2] 即安东·伏林斯基,大主教,沙皇政府亲信的反动派。

的谢别节夫、斯徒卢威、格莱捷斯库尔、伊兹果叶夫之流，抓住涅克拉索夫、谢德林等人纠缠。涅克拉索夫，个人是软弱的，动摇于车尔尼雪夫斯基和自由主义者之间，但是他的全部的同情是在车尔尼雪夫斯基方面。涅克拉索夫就由于那种个人的软弱弹了些自由主义的阿谀逢迎的调子，但是他自己也沉痛地悲伤自己的"罪过"，并且"公开地忏悔了"：

> 我没有用竖琴做过买卖，但是有时候，
> 当严峻的命运威吓着，
> 我的手在竖琴上就弹出了
> "不正的声音"……[1]

"不正的声音"——这是涅克拉索夫自己这样地称呼他的自由主义的阿谀逢迎的罪过。而谢德林无情地嘲笑了自由主义者们，并且给他们永远地烙印上了这个公式："适应卑鄙"。[2]

这个公式用之于谢别节夫、格莱捷斯库尔以及其他[3]路标派的人们是多么陈旧了呵！现在事情完全不在于这些先生们"适应"卑鄙。不仅此也！他们自己发明创造，用自己的方法，从新康德派和许多别的时髦的"欧洲的"理论出发，建立了"自己的""卑鄙""理论"。

——《列宁全集》第十八卷，第二八六—二八七页，
《又一次对民主主义的进攻》

---

[1] 引自涅克拉索夫的诗《给一位不认识的友人，他送给我一首诗〈不可能〉》。
[2] 引自谢德林的故事《自由主义者》。
[3]〔原注〕或许，会有人反对，——格莱捷斯库尔，还有密留珂夫之流和《路标》"争论过"呀。是的，但是他们就是这样也"仍然是"路标派。可以参看《真理》报第八十五期。

论萨尔蒂科夫·谢德林

顶好是能在《真理》报[1]上时常地提到、引用、阐发谢德林和其他"旧"人民民主主义作家。为了《真理》报的读者——为了二万五千人——如果工人民主主义现在的问题能从另一方面,用另一种说法加以说明,这也是适当的,有意思的。

——《列宁全集》第三十五卷,第三一—三二页,
《给真理报编辑部的信》(一九一二年九月八日)

"八十年代减轻了人民的负担(正是用上述的办法),于是得以拯救人民免于最后的破产。"这又是一句典型的谄媚无耻的话,这句话只有米哈伊洛夫斯基[2]先生在前面宣布的,我国还需要创造无产阶级这句话可与之比美。说到这里,令人不得不想起谢德林对俄国自由主义者演变的历史底十分精确的描写[3]。这个自由主义者开始请求长官"尽可能地"施行改革,继而哀求"多少给点什么吧",最

---

[1] 《真理》报,布尔塞维克在彼得堡公开出版的日报,是斯大林、阿尔敏斯基和坡列塔也夫遵照列宁的指示发起创办的,在俄国革命运动中起了巨大的作用。《真理》报创刊于一九一二年四月二十二日(五月五日)。

[2] 米哈伊洛夫斯基,自由主义民粹派的刊物《俄国财富》的主编者之一,宣传改良主义,主张和沙皇政府协商合作,同时攻击马克思主义和马克思主义者。

[3] 见谢德林的故事《自由主义者》。

后采取了永久的和坚定的"同流合污"的立场。实在，谁都知道"人民之友"正是采取了这个永久的和坚定的立场，当几百万人民新近受到大饥荒的时候，政府起初用商人的吝啬的态度，后来又用商人的卑怯的态度对待它——他们却在刊物上说，政府拯救人民免于最后的破产！！再过几年的时候，农民会受到更凶猛的剥削，政府会在设立农业部之外，废除一两种直接税，却订立几种新的间接税；然后发生数达四千万人的大饥荒——于是这些先生们一定又会这样写道：你看，现在是四千万人饥荒，而不是五千万；这是因为政府减轻了人民的负担，拯救人民免于最后的破产，这是因为政府听了"人民之友"的话，设立了农业部！

　　——《列宁全集》第一卷，第二四二—二四三页，
　　《什么是"人民之友"以及他们如何攻击社
　　会民主党人？》

　　俄国政府的官方的声明，当它除去单纯的命令之外，还有那么一点解释这个命令的企图的时候，它里面差不多总包含着——这是它的一个法则，这个法则比我们大多数的法则要稳固得多——两个基本的论调，或是论调的两个基本的样式。一方面，你一定会遇到一些一般的词句，浮夸地声言政府首长的关怀，以及照顾目前的要求和舆论的希望的愿心。例如，讲到"在农村居民中间预防粮食缺乏的重要事宜"，讲到"为当地居民谋福利的道德上的责任"，等

等[1]。不言而喻,所有这些一般的词句,实际上,什么意思也没有并且什么东西也没有肯定;然而它们恰恰像两滴水那样,像不朽的犹杜希加·戈罗夫略夫[2]训诫被他掠夺得精光的农民所讲的不朽的话。附带地说一句,自由主义派经过检查的报纸总是运用这些一般的词句(一部分由于天真,一部分由于"职责"),为了造成政府和它的观点在原则上的一致。

但是如果你留心地细看政府命令的另一方面的论调,不是那么一般的也不是那么显然空洞的,你一定就会找到具体的说明,"整个地重复"我们出版界中最反动的机关报(例如《莫斯科新闻》[3])的既定的论点。观察并且指出在每一种场合里这种政府和《莫斯科新闻》的一致,在我们看来,不是没有益处的(甚至就以合法的活动而言也不是完全不能做到的)工作。例如,考察一下通令,我们就看到是在重复从最"野蛮的地主"[4]发出的最卑鄙的非难,——先前拟定的贫民的名单竟引起"某些殷实的富户意图用出卖存粮、余粮、农具的方法把自己家里弄成贫穷的样子"。部长说,这"证明了以前粮食运动的经验"。因此?因此,部长是从最顽梗的农奴主们的教诲里取得他的政治经验的,这些农奴主们在先前的饥饿的城市里那样吵闹过,并且现在还在吵闹着农民的欺诈,并且他们"因为

---

[1] 一九〇一年十月,俄国发生空前的大饥荒,沙皇政府只发了一些空洞的命令,做了一些官样的文章,实际上则帮助地主掠夺农民。列宁这篇论文的第一个论题就是"饥荒"。
[2] 犹杜希加·戈罗夫略夫,是谢德林的长篇小说《戈罗夫略夫老爷们》里的地主,一个奸诈伪善、贪婪鄙吝、恶毒残忍的人物。"犹杜希加"的意思就是"小犹大"。列宁常用这个形象来比喻一切掠夺人民出卖人民利益的人物。
[3] 《莫斯科新闻》,起先是最反动的贵族地主和神父的报纸,一九〇五年之后,是黑帮的主要机关报之一。
[4] 谢德林的故事《野蛮的地主》中的地主。

吵闹"关于流行伤寒的事而那样地愤怒。

　　　　——《列宁全集》第五卷，第二三五——二三六页，
　　　　《内政评论》

我们已经指出这个党[1]的阶级结构的基本特征。它和资产阶级社会任何一个确定的阶级都没有联系，但是按它的成分、按它的性质、按它的理想，完全是资产阶级的，这个党动摇于民主主义的小资产阶级和大资产阶级的反革命分子之间。这个党的社会的支柱，一方面，是广大的城市的市民——那种真正的城市的市民，他们在著名的十二月的日子里[2]曾经在莫斯科热心地构筑过街垒；而另一方面，是自由主义的地主，他们希图经过自由主义模样的官员和专制政府勾结，希图在人民和每一个受命于上帝的人民的压迫者之间"无害地"瓜分政权。立宪民主党这种非常广泛的、不固定的、内部矛盾的阶级支柱（在上面已经说过的立宪民主党复选代表的统计明显地表现着），极端鲜明地反映在它的纲领和策略里。他们的纲领整个是资产阶级的，立宪民主党甚至于不能够提出另外一种社会制度，除去资本主义制度之外，他们最大胆的愿望也不出这种制度的范围。他们的纲领在政治方面是把民主主义，"人民的自由"，和反革命势力、专制政府压迫人民的自由结合在一起，用纯粹的小资产阶级的和教授的学究气的审慎把它们结合起来。国家的政权大体分为三部

---

[1] 指立宪民主党。
[2] 指一九〇五年十二月人民的武装起义。

分——这样就是立宪民主党人的理想。一部分——给专制政府。君主政制仍旧存在。君主保留和人民的代表机关同等的权力，人民的代表机关要和君主"协商"颁布法令的事，它要提请他"批准"自己的"法令草案"。另一部分政权——给地主和大资本家。他们得到上院，复选制和居住的资格应该会从上院中逐出那些"平民的"分子。最后，第三部分政权给人民，他们得到下院，以普遍的、平等的、直接的、不记名的投票为原则选举。为什么斗争，为什么内讧？犹杜希加立宪民主党人说，抬起悲伤的眼睛，责备地看看革命的人民，又看看反革命的政府。兄弟们！彼此相爱罢！让狼也饱羊也安，君主政制和上院不受侵犯而"人民的自由"也有保障。

这种立宪民主党的基本的立场之伪善是触目的，它用以替自己辩护的那些"科学的"（教授的科学的）论据之虚伪，是显明的。但是，如果用立宪民主党的领袖们和一些个别的立宪民主党人底个人的品质来解释这种伪善和这种虚伪，不用说，是根本错误的。马克思主义完全不是这样庸俗的解释，常常我们的敌人硬把它归之于我们。不，在立宪民主党人中间无疑地有真诚的人，相信他们的党是"人民的自由"的党。但是他们的党的二重的和动摇的阶级基础不可避免地产生他们的两面性的政策，他们的虚伪和他们的伪善。

——《列宁全集》第十卷，第一八九—一九一页，
《立宪民主党的胜利和工人的党底任务》

立宪民主党的《言论》报说的颂扬"爱护国会"的策略的话，

真是卑鄙言论的精华，应该流芳百世。只要听一听罢："要知道如果国会存在，这就是'你们的'（在野党的）努力的有意识的成果。这就是你们的意思干预国事的第一个显著的结果。这种'没有'做出事情它本身就是最重要的事情，是你们计议的和进行的计划的实行。"

可惜，谢德林没有活到"伟大的"俄国革命。他大约，会把《戈罗夫略夫老爷们》添上新的一章，他会这样描写犹杜希加，他安慰被鞭挞、被殴打、饥饿的、被奴役的农民道：你等待改善？你对建立在饥饿、枪毙人民、桦树条和皮鞭的基础上的制度没有改变感到失望？你抱怨"没有做出事情"？不知好歹的东西！但是要知道这种没有做出事情就是最重要的事情！要知道这就是你的意思干预的有意识的结果——李德瓦尔照旧总管一切，农民们安静地听凭鞭策，不去作"斗争的诗"的有害的幻想了？

很难说憎恨黑帮分子：因为情感已经死了，像平常说的，它死在战争里，在一连串的多次战斗之后，在长期的经历开枪对人射击并且停留在爆炸的手榴弹和飞鸣的枪弹中间之后。战争就是战争，——而和黑帮分子进行的是公开的、随时随地的、"习以为常的"战争。

但是立宪民主党的犹杜希加·戈罗夫略夫能引起最强烈的憎恨和蔑视的情感。要知道人们在听这个"自由主义的"地主和资产阶级的代言人的话，甚至于连农民都在听。要知道他真正地在蒙蔽人民的眼睛，真正地在愚弄人民！……

和克鲁西万们[1]"不可能"用笔墨斗争。和他们必须进行另一

---

[1] 克鲁西万，黑帮的首领之一，第二届国会中反动派的领袖。

种斗争。用笔墨跟反革命斗争,这就是说,首先是,尤其是,要揭露那些丑恶的伪君子,他们假借"人民的自由"的名义,"民主政制"的名义来歌颂政治的停滞,人民的沉默,把公民压制成市民,"没有做出事情"。应当跟这些自由主义的地主和资产阶级的代言人斗争,他们感到十分地得意,因为人民沉默着,他们能够为所欲为地无所畏惧地装作"国家的要人",用甜言蜜语来抚慰那些"愚鲁地"愤怒反革命统治的人们。

——《列宁全集》第十二卷,第三〇四—三〇五页,
《得意扬扬的卑鄙言论或立宪民主党化的社会
革命党人》

犹杜希加·托洛茨基在全会[1]上竭力表示反对取消派[2]和召回派[3]。赌咒发誓,说他是有党性的。得到了补助金。

在全会之后中央委员会削弱了,前进派[4]加强了——弄到许多

---

[1] 指一九一〇年的中央委员会全会。当时中央委员会成分因为有许多布尔塞维克被捕而发生变更,于是动摇分子利用这个机会通过了反对列宁的决议,削弱了党的中央委员会。〔参看《联共(布)党史简明教程》第一三一页〕
[2] 取消派,是孟塞维克的团体,在沙皇政府极端反动时期,主张取消不合法的地下革命运动,实际上就是取消革命运动。取消派的主要人物有唐恩,阿克塞尔罗德,波特莱梭夫等。
[3] 召回派——一九〇八年,在斯托柳宾反动统治之下,一部分布尔塞维克主张"召回"出席第三届国会的社会民主党的代表,并且停止在一切合法组织中的工作,因此有"召回派"之称。召回派这种主张在实际上要使布尔塞维克脱离工人阶级,丧失与广大非党群众的联系,放弃革命的任务。召回派的主要人物有波格达诺夫、卢那卡尔斯基等,他们反对列宁和列宁领导的革命路线。
[4] 前进派——一九〇九年六月,在《无产者》报扩大的编辑部会议上,布尔塞维克和召回主义者完全破裂。在十二月,召回主义者组织了一个新的派别,就是"前进派"(或称"前进社")。

钱。取消派巩固了，在《我们的曙光》[1]上在斯托柳宾面前唾弃非法的党。犹杜希加离开了代表中央委员会的《真理》报，并且开始在《前进》[2]上写取消派的文章。不顾全会任命的学校委员会的明白的决议，它决定凡是党的讲师都不得参加前进派的宗派学校[3]，犹杜希加·托洛茨基跑去了，并且和前进派分子商讨代表会议的计划。这个计划现在前进派集团在报纸上公开发表了。

就是这个犹杜希加，拍着自己的胸膛，喊着自己的党性，要人相信他绝对不向前进派和取消派讨好卖乖。

这就是犹杜希加·托洛茨基的可耻的面目。

——《列宁全集》第十七卷，第二五页，
《犹杜希加·托洛茨基的可耻的面目》

考茨基——一个真正的社会主义者，你们不要擅自怀疑这位最可敬的家长，这位最诚实的公民的真诚。他——是工人的胜利，无产阶级革命的热烈的和坚定的拥护者。他仅仅希望那些甜蜜蜜的知识分子的市侩和昏昏沉沉的庸人，在群众运动发动"之前"，在他们和剥削者作猛烈的斗争（而绝对"不要"有国内的战争）"之前"，"首先"制定温和的精密的"革命发展的规章"……

我们这位最博学的犹杜希加·戈罗夫略夫义愤填膺地对德国工人们说，一九一八年六月十四日全俄苏维埃中央执行委员会决定把

---

[1] 《我们的曙光》，孟塞维克取消派的机关刊物。
[2] 《前进》，德国社会民主党的中央机关刊物。自恩格斯死后，常刊载一些机会主义者的文章。
[3] 指前进派在意大利卡普里岛办的党校。

右翼社会革命党和孟塞维克的代表们开除出苏维埃。"这个办法,"满怀悲愤的犹杜希加·考茨基写道,"不是用来对付做了某些应受惩罚的事的某些个人……苏维埃共和国的宪法一个字没有说到代表——苏维埃委员的不可侵犯性。在这里开除出苏维埃的,不是某些'个人',而是某些'党'。"(第二七页)

是的,这实在可怕,这是不可容忍的违反纯粹的民主政制,我们的革命的犹杜希加·考茨基就是要遵照它的规则来干革命的。我们,俄国的布尔塞维克,应该首先许给沙温科夫们之流、李伯尔唐恩们之流及波特莱梭夫们("积极派")之流[1]以不可侵犯性,然后定出一种刑法,宣布凡是参加捷克斯拉伐克军的反革命战争[2],或是在乌克兰或格鲁吉亚与德帝国主义者联合"反对"本国工人者均"应受惩罚",只有这样"之后",根据这条刑法,我们方才有权,按照"纯粹的民主政制"那样,把"某些个人"开除出苏维埃。同时不用说,那些经过沙温科夫们、波特莱梭夫们和李伯尔唐恩们(或是在他们的煽动的帮助之下)从英法资本家手里领到金钱的捷克斯拉伐克军队,还有在乌克兰和梯弗里斯的孟塞维克的帮助之下从德国人得到炮弹的克拉斯诺夫的军队,一定会安静地坐在那里等候

---

[1] 沙温科夫,社会革命党人,曾经执行帝国主义间谍机关的命令组织反苏维埃政权的叛乱。
李伯尔唐恩是两个孟塞维克领袖李伯尔和唐恩的绰号,起初是一个讥讽的称呼,后来就用作那一派人的代名词。
波特莱梭夫,孟塞维克取消派的领袖之一。
"积极派"是孟塞维克党内的极右派,一九一七年末产生。他们公开号召进行反苏维埃政权的武装斗争,并且直接参加了这种斗争。
[2] 指第一次世界大战期间在俄国的捷克斯拉伐克俘虏编成的军队的叛乱。这支俘虏军队,一九一八年五月得到苏维埃政府许可,取道西伯利亚到欧洲,但是他们在伏尔加河中部地区和西伯利亚发动叛变,进行反苏维埃政权的战争。这次叛乱是英法帝国主义者在孟塞维克和社会革命党人的帮助之下发动起来的。

我们定出正确的刑法,并且,会像真正的纯粹的民主主义者们那样,只是干"在野党"的活动……

苏维埃宪法剥夺"凡以营利为目的雇用佣工"的人底选举权,这也引起考茨基同样大的义愤。考茨基写道:"雇用一个帮工的家庭工业者或是小业主,其生活和感觉可能完全像无产阶级一样,而他们却没有选举权。"(第三六页)

多么地违反"纯粹的民主政制"!多么地不公平!是的,直到现在,所有的马克思主义者都认为,并且千万桩事实都证明:小业主——是最没良心和最贫吝的剥削佣工的人,但是犹杜希加·考茨基指的,当然,不是小业主"阶级"(谁造出来的这个有害的阶级斗争的理论呵!),而是某些个别的人,那些"生活和感觉完全像无产阶级一样"的剥削者们。人们以为早就死了的著名的"俭省的阿格尼斯",又在考茨基的笔下复活了。这个俭省的阿格尼斯,是一个"纯粹的"民主主义者,资产阶级人物尤金尼·李赫特尔在好几十年之前造出来的,并且在德国文学里流行过。李赫特尔预言过由于无产阶级专政,由于没收剥削者的资本而发生的无可形容的不幸,他装作天真的样子问,在法律的意义上什么样的人是资本家。他举可怜的俭省的女裁缝("俭省的阿格尼斯")做例子,凶恶的"无产阶级专政者"剥夺了她最后一文钱。有一个时期,整个德国社会民主党都把这个纯粹的民主主义者尤金尼·李赫特尔的"俭省的阿格尼斯"引为笑谈。但是这是很久很久以前的事,那时候倍倍尔还活着,他公开地直率地说过这句真话:在我们党内存在着许多民族的自由主义者[1],那时候考茨基还不是叛徒。

现在"俭省的阿格尼斯"以"完全像无产阶级一样生活和感觉的雇用一个佣工的小业主"的面目复活了。凶恶的布尔塞维克欺侮他,剥夺他的选举权。是的,"一切选举的会议",正如这位考茨基说的,在苏维埃共和国内是可以允许和某一个工厂有联系的贫苦的手工业者参加的,如果他是个例外,不是剥削者,如果他"真正地""生活和感觉像无产阶级一样"。但是普通的工人们举行的既没有秩序又不按规章行动的(呵,可怕!)工厂会议,难道能够讲生活的知识和正义的情感?难道不是明明白白的,与其冒工人们可能欺侮"俭省的阿格尼斯"和"像无产阶级一样生活和感觉的手工业者"的危险,不如把选举权给"一切"剥削者,给"一切"雇用佣工的雇主,不更好吗?

——《列宁全集》第二十八卷,第二五四—二五六页,
《无产阶级革命与叛徒考茨基》

---

[1] 指阿·倍倍尔在一八九一年十月十九日在德国社会民主党厄尔福特代表大会上的发言。

论乌斯宾斯基

显然地，甚至于用不着分析俄国农村的经济结构，只要看一看俄国新经济史中这个触目的事实——一致公认的农民经济中的进步设施同时带来对"农民"的巨大剥削——这就足够使人相信什么"农民"内部是团结一致的是一个整体这种说法的荒谬，使人相信这一切进步设施的资产阶级性！但是"人民之友"对这一切都不闻不问。他们丧失了旧日俄国社会革命民粹主义的优点，顽固地死抱着它的一个重大的错误——不了解农民内部的阶级对立。

"七十年代的民粹派"，古尔维奇[1]很恰切地说，"丝毫没有认识到农民本身内部的阶级对立，却以为这种对立仅限于'剥削者'——富农或土豪——和他们的牺牲品，即带有共产主义精神的农民之间的关系。"[2] 乌斯宾斯基单独一个人抱着怀疑的态度，用讽刺的微笑回答一般的错觉。以他对农民的卓越的了解，以他的深入现象本质的，巨大的艺术家的才能，他不能不看到，个人主义已经不仅成为高利债主和负债人之间经济关系的基础，而且也成为一般

---

[1] 古尔维奇（1860—1924），俄国早期的马克思主义者之一，后来住在美国。列宁对他的著作很重视，在这里引用的是古尔维奇作的《俄国农村的经济状况》一书，书里有很多宝贵的材料。

[2] 〔原注〕"在农村公社内部已经产生了对立的社会阶级。"古尔维奇在另一处说道（第一〇四页）。我引用古尔维奇的话只是为了补充前面所引的事实材料。

的农民之间经济关系的基础。见他的文章《混为一谈》,载《俄国思想》一八八二年第一期。"(同书第一〇六页)

> ——《列宁全集》第一卷,第二三七—二三八页,《什么是"人民之友"以及他们如何攻击社会民主党人?》

论马雅可夫斯基

昨天我偶然在《消息报》上读到马雅可夫斯基关于政治问题的诗[1]。我不是他的诗的才能的崇拜者，虽然在这方面我完全承认自己是个门外汉。但是从政治的和行政的观点看来，我久已没有感到这样满意了。他在诗里热烈地嘲笑了会议，并且讥讽了那些老是在开会、开会开迷了的共产党员。在诗的方面，我不知道怎样；但是政治方面，我保证这是完全正确的。我们，实在地，成了这种情形里的人了（应该说，这种情形是很愚蠢的），老是在开会、组织委员会、制订计划——无休无止。曾经有过那样一种俄国生活的典型——奥勃罗摩夫。他老是躺在床上，老在制订计划。那个时候已经过去很久了。俄国经过了三个革命，而奥勃罗摩夫们仍然还存在，因为奥勃罗摩夫不仅仅是地主，也有农民，不仅仅是农民，也有知识分子，不仅仅是知识分子，也有工人和共产党员。看一看我们就够了，看看我们怎样在开会，我们怎样在委员会里工作，就要说："旧日的奥勃罗摩夫仍然存在，还需要用很长的时间把他清、洗、刷、打，才能做出有意义的事来。"因此我们应当没有任何幻想地来检查我们的情形。我们没有仿效那些用大字来写"革命"这两个字的人，像那些社会革命党人做的那样。但是我们可以重复一句马克

---

[1] 说的是马雅可夫斯基的诗《开会迷》。

思的话：在革命的时期里蠢事不见得少做，有时还会多些。需要清醒地大胆地检查一下这些蠢事——我们，革命者们，应当好好地从这件事学习。

> ——《列宁全集》第三十三卷，第一九七页，
> 《论苏维埃共和国国际的和国内的形势》
> （一九二二年三月六日在全俄五金工人代
> 表大会党委分会上的讲话）

论绥拉非摩维奇

亲爱的同志！

妹妹[1]刚才告诉我临到你的重大的不幸[2]。让我紧紧地，紧紧地握你的手，并且望你振作精神坚强斗志。我极感遗憾的是，没有能够实现我的愿望，和你更常常地会面更密切地了解。但是你的作品和妹妹讲的故事引起我对你的深深的同情，我很想告诉你，工人和我们所有的人是多么地"需要"你的作品，而现在坚韧的精神你又是多么地必需，为了克服沉重的心情并且"强迫"自己回到工作上去。原谅我写得潦草。再一次：紧紧地，紧紧地握手。

你的列宁

——《列宁全集》第三十五卷，第三八三页，《给绥拉非摩维奇的信》（一九二〇年五月二十一日）

---

[1] 玛丽亚·乌里安诺夫娜。
[2] 一九二〇年五月，绥拉非摩维奇的儿子在前线上战死。

论巴比塞

在这里我们不可能详细地复述,是些什么基本的经济原因决定了不可避免地要走革命这条路并且只有走革命这条路,决定了历史提到日程上来的那些问题不可能别样地解决,只有内战。关于这个应该写,而且得写好几本书。如果考茨基派的先生们以及伯恩国际[1]其他的领袖们不明白这个,那么就只好说:无知较之偏见,距离真理还稍近一些。

因为无知的,但是诚实的劳动人民和劳动人民的拥护者,现在,在战争之后,更容易明白革命、内战、无产阶级专政的必然性,较之那些中了考茨基、麦克唐纳、王德尔维尔德、布兰亭、杜拉特先生们之流[2]最博学的改良主义的偏见的毒的人们。

到处都看得到革命意识在群众中普遍成长的现象,特别显著的证明之一可以举出亨利·巴比塞的小说《火线上》和《光明》。《火线上》已经译成所有的文字,并且在法国销了二十三万册。一个完全无知的,整个受庸俗的思想和偏见支配的市民,正是在战争的影响底下变成了革命者,这个转变用非常的力量、才能和真实表现了出来。

---

[1] 伯恩国际——即第二国际。第一次世界大战开始时,第二国际分裂为各个社会沙文主义政党。大战之后,正式恢复国际的代表会议是一九一九年二月在瑞士的伯恩城举行的,所以又称伯恩国际。

[2] 考茨基(德)、麦克唐纳(英)、王德尔维尔德(比)、布兰亭(瑞典)、杜拉特(意),都是第二国际的领袖。

无产者和半无产者的群众都拥护我们，并且不是每天，而是每小时，都有人转到我们这面来。伯恩国际——是一个没有军队的司令部，如果在群众前面彻底地揭穿它，它就要像纸做的房子一样垮台。

——《列宁全集》第二十九卷，第四七〇—四七一页，《论第三国际的任务》

资本主义的崩溃是不可避免的。群众的革命意识到处在成长。千百种征象表明着这个。一个不重要的，但是对市俗的人们很明显的征象就是亨利·巴比塞的小说（《火线上》和《光明》）。巴比塞去参加战争的时候，是一个最温和的、谦逊的、守法的小资产阶级，市俗的人，一个市民。

资本家们，资产阶级，他们在"最好的"情况下，能再肆残杀千百万工人和农民，延迟社会主义在某一个别国家里的胜利。但是他们不能挽救资本主义。"苏维埃共和国"来代替它了，苏维埃共和国要把政权给劳动人民，并且只给劳动人民，它由无产阶级来领导他们的解放，它废除土地、工厂以及其他生产手段的私有权，因为这种私有权是少数人剥削多数人的根源，人民大众贫穷的根源，仅仅使资本家发财的民族间掠夺战争的根源。

国际苏维埃共和国的胜利是一定的。

——《列宁全集》第二十九卷，第四七九页，《答美国记者问》

论约翰·李德

以极大的兴趣和始终不懈的注意，我读了约翰·李德的书，《震撼世界的十天》[1]。我要无保留地把它推荐给全世界的劳动者。这一本书，我愿望它能够印行千百万册，译成所有的文字。这本书作了一个真实而又极为生动的描写，写出对于了解无产阶级革命和无产阶级专政真正是什么这个问题十分重要的许多事情。无产阶级革命和无产阶级专政是普遍在讨论的一个问题，但是一个人在接受或者拒绝这些思想之前，他必须明白他的决定的重大意义。约翰·李德的书无疑地会帮助澄清这个问题，这是国际劳工运动的基本问题。

（译者辑，《震撼世界的十天》的《序》，一九一九年末作）

---

[1] 约翰·李德（1887—1920），美国左翼作家，一九一七年十月革命时到了俄国。《震撼世界的十天》就是他根据实地观察到的事实，亲手搜集到的材料和文件写出来的。

列宁论托尔斯泰

一

列夫·托尔斯泰，一面俄国革命的镜子

这伟大的艺术家的姓名和他所显然没有了解的革命，他所显然避开的革命，放在一起，在第一眼看来，可能显得奇怪而且勉强。岂不是不能够把那明明白白没有正确反映现象的东西，叫作镜子吗？然而我们的革命——是个非常复杂的现象：在直接实行和参加这个革命的群众中间，有许多社会成分，他们也显然没有了解经过的事情，也避开事变的过程对他们所提出来的真正的历史任务。如果在我们面前的，的确是个伟大的艺术家，那么，他至少应当在自己的作品里反映革命的某些本质的方面。

俄国的合法的刊物，充满了关于托尔斯泰八十岁寿辰的文章、书信、杂记，可是，最不关心的，正是从俄国革命性质和动力的观点上去分析他的作品。这种刊物全部充满着虚伪，两种样子的虚伪：官方的和自由派的，简直叫人恶心。第一种，是那些被收买的文人的露骨的虚伪，他们昨天还奉命毁谤托尔斯泰，而今天——就在托尔斯泰里来寻找爱国主义了，并且竭力地在欧洲面前表示礼貌。至于这些文人受了金钱来写文章，那是大家都知道的，他们不能够欺骗任何人。自由派的虚伪却要精细得多，因此，也就有害得多，危

险得多。听一听《言论》报[1]上立宪民主党的吹打手[2]罢——他们对于托尔斯泰的同情是最充分的、最热烈的。其实,关于这位"伟大的求神者"的那篇郑重其事的宣言,那些花言巧语的空谈——只不过是十足的虚伪,因为俄国的自由派,既不相信托尔斯泰的神,也不同情他对于现存制度的批评。自由派假借这个享有极大的名望的姓名,为的是积聚自己的政治资本,为的是扮演全民反对派领袖的角色,他们竭力用一些空谈的响声和闹声,"来掩盖"直接地明白地回答这一个问题的必要:"托尔斯泰主义"的显明的矛盾究竟是什么所引起来的,这些矛盾表现着我们革命的什么缺点和弱点?

托尔斯泰的作品、观点、学说、学派里的矛盾——的确是显明的。一方面,是一个天才的艺术家,不但写出了无比的俄国生活的图画,而且是世界文学里的第一等作品。另一方面,是一个迷信上帝的地主。一方面,是非常之有力的、直率的真诚的对于社会的欺诈和虚伪的抗议,另一方面,却是"托尔斯泰主义者",这就是一个疲惫消沉的、歇斯底里的哼哼唧唧的人,所谓俄国的知识分子,他当着大家捶着自己的胸膛说:"我是坏透了,龌龊极了,然而我在实行道德上的自我完成,我再也不吃肉了,现在只吃米粉团子。"一方面,无情地批评资本主义的剥削,暴露政府的暴虐、法庭和国家机关的丑剧,揭破财富的增加和文化的进步,与工人群众的贫穷、野蛮、苦痛的增加之间的全部深刻的矛盾;另一方面,痴呆地宣讲"不要用暴力去抵抗恶"。一方面,最清醒的现实主义,揭穿一切种

---

[1]《言论》报,立宪民主党的机关报。
[2] 原文是"巴拉拉金们"(Балалайкины)。巴拉拉金是谢德林的故事《现代田园诗》里的人物,一个典型的花言巧语、撒谎吹牛的自由主义者。这里译作"吹打手"是意译。

《列夫·托尔斯泰,一面俄国革命的镜子》原稿第一页

种的假面具;另一方面,宣讲世界上所有一切混蛋东西之中最混蛋的一种,这就是:宗教,想要在官方派遣的神父的位置上安放一种信奉道德的神父,也就是培养一种最精巧的,因此也就是特别恶劣的神父主义。的确:

> 你又是穷困的，你又是富饶的，
> 你又是强壮的，你又是无力的，
> ——俄罗斯妈妈呀！[1]

托尔斯泰在这种矛盾里面，绝对地不能够了解工人运动和它在为着社会主义的斗争里的作用，也不能够了解俄国革命，这自然是明明白白的。然而托尔斯泰的学说和观点里的矛盾并非偶然的，而是十九世纪最后三十年中俄国生活所处的矛盾条件的表现。家长制的农村，昨天刚刚从农奴制度底下解放出来，现在可以说是送给资本和国库去搜括，去掠夺。农民经济和农民生活的旧基础，那些的确维持了几百年的旧基础，非常之快地在崩溃下去。所以托尔斯泰观点里的矛盾，不应该从现代工人运动和现代社会主义的观点出发去估量（这种估量，当然是必要的，但是不够的），而要从那对于正在兴起的资本主义的抗议出发，要从反对群众的破产和丧失土地的抗议出发，这抗议是必定要从家长制的俄国农村发生出来的。托尔斯泰，作为一个发现了拯救人类的新药方的预言者，是可笑的——因此，外国的和俄国的"托尔斯泰主义者"是十分可怜的，他们恰恰想把他的学说的最弱的一方面变成信条。托尔斯泰，作为俄国千百万农民在俄国资产阶级革命到来的时期所形成的那些思想和情绪的表现者，是伟大的。托尔斯泰是特色的，因为他的观点的总和，整个说来[2]，恰恰表现着我们的革命是个"农民的"资产阶级性革命的特点。从这点来看，托尔斯泰观点里的矛盾——的确是我们革命中农民的历史行动所处的矛盾状况的镜子。一方面，几百年农奴

---

[1] 引自涅克拉索夫的长诗《谁在俄国生活得好》。
[2] 前三版《列宁全集》误印为"整个的是有害的"。

制的压迫，几十年改革[1]后的加速破产，积聚了无限的仇恨、怨毒和拼命的决心。想要彻底扫除官办的教会、地主、地主的政府，消灭一切土地私有制的旧方式和旧秩序，清扫土地，建立一种自由平等的小农的生活团体来代替阶级的警察的政府，——这种想望，像一条鲜明的线索，贯穿着我们革命中农民的每一个历史步骤；而且没有疑问地，托尔斯泰著作的思想内容，与其说相当于那种有时候被估量作他的观点"体系"的、抽象的"基督教无政府主义"，远不如说更相当于这种农民的想望。

另一方面，农民虽然想要新方式的生活团体，然而很不觉悟地、家长制地、迷信式地来对待这些问题：这个生活团体应当是怎样的呢，应当用怎样的斗争去争取自己的自由呢，在这斗争里他们应当有怎样的领导者呢，资产阶级和资产阶级的知识阶层对于农民革命的态度是怎样的呢，为什么消灭地主和私有土地的制度就必须用武力推翻沙皇的政权呢？农民过去的全部生活教会了他仇恨地主老爷和官吏，然而没有教会他并且也不可能教会他，到什么地方去找这些问题的答案。在我们的革命中，小部分农民实际地斗争过，总算为着这个目的组织起来过，而且只有很少一部分人，手里拿起武器去消灭自己的敌人，消灭沙皇的走狗和地主的保护者。大部分农民则哭泣和祷告，申诉和幻想，写请愿书和派"恳求代表"，——完全照着列夫·尼古拉伊奇·托尔斯泰的精神！并且，势所必然地，托尔斯泰式地避开政治，托尔斯泰式地舍弃政治，对于政治的无兴趣和不了解，使得只有少数人跟着觉悟的革命的无产阶级走，而大多数变成那些无原则的卑鄙的资产阶级知识分子的俘虏，那些知识分

---

[1] 指一八六一年的农奴改革。改革的结果，加强了对农民的剥削，使农民加速破产。到二十世纪初，改革已有四十多年。

子就是所谓立宪民主党,他们,从劳动派[1]的会议上跑到斯托柳宾[2]的门房里去哀求,讨价,讲和,答应讲和,——直到卫兵用靴子把他们踢出来。托尔斯泰的思想——这是我们农民暴动的弱点和缺点的镜子,是家长制的农村的软弱和"勤俭的庄稼人"[3]的积结的怯懦的反映。

拿一九○五年——一九○六年的兵士暴动来说罢。我们革命里的这些战士的社会成分——是在农民和无产阶级之间的。无产阶级占少数;因此,军队里的运动没有表现出那种全俄的团结性,那种党的觉悟性,像无产阶级所表现的那样——无产阶级简直在一挥手之间就成了社会民主主义的,军队里的运动却连一点相近的情形也没有。另一方面,有一种意见,说兵士暴动失败的原因是缺乏军官的领导,这是再错误也没有的了。相反,从"民意党"时期以来革命的巨大进步,恰好在于拿起武器来反对长官的是那些"灰色的畜生",他们的独立把自由主义的地主和自由主义的军官吓坏了。兵士充满了对农民事业的同情;只要一提到土地,他们的眼睛就发亮了。军队里的权力,有好几次落到了兵士群众手里,——然而他们差不多没有一次坚决地运用过这种权力;兵士们犹豫了;过了两天,有时候只过几个钟头,他们杀了一个什么可恨的长官之后,就把其余被捕的都放了出来,同政府去开始谈判,然后,站好了给人枪毙,躺下去给人鞭打,重新钻到车辕底下去,——完全地符合列夫·尼古拉伊奇·托尔斯泰的精神!

---

[1] 劳动派,一九○五年革命后俄国国会中农民代表组织一个小资产阶级团体,动摇于立宪民主党和社会民主工党(布尔塞维克)之间。
[2] 斯托柳宾,一九○五年革命后沙皇政府的内阁总理,实行恐怖统治,破坏革命运动,屠杀俄国人民。托尔斯泰写过一个小册子《我不能沉默》,反对斯托柳宾的恐怖政策。
[3] "勤俭的庄稼人",萨尔蒂科夫·谢德林的故事《生活琐事》里的一个典型形象。

托尔斯泰反映了热烈的憎恨，对于更好的生活的成熟的憧憬，摆脱过去的生活的愿望，——也反映了不成熟的幻想，政治上的无训练，革命上的软弱。历史的经济的条件，说明群众革命斗争发生的必然，也说明他们对于斗争的没有准备，以及托尔斯泰式的对于恶的无抵抗，而这种无抵抗是第一次革命战斗失败的极重大的原因。

常常说：战败了的军队会好好地学习。自然，革命的阶级和军队比较，只在很有限度的意义里，才是正确的。资本主义的发展每一点钟都在改变和加剧那些推动千千万万的农民走向革命民主主义斗争的条件，农民由于对地主农奴主和对地主农奴主的政府的憎恨而团结起来了。在农民自身中间，交易、市场的统治、金钱的权力的增长，日益加甚地排除家长制社会的古董和家长制的托尔斯泰式的[1]思想。但是革命的最初几年和群众革命斗争最初几次的失败，没有疑问地有一桩收获：这就是——群众以前的散漫性和软弱性受到了致命的打击。划分的界线更清楚了。各个阶级和政党分别出来了。在斯托柳宾的教训的铁锤之下，在革命的社会民主党不断的坚决的鼓动之下，不但社会主义的无产阶级，就是民主主义的农民群众，也要不可避免地涌出更有锻炼的战士，更不致于陷落到我们的托尔斯泰主义的历史罪恶里去的战士！

［原载《无产者》报第三十五期，一九〇八年九月十一日（二十四日）］

——《列宁全集》第十五卷，第一七九——一八六页

---

［1］"托尔斯泰式的"——前三版《列宁全集》误印为"哲学的"。

列夫·托尔斯泰[1]

列夫·托尔斯泰死了。作为一个艺术家，他的世界的意义，和作为一个思想家和说教者，他的世界的名声，这两样，各各都反映着俄国革命的世界意义。

列夫·托尔斯泰，作为一个伟大的艺术家出现，是在农奴制度还支配着俄国的时候。在他的半个多世纪的文学活动中间所写的许多伟大的作品里，他主要是描写旧的、革命前的俄国，在一八六一年之后还是半农奴制状态的俄国——地主和农民的农村的俄国。在描写俄国的历史生活的这个时期时，托尔斯泰能在他的作品里提出这么多重大的问题，并且能达到这样高的艺术力量，所以他的作品被列入了世界文学艺术最伟大的作品里面。在农奴主统治底下一个国家的革命的准备时代，由于托尔斯泰的天才的描写，成为整个人类艺术发展前进的一步。

艺术家托尔斯泰，甚至于在俄国也只有极少数人知道他。如果要使他的伟大的作品真正能为"所有的人"所有，就必须要斗争，跟那使千千万万人陷于愚昧、驯弱、劳苦、贫穷的社会制度作斗争——就必须要有一个社会主义的革命。

---

[1] 这篇文章发表在俄国社会民主工党的中央机关报《社会民主党人》上，为纪念托尔斯泰之死而作。校样上还有另外一个题目：《列夫·托尔斯泰在俄国革命和俄国社会主义的历史中的意义》。

托尔斯泰不仅仅写出了艺术的作品,这些作品,当群众推翻了地主和资本家的统治,给自己创造了人的生活条件的时候,会永远地爱好、阅读的,——而且他成功地,用非常的力量表达出受现在的制度压迫的广大群众的情绪,描写出他们的状况,表现出他们自发的抗议和愤怒的情感。托尔斯泰,主要属于一八六一年到一九〇四年这一个时代[1],在他的作品里——作为艺术家,也作为思想家和说教者——凸出地浮雕地具体地表现了整个第一次俄国革命底历史的特点,它的力量和它的软弱。

我们的革命底主要特点之一就是:这是资本主义在全世界发展得很高、在俄国也发展得比较高的时代里的一个"农民的"资产阶级性的革命。这是资产阶级性的革命,因为它的直接任务是推翻沙皇的专制政治、沙皇的君主政府、废除地主的土地占有制度,而不是推翻资产阶级统治。农民特别没有了解这个最后的任务,没有了解它和更迫近更急切的斗争任务的区别。这是农民的资产阶级性的革命,因为客观情况把改变农民生活根本条件的问题、破坏旧的中世纪土地所有制的问题、为资本主义"清扫土地"的问题,提到了第一位上,客观情况把农民群众推上了多多少少是独立性的历史行动的舞台。

在托尔斯泰的作品里正表现出农民群众运动的力量和软弱,强大和局限。他对国家和警察政府的教会那种热烈的、激愤的,常常是严厉尖锐的抗议,表现着原始的农民民主主义的情绪,在这里面,多少世纪的农奴制度,官吏的专横和掠夺,教会的阴谋、欺骗、奸诈,累积了山一样的憎恶和仇恨。他坚决地否定私有土地财产,表

---

[1] 即农奴改革(一八六一)之后到第一次革命(一九〇五)之前这一个时代。

现着农民群众在这样一个历史时刻的心理，当旧的中世纪土地占有制度，地主制度和官方"圈地"制度，最后成了国家向前发展不可忍受的障碍的时候，当这种旧的土地所有制度不可避免地遭受最急剧的残酷的破坏的时候。他的不断的充满最深的情感和最强烈的愤怒的，对资本主义的控告，表现着家长制农民的全部的恐惧；一个新的，看不见的，不可理解的敌人临到了他们身上，这个敌人不知从什么城市，或是从什么外国来的，它破坏农村生活的一切"基础"，带来空前未有的破产、贫穷、饿死、野蛮、卖淫、梅毒——"初期积累时代"一切的灾难，这一切的灾难以股票先生[1]想出来的最新的掠夺方法被搬到了俄国的土地上，于是更加百倍地深重。

但是这位热烈的抗议者，激愤的控告者，伟大的批评家，同时在自己的作品里暴露了他对临到俄国的危机的原因，以及解脱危机的办法，是这样地毫不理解，这只有对一个家长制的天真的农民，是自然的，而不是对一个有欧洲教养的作家。和农奴制度与警察制度的国家、和君主政治的斗争，在他变成了摒弃政治，他得出"毋抗恶"的学说，弄到完全站在一九○五年到一九○七年群众革命斗争之外。和官方的教会的斗争，却混和着宣传新的精练的宗教，也就是给被压迫大众新的精练的、精制的毒药。否定私有土地财产，没有走到集中一切力量对真正的敌人，对地主的土地占有制度和它的政治工具的政府——君主政治作斗争，而走向幻梦的、糊涂的、无用的空想。控告资本主义和它加在人民大众身上的苦难，同时对国际社会主义无产阶级所进行的全世界解放斗争却抱着完全冷淡的

---

[1] 股票先生——十九世纪末期（八十和九十年代）俄国文学里常见的一个名词，代表资本和资本家；第一个用它的是乌斯宾斯基，见他的短篇《重人的罪恶》。

态度。

托尔斯泰的观点里的矛盾——不仅是他个人思想的矛盾,而且是复杂的、矛盾的条件,社会的影响,历史的传统的高度反映,这些东西决定了改革"以后"革命"以前"那个时代里俄国社会各个阶级和各个阶层的心理。

因此,正确地评价托尔斯泰,只有从这样一个阶级的观点才有可能,这个阶级,以自己的政治作用和斗争,在这些矛盾的第一个结局的时候,在革命的时候,证明了它在争取人民的自由和从剥削里解放人民大众的斗争里做领导者的使命——证明了它对民主主义事业的赤心的忠诚,它和资产阶级的(农民的也在内)民主底局限性和不彻底性虚伪性作斗争的能力——只有从社会民主主义的无产阶级的观点才有可能。

看看政府的报纸上对托尔斯泰的评价罢。他们流着鳄鱼的眼泪,叫人相信他们对"伟大的作家"的敬仰,同时却拥护"最神圣的"宗教会议。而最神圣的神父们刚刚做了一件特别卑鄙的事,派了些牧师到死者那里去,想欺骗人民说,托尔斯泰"忏悔了"。最神圣的宗教会议把托尔斯泰开除出了教会[1]。这样更好。这个功绩,在人民跟那些穿法衣的官吏,信基督的宪兵,支持沙皇政府的黑帮[2]干屠杀犹太人等类业绩的、黑暗的宗教裁判官们算账的时候,要向他清算的。

看看自由主义派的报纸对托尔斯泰的评价罢。他们躲在那些空

---

[1] 一九〇一年二月二十四日(三月九日)托尔斯泰因为反政府、反教会的言论被开除出教会。开除的直接原因是他的小说《复活》,托尔斯泰在《复活》里暴露了教会的伪善,并且尖锐地讽刺了宗教会议的总长波别朵诺希柴夫。

[2] 黑帮,即黑色百人团,俄国地主的反动组织,企图用恐怖残酷的手段扑灭俄国革命运动。

洞的、官僚自由主义的、陈腐学究的词句里，说些什么"文明人类的声音""全世界一致的反响""真和善的思想"等等，然而正是为了这些，托尔斯泰方才鞭挞了——而且是正当地鞭挞了——资产阶级的科学。他们"不能"直率地明白地说出他们对于托尔斯泰对国家、对教会、对土地私有制度、对资本主义的见解的意见，——这并不是因为检查制度阻碍他们；相反地，检查制度正帮助他们解脱困难！——这是因为，在托尔斯泰批评里的每一个论题都是给资产阶级自由主义的耳光；这是因为，托尔斯泰无畏地、公开地、严厉尖锐地"提出"我们现代最棘手最难办的问题，这就"打了"自由主义派的（以及自由主义民粹派的）政论底老套的字句、陈腐的遁词、躲躲藏藏的"文明的"谎话的"嘴巴"。自由派竭力地赞成托尔斯泰，竭力地反对宗教会议——可是同时，他们也赞成……路标派，和路标派"可以争论"，但是"应当"和他们保持在一个党里，"应当"在文学上和政治上一起工作。于是安东·伏林斯基[1]和路标派接起吻来。

自由派摆到第一位的是：托尔斯泰——是"伟大的良心"。这难道不是《新时代》[2]以及所有类似它的报纸重复千百遍的空洞的辞令吗？这难道不是对托尔斯泰"提出来的"那些民主主义和社会主义底"具体的"问题的回避吗？这难道不是把表现托尔斯泰的偏见，而不是他的理智的东西，把他的思想里属于过去，而不是属于未来的东西，把他对于政治的否定、道德的修行的说教，而不是他反对一切阶级统治的猛烈的抗议，摆到第一位吗？

---

[1] 安东·伏⋯⋯，沙皇政府亲信的反动派。
⋯⋯八六年创刊，一九〇五年成为黑帮的机关报。

托尔斯泰死了，革命前的俄国也过去了，它的软弱和无力被天才的艺术家表现在他的哲学里，描写在他的作品里。但是在他的遗产里，还有没有成为过去，属于未来的东西。俄国无产阶级要接受这个遗产并且研究这个遗产。他要向劳苦大众和被剥削的人民说明托尔斯泰对国家、教会、土地私有制度的批评底意义——不是要人民大众只去修行和想望神道的生活，而是要起来给沙皇君主政府和地主占有土地制度以新的打击，它们在一九〇五年只受了点轻伤，而它们是应当被消灭掉的。他要向人民大众说明托尔斯泰对资本主义的批评——不是要人民大众只去咒骂资本和金钱势力，而是要他们学习在自己的生活和斗争里步步都能利用资本主义底技术的和社会的成就，学习团结成一支社会主义战士的百万大军，这些战士将要推翻资本主义，创造没有穷困的人民，没有人剥削人的新的社会。

［原载《社会民主党人》第十八期，一九一〇年十一月十六日（二十九日）］

——《列宁全集》第十六卷，第二九三—二九七页

转变没有开始吗？

在我们收到彼得堡和莫斯科的十一月十二日的报纸的时候，这一期已经校对好了。不论合法的报纸上的消息多么地不够，但是也无可置疑地透露出来：在许多城市里发生学生的集会、示威、游行，抗议死刑并且演说反对政府。十一月十一日彼得堡的示威游行，就连完全持十月党[1]的论调的《俄国新闻报》[2]，也说在涅夫斯基大街上集合了"不下一万人"。这个报纸还说，在彼得堡方面，"在国会会场附近许多工人参加游行。在杜契科夫桥附近游行的队伍稍驻。警察始终无法阻止，人群持着旗帜唱着歌，行抵华西里叶夫岛的大马路。仅在大学附近警察方得驱散群众。"

不用多说，警察和军队用的是真正的俄国式的办法。

对于这一次无可置疑的民主力量的高涨的评价，我们到下一期再说，在这里我们不能不谈几句各个党派对于这次游行示威的态度。《俄国新闻报》在十一日登了一个"假"消息，说是游行取消了，到十二日又说，仿佛社会民主党没有作任何决定，而个别的代表甚至于表示不赞成，只有劳动派估计不可能成立决议，所以阻止示威游行。我们确信，这个污蔑我们社会民主党代表的消息是假的；可能

---

[1] 十月党，大工业资本家和大地主组织的一个反革命政党。
[2] 《俄国新闻报》，一八六三年在莫斯科创刊，一九〇五年变成右翼立宪民主党人的机关报。

这也是《俄国新闻报》恶意的捏造，正如他们昨天的消息说游行取消了一样。《莫斯科之音》[1]十二日说，"除去社会民主党的代表，所有的党派都表示不赞成学生到街上游行。"

明显地，立宪民主党和十月党的机关报有意地"歪曲事实"，他们被右翼分子的极端荒谬可笑的喊叫吓住了，说是"准备游行的主动者在塔夫里达宫[2]里受到了压制"。

而立宪民主党的行为是卑鄙的，这是——事实。《言论》报在十一日，游行的当天，登出一个立宪民主党代表们的呼吁，要求不要组织游行。在这个呼吁里以及在《言论》报的社论里的理由真正是可鄙的："不要玷污"哀悼的日子！"组织游行，把游行和纪念托尔斯泰联系在一起"——那就是表明"对神圣的纪念没有真诚的爱"！！以及诸如此类道地的十月派的精神的话。（对照一下十一日《莫斯科之音》的，差不多字句都完全一样的社论罢。）

幸而，立宪民主党对民主运动施行的卑鄙的步骤没有成功。游行仍然举行了。如果说警察当局的《俄罗斯报》继续攻击立宪民主党的一切，那么在国会里，用《莫斯科之音》的话来说，十月党和极右翼分子（舒尔金）一致称赞立宪民主党的"功绩"，认为他们是"游行的对抗者"。

谁没有从整个俄国革命的过程认识到，在立宪民主党领导之下俄国的解放运动事业是"无望的"，那他就不能保他自己不被立宪民主党出卖，让他一而再、再而三地从今天的政治的事实，从十一月十一日游行的历史学习教训罢。

---

[1]《莫斯科之音》，十月党的机关报。
[2] 塔夫里达宫，国会会场。

民主力量高涨的第一个开始——也是立宪民主党的卑鄙行为的开始。

我们还要说一说《莫斯科之音》的一个消息，说工人曾向学生提议在十四日举行一个巨大的游行。或许，这有一部分是真实的，因为今天（十一月十五日〔二十八日〕）巴黎的报纸登载着，在圣彼得堡有十三个工会人员被捕，因为"企图"组织工人的示威游行。

[原载《社会民主党人》第十八期，一九一〇年十一月十六日（二十九日）]

——《列宁全集》第十六卷，第二九一—二九二页

列夫·托尔斯泰与现代工人运动

俄国的工人差不多在俄国所有大城市里已经对列夫·托尔斯泰的逝世有了反响,并且这样或者那样地表示了自己对这位作家和思想家的态度,——这位作家写了许多最杰出的艺术作品,列位于全世界伟大作家之林,——这位思想家用巨大的力量、信心、真诚,"提出了"好些有关现代政治和社会组织底根本性质的问题。这个态度更总起来表示在报纸上登载的第三届国会工人代表们发出的电报里。

列夫·托尔斯泰开始他的文学活动,是在农奴制度存在的时候,可是那已经是它明显地到了末日的时候。托尔斯泰的主要的活动,正当俄国历史底两个转变点中间,一八六一年和一九○五年之间这段时期。在这个时期中,农奴制度的遗迹,它的直接的残余深深渗透进国家的一切经济的(特别是农村的)和一切政治的生活里面。而同时就在这个时期,也是资本主义从下面繁荣滋长以及从上面得到培植的时期。

农奴制度的残余表现在哪里呢?最多的也最明显的表现是:俄国,主要是个农业国家,这个时候,在破产的、贫穷的农民手里的农业,是在一八六一年有利于地主而分割过的,旧日的农奴的田地上,进行着古代的原始的农事。而另一方面,在地主手里的农业,在俄国中部,是用农民的劳力,农民的犁,农民的马来耕种的,农民这样才换到"割地"、草场、水池等等。实际上,这是——旧的农奴制的农业制度。俄国的政治机构在这个时候也是道道地地的农奴制的。这,从一九〇五年开始改变之前的政府的组织,从贵族地主对于国家大事的左右,从那些大半也是贵族地主出身的官吏——特别是高级的官吏——的擅权,都看得出来。

这个旧的家长制的俄国,一八六一年以后在世界资本主义的影响底下飞快地崩溃了。农民饥饿、死亡、空前未有地破产,而且抛弃土地,跑到城市里去。由于破产的农民的"廉价的劳动",铁路、工厂、制造厂加速地建筑起来。巨大的金融资本,巨大的商业和工业在俄国发展起来了。

于是旧俄国底一切旧"基础"的这种迅速的、重大的、剧烈的破坏,就反映在艺术家托尔斯泰底作品里,在思想家托尔斯泰底见解里。

托尔斯泰十分熟悉农村的俄国,地主和农民的生活。他在他的艺术作品里出色地描写了这个生活,使之成为世界文学最优秀的创作。农村的俄国底一切"旧基础"的剧烈的破坏,加强了他的注意力,加深了他对周围发生的事情的关心,引起了他的整个世界观的转变。从出身和教养来说,托尔斯泰属于俄国高等地主贵族阶层——他打破了这个阶层的一切习惯的观点,并且在自己后期的作品里,激烈地批评了所有今天国家的、教会的、社会的、经济的制度,这些制度建筑在奴役人民大众上,人民大众的贫困上,农民和一般小产业者的破产上,从上到下渗透进整个现代生活的横暴和伪善上。

托尔斯泰的批评不是新的。他并没有说出什么在他之前许多年来在俄国文学和欧洲文学里、站在劳动者方面的作者所没有说过的话。但是托尔斯泰的批评的特色以及它的历史意义,在于它以唯有天才的艺术家方才具有的那种力量，表现出上面说的时代的俄国，即农村的、农民的俄国里，广大人民群众底观点的崩解。因为托尔斯泰对于现代各种制度的批评与现代工人运动代表们对于它们的批评的不同，在于托尔斯泰是站在家长制的天真的农民的观点上的，托尔斯泰把这样的农民的心理带进了自己的批评，自己的教义。托尔斯泰的批评之所以有这样大的感动力，这样强的热情、说服力，这样新鲜、诚恳，想找出人民大众贫困的真正原因的"穷根究底"的勇气，因为这个批评真实地反映着千百万农民观点的转变，他们刚刚从农奴制度底下解放出来得到自由，可是他们看到这个自由却是破产、饿死、城市"贫民客栈"的无家生活等这些新的恐怖。托尔斯泰这样忠实地反映出他们的情绪，他在自己的教义里就有他们的天真，他们对政治的冷淡，他们的神秘主义，逃避现实世界的愿望，"毋抗恶"，对资本主义和"金钱势力"的无用的咒骂。千百万农民的抗议和绝望——这就是融会在托尔斯泰教义里的东西。

今天工人运动的代表们认为，他们有许多事要抗议，但是没有什么绝望。绝望是那些灭亡的阶级所具有的，而雇佣工人阶级必然要在所有资本主义社会里，俄国也在内，生长、发展、壮大起来。绝望是那种不了解恶的原因、看不见出路、不能够斗争的人们所具有的。今天的工业无产阶级不是这样的一种阶级。

（原载《我们的路》第七期，一九一〇年十一月二十八日）
——《列宁全集》第十六卷，第三〇〇—三〇二页

托尔斯泰与无产阶级的斗争

　　托尔斯泰用巨大的力量和真诚鞭笞了统治阶级，非常明白地暴露出现在的社会靠着它们维持的一切制度的内在的虚伪：教会、法庭、军国主义、"合法的"婚姻、资产阶级的科学。可是他的教义却和现在的制度的掘墓人，无产阶级的生活、工作、斗争，完全矛盾。究竟是谁的观点反映在托尔斯泰的说教里呢？借他的嘴，千百万俄国人民群众说了话，他们"已经"憎恨现在的生活的那些主人，但是他们"还"没有走到和他们作觉悟的、不断的、坚持到底的、不共戴天的斗争。

　　历史和俄国大革命的结果表明了，"在"觉悟的、社会主义的无产阶级，和旧政治制度的绝对的拥护者"之间"的群众，正是这样子的。这个群众——主要的，是农民——在革命里面表现出来，他们对旧的憎恨是多么深，他们多么痛感现在的政治制度的重压，他们想解放出来寻找较好的生活的自发的愿望是多大。

　　同时这些群众也在革命里面表现出来，他们在憎恨中不够觉悟，在斗争中不够彻底，在寻找较好的生活中局限于狭小的范围。

　　广大的人民的海，汹涌激荡到了最深的底层，带着它的一切弱点以及它的一切强的方面，都反映在托尔斯泰的教义里面。

　　研究托尔斯泰的艺术作品，俄国工人阶级可以更好地认识自己的敌人，而检讨托尔斯泰的"教义"，全俄国人民应该晓得，不让他把解放事业进行到底的他本身的弱点是在什么地方。这个必须晓得，为了前进。

这个前进的运动，所有那些宣称托尔斯泰是"公众的良心""生活的导师"的人都在阻碍它。这些——都是谎话，那些想利用托尔斯泰教义中违反革命的方面的自由主义者故意散布的谎话。有些过去的社会民主党人[1]也跟着这些自由主义者重复这种谎话，说托尔斯泰是"生活的导师"。

只有在那个时候俄国人民才能得到解放，当他们明白了，不应该向托尔斯泰学习获得较好的生活，而应该向那个阶级，托尔斯泰不了解它的意义，唯有它能摧毁托尔斯泰憎恨的旧世界的阶级——无产阶级去学习的时候。

（原载《工人报》第二期，一九一〇年十二月十八日）

——《列宁全集》第十六卷，第三二三—三二四页

---

[1] 指孟塞维克取消派分子。他们也在《我们的曙光》上写文章纪念托尔斯泰，也说托尔斯泰是"公众的良心""生活的导师"之类的话。列宁后来又写了一篇《"躲躲藏藏"的英雄们》驳斥他们这种言论。

"躲躲藏藏"的英雄们

我们刚收到波特莱梭夫先生[1]和他的伙伴的杂志,《我们的曙光》第十期[2],其中对于托尔斯泰的评价,简直是漫不经心,更正确地说,是毫无原则的惊人的范本,我们需要立刻,即使是简短地,来谈一谈。

这里是一篇波特莱梭夫队伍里的新战士,巴扎罗夫[3]的文章。编辑部不同意这篇文章的"某些个别的论点",当然,并没有指出是那些论点。这样来掩饰思想错乱实在是方便得很!至于我们,真倒很难指出这篇文章有那些论点不使一个对马克思主义有一点点尊重的人不愤怒起来。"我们的知识分子,"巴扎罗夫写道,"沮丧,消沉,变成一种不定形的思想和道德的烂泥,达到精神堕落的最后的边缘,一致地承认托尔斯泰——'整个的'托尔斯泰——是他们的良心。"这种话——是谎话。这种话——是鬼话。我们的所有的知识分子,连《我们的曙光》的知识分子在内,是很像"消沉"的,但

---

[1] 波特莱梭夫,孟塞维克取消派的领袖之一,《我们的曙光》的编辑。十月革命后,是苏维埃政权的敌人,逃亡国外。
[2]《我们的曙光》是孟塞维克取消派的机关刊物。一九一〇年出版的第十期上,登载了姆·涅维朵维斯基的《列夫·托尔斯泰的死》和维·阿·巴扎罗夫的《托尔斯泰和俄国知识分子》。这两篇文章对托尔斯泰的评价和自由主义派的报纸取近似的论调。
[3] 维·巴扎罗夫,原来是布尔塞维克,后来加入孟塞维克取消派。

是，他们，对于托尔斯泰的评价，从来没有表现过，并且也不可能表现出"一致"，从来没有正确地评价过，并且也不可能正确地评价"整个的"托尔斯泰。正是这样，才用非常伪善的、十足的《新时代》的腔调，所谓"良心"的鬼话，来掩盖这种不一致。巴扎罗夫不是和"烂泥"斗争，而是在赞扬烂泥。

巴扎罗夫"想提醒某些对托尔斯泰的不公正（！！）的态度，这是所有的俄国知识分子的罪，而特别是我们，各种主张的激进分子"。这里只有一点是对的，那就是巴扎罗夫，波特莱梭夫等人，就是那些"各种主张的激进分子"，他们依赖着整个的"烂泥"而存在，所以，当对托尔斯泰世界观的弱点和根本的矛盾保持着不可原谅的缄默的时候，他们就跳跳蹦蹦地跟在"所有的人"背后跑着，喊叫对托尔斯泰的"不公正"。他们不想"用在我们中间广泛流行的，托尔斯泰叫作'凶狠的争论'的麻醉剂来麻醉自己"，——这些话，这种论调，正是市侩们所需要的，市侩们总是带着无限的轻蔑避开和任何完整而且无懈可击的理论争论的。

"托尔斯泰底主要的力量在于：他经历过现代受过教育的人分解的典型的一切阶段，能够找到综合……"这是谎话。无论在世界观的哲学基础上，在社会政治学说上，托尔斯泰都没有能够，更正确地说，都不能够找到综合。"托尔斯泰第一个人（！）客观化了，也就是创造了，不仅为了自己而且为了别人，'纯粹的人的'（引号是巴扎罗夫加的）宗教，这种宗教，孔德、费尔巴哈和其他现代文化的代表者只能够主观地幻想而已"等等，等等。

这样的话，比普通的市侩论调还要坏。这是——用假的花朵来装饰"烂泥"，能够使人受它的骗。在五十多年前，费尔巴哈就不能在许多方面代表德国古典哲学"最新的理论"的、他的世界观里

"找到综合",而纠缠在"主观的幻想"里,这些幻想的消极性真正进步的"现代文化的代表者们"早就评论过了。现在宣布托尔斯泰"第一个人客观化了"这些"主观的幻想",这就是加入开倒车的人们的阵营,这就是逢迎市侩论调,这就是附和路标派的主张。

不言而喻,托尔斯泰所创始的运动(!?)如果真正该担负起伟大的世界的历史的任务,就必须要起深刻的变化:家长制的农民生活方式的理想化,对于自然经济的偏重,以及其他许多托尔斯泰主义底空想的特点,这一切在今天被推到(!)第一位上,好像是最主要的东西,其实这些都是主观的因素,和托尔斯泰"宗教"的基础并没有不可分离的联系。

这样,托尔斯泰把费尔巴哈的"主观的幻想""客观化了",可是,托尔斯泰在他的天才的艺术作品里和他的充满矛盾的教义里所反映的东西,巴扎罗夫所指出的俄国十九世纪的经济的特点,却倒是他的教义里"主观的因素"。这就叫作胡说八道。不过也可以说:对于"沮丧的和消沉的(如上面所引的,等等)知识分子",没有什么比赞扬托尔斯泰所"客观化了的"费尔巴哈底"主观的幻想",比"不去"注意"在今天被推到第一位的"那些具体的历史经济政治问题,更舒服、更悦意、更可爱的了,更能使他们尽情消沉的了。

自然了,巴扎罗夫特别地不高兴毋抗恶的说教引起的"来自激进知识分子方面"的"尖锐的批评"。对于巴扎罗夫,"显然地,这里谈不到消极思想和无为主义"。巴扎罗夫引用《傻子伊凡》[1]这个著名的故事来说明他的思想,他要读者"想象一下:派兵去打傻子们的不是蟑螂国的国王,而是他们中间聪明起来的君主伊凡,伊凡想借这些兵士的力量,去强迫他的臣民实行一些不公正的命令,这些兵士是从傻子们中间招募来的,因此,在精神构造方面是和他们近似的。可是非常显然,这些几乎手无寸铁,又不懂得军事知识的傻子们,不用想在体力上战胜伊凡的军队。即使傻子们拼命地用'武力抵抗',也不可能靠肉体的力量战胜伊凡,而只有用精神的感化,只有用所谓'瓦解'伊凡军队的兵士的办法"……"傻子们用武力抵抗所达到的结果(这只有更坏,并且要有重大的牺牲),和不用武力抵抗所达到的结果是一样的"……"不用暴力抵抗恶,或者,普通点说,手段与目的的和谐(!!)这决不是超社会观点的道德说教者才有的思想。这个思想是任何完整的世界观都不可少的一个组成部分。"

这就是波特莱梭夫队伍里的新战士的高论。我们在这里不可能来讨论他的议论,并且,我以为,只要把他的主要的意思复述一下,再加上这几个字就足够了:这是——道地的路标派。

这是"耳朵不会长在额头上"的论调[2]的最后一段:"用不着把我们的弱点说成力量,说成胜过托尔斯泰的'无为主义'和'狭

---

[1] 托尔斯泰的一个故事,全名是《傻子伊凡和他的两个哥哥:军人赛明,大肚子塔拉斯,哑妹妹玛拉妮亚,以及老魔鬼和三个小鬼的故事》(一八八五年作)。
[2] 指歪曲真理的荒谬论调,这种论调通常的格式是:"虽然……,但是……。"也可以说是"但是"论调。列宁在《什么是"人民之友"以及他们怎样攻击社会民主党人?》里,批判米哈伊洛夫斯基用这种论调歪曲马克思的话的时候,说到他的"但是"道:"这个妙极了的'但是'!这甚至于不是'但是',而是那个著名的'mais',译成俄国话就是'耳朵不会长在额头上'。"(《列宁全集》第一卷,第一三二页)

隘的理智'（胜不胜过自相矛盾的议论呢？）这种话之不该说，不仅仅因为它违反真理，而且也是因为，它妨碍我们向这位现代最伟大的人物学习。"

对的。对的。先生们，如果伊兹果叶夫们[1]给你们喝采，给你们捧场，并且跟你们亲吻，可不要生起气来，用可笑的赌咒和詈骂来回答（像波特莱梭夫先生在《我们的曙光》第八—九期里那样）。波特莱梭夫阵营里的老战士和新战士们是洗不掉这些亲吻的痕迹的。

这个队伍的参谋总部把巴扎罗夫的文章加上了一个"外交式的"保留条款。可是不加任何保留条款发表出来的涅维朵姆斯基先生的社论也好不了多少。这位现代知识分子雄辩家写道："吸收了，并且完整地具体地表现了俄国农奴制度灭亡这一伟大时代底基本的愿望和憧憬，托尔斯泰显然也是人类共同的思想原则——良心的原则的最纯粹最完整的化身。"

嗬，嗬，嗬……吸收了并且完整地具体地表现了资产阶级自由主义的政论所特有的浮夸粉饰的基本作风，涅维朵姆斯基显然也是人类共同的思想的原则——蒙骗的原则的最纯粹最完整的化身。

这里还有一个最后的奇谈：

> 所有这些欧洲的托尔斯泰崇拜者们，所有这些各种各样的安那托尔法朗士们，以及不久之前绝大多数投票反对废除死刑而现在却站起来纪念这个伟大的"完整的"人物的国会议员们，这个整个的中间路线的，唯唯否否的，躲躲藏藏的世界——在它们之前站立着这个托尔斯泰，这个唯一的原则底活底化身，

---

[1] 阿·斯·伊兹果叶夫，立宪民主党右翼政论家，《路标》的作者之一。

是多么庄严，多么雄伟，由唯一的纯粹的金属所铸成的形象。

噫！说得多么漂亮——可是，这一切都是谎话。托尔斯泰的形象不是由什么唯一的东西，不是由什么纯粹的东西，更不是由什么金属铸成的。并且"这一切"资产阶级崇拜者们"恰恰""不是"因为"完整"，倒是因为不完整才"站起来纪念"他的。

不过涅维朵姆斯基先生无意中漏出几个好字眼。这几个字眼——躲躲藏藏——很好地说明了《我们的曙光》的先生们，跟上面引用巴扎罗夫对知识分子的特性的描写一样地说明了"他们"。在我们面前完完全全的——是些"躲躲藏藏的"英雄们。波特莱梭夫躲躲藏藏地说不同意马赫主义者，虽然他在给他们辩护。编辑部躲躲藏藏地说不同意巴扎罗夫的"个别的论点"，虽然个个都明白问题并不在于个别的论点。波特莱梭夫躲躲藏藏地说伊兹果叶夫诽谤了他。马尔托夫躲躲藏藏地说他不完全同意波特莱梭夫和莱维茨基[1]，虽然他在给他们做忠实的政治的服务。他们全都一起躲躲藏藏地说不同意车莱万宁[2]，虽然他们更赞赏他扩张了第一个产儿的"精神"的"第二本"取消主义的东西。车莱万宁躲躲藏藏地说他不同意马斯洛夫[3]。马斯洛夫躲躲藏藏地说他不同意考茨基。

他们全都同意的只有这一点，就是他们不同意普列汉诺夫，他诽谤地骂他们是取消主义，并且他自己也不能解释现在怎么和他昨天的敌对者接近起来。

---

[1] 莱维茨基，孟塞维克取消派。
[2] 车莱万宁，孟塞维克取消派，政论家。他的第一个"产儿"是《组织问题》（一九〇四），第二本东西是《无产阶级与俄国革命》（一九〇八），写的是取消主义的"哲学的"基础。
[3] 马斯洛夫，孟塞维克取消派。

解释躲躲藏藏的人们所不了解的这个接近，是再简单没有的事。当我们有火车头的时候，我们极端猛烈的争辩，譬如说，这个火车头的动力，储煤量，等等，是否适于一小时二十五俄里或五十俄里的速度。关于这个问题的争论，跟讨论别的令人奋兴激动的问题一样，热烈地并且常常是凶猛地进行的。这个争论——论及它所引起的每一个问题——是大家都看到的，公开在大家面前，辩论到最后的，不用什么"躲躲藏藏"的话来掩饰的。并且，我们中间谁也不想收回什么话，或是因为"凶狠的争论"的原故哭泣起来。但是当火车头出事毁坏了的时候，当它躺在泥沼里，四周围着"躲躲藏藏"的知识分子，嘻嘻哈哈地笑着"连取消都没有东西取消了"，因为火车头已经没有了，这时候，我们这些昨天的"凶狠的争论者"，为了一个共同的事业，就接近起来。我们什么都不否认，什么也不忘记，也不作意见分歧消失的预约，我们一起来做共同的事业。我们把所有的注意力和所有的努力用在这件事上面：把火车头竖起来，把它修好，加强它的动力，把它放上轨道——至于行驰的速度以及在这里还是那里转车，我们到了时候再来争论。在我们困难的时候我们当前的任务就是——创造出一种东西，能够反击那些直接或者间接支持遍地的"烂泥"的"躲躲藏藏的"人们和"消沉的知识分子"。当前的任务就是——即使在最困难的条件下面，也要挖掘矿石，提炼生铁，铸造建设马克思主义世界观以及与之相适应的上层建筑的纯钢。

（原载《思想》第一期，一九一〇年十二月）
——《列宁全集》第十六卷，第三三八—三四三页

列夫·托尔斯泰和他的时代

列夫·托尔斯泰所属的时代，他的天才的艺术作品和他的学说里夺目地浮雕地反映着的时代，是一八六一年之后到一九〇五年之前的时代。固然，托尔斯泰的文学活动的开始比这时期的开始来得早些，而结束也比这时期的结束来得晚些[1]，然而托尔斯泰这个艺术家和思想家的形成却正在这一个时期里，这时期的过渡性质就产生了托尔斯泰的作品和"托尔斯泰主义"的一切特点。

列夫·托尔斯泰在《安娜·卡列尼娜》里，借着列文的嘴，非常之明显地表现了这半世纪中俄国历史的转移在什么地方。

> 关于年成，雇工等等的谈话，列文以前也是知道的，向来认为是一种很卑贱的事情……现在对于列文，这却是一些重要的事情了。这在农奴制度之下也许是不重要的，或者在英国也是不重要的。在这两旁，条件的本身是确定的，而我们现在，一切这些都翻了个身而刚刚安排下来，那就这些条件怎么样形成的问题是俄国最重要的问题了，——列文这么想。（《托尔斯泰文集》卷十，第一三七页）

---

[1] 托尔斯泰的文学活动开始于一八五一年。一八五一年三月他写了第一篇创作《昨天的事》，一八五二年在《现代人》十月号上发表第一部小说《童年》。托尔斯泰的创作活动一直持续到他死。

"我们现在，一切这些都翻了个身而刚刚安排下来"，——很难想出关于一八六一年——一九〇五年时期的更准确的说明了。那"翻了个身的"是大家所知道的，至少是每一个俄国人所熟悉的。这就是——农奴制度以及和它适合的整个"旧秩序"。那"刚刚安排下来的"却是完全不熟悉的，外来的，是广大的群众所不了解的。对于托尔斯泰，这个"刚刚安排下来的"资产阶级制度，描写得模模糊糊，像一个吓人的东西——英国。确实，正是一个吓人的东西，因为托尔斯泰，可以说，原则上否定了想弄明白这"英国"式社会制度的基本特点，这制度和资本的统治、金钱的作用、交易的出现和发展之间的联系的一切企图。他像民粹派似的，不愿意看见，他闭起眼睛来，他逃避那种思想，不肯说在俄国所"安排下来的"并非什么别的，正是资产阶级的制度。

这是对的：对于一八六一年——一九〇五年（以及我们今天）的俄国，从全部社会政治活动的最近任务的观点看来，即使不是"唯一重要的"也是最重要的问题，就是：这个制度，资产阶级制度，要"怎样形成起来"，这个制度在"英国"、德国、美国、法国等显出很复杂的不同的形式。然而对于托尔斯泰，这样确定地、历史地、具体地提出问题来，是完全不对劲的。他的判断是抽象的，他只有"永久的"道德原则，永久的宗教真理的观点，不知道这种观点不过是陈旧的（"翻了个身的"）制度，农奴的制度，东方各民族的生活制度在观念形态上的反映。

在《柳琛》（一八五七）里，托尔斯泰说，承认"文明"是幸福，这是"想象的道理"，它"会消灭人类天性中对于善的本能的最幸福的原始的需要"。"我们有一个，只有一个无罪过的指导者"

——托尔斯泰叫喊着——"这就是渗透着我们的全世界的神。"(《托尔斯泰文集》卷二,第一二五页)

在《我们时代的奴隶制度》(一九〇〇)里,托尔斯泰更热心地重复着这种向着全世界的神的呼号,他宣布政治经济学是"假科学",因为这政治经济学把"那个例外情形的小小的英国"当作"标本",——而不把"全世界一切历史时代的人的情形"当作标本。这所谓"全世界"是什么,他那篇《进步和教育的定义》(一八六二)告诉了我们。托尔斯泰引证了"整个的所谓东方"来打击那些"历史家的观点",仿佛进步是"全人类的总公律"的说法。(《托尔斯泰文集》卷四,第一六二页)"人类前进运动的总公律是没有的,——托尔斯泰说,——像那些不动的东方民族就证明给我们看。"

托尔斯泰主义的现实的历史内容正是这种东方制度,亚洲制度的观念形态。因此,就有禁欲主义,就有不用暴力去抵抗恶的主张,就有深刻的悲观主义的音调,就有"一切都是无,一切物质都是无"(《论生活的意义》,第五二页)的主张,就有对于神,对于"万物的元始"的信仰,——人不过是这个元始的"工作者","派来做拯救自己灵魂的事的",等等。托尔斯泰在《克莱塞尔曲》里也是忠实于这种观念形态的,他说:"妇女解放不在学校里,不在议会里,而在卧室里",——他在那篇一八六二年写的文章里也说大学不过是造成一些"冲动的病态的自由主义者",他们是"人民所完全不需要的",他们"无目的地脱离了以前的环境","在生活之中找不到自己的位置",等等。(《托尔斯泰文集》卷四,第一三六——一三七页)

悲观主义、无抵抗主义、向着"神"的呼号是这样的时代里不可避免地要出现的观念形态,这时候整个旧制度"翻了一个身",而群众是在这个旧制度之中教育出来的,他们在吃母亲的奶的时候就吸进了这制度的原则、习惯、传统、信仰,他们看不见,也不能够看见"安排下来的"新制度是"什么样的",是"什么"社会力量怎样地在"安排",什么社会力量"能够"免除这个"破坏"时代所特有的无数特别厉害的灾祸。

一八六二年——一九〇四年的时期正是俄国的这种破坏时代,这时候旧的无可恢复地在大家的眼前崩溃下来,而新的刚刚安排起来,而且创造这个制度的社会力量,直到一九〇五年才在广泛的全国范围内,在各种不同方面的群众的公开行动里第一次表现出来。而跟着俄国一九〇五年的事变,就在那所谓"东方"的许多国家里也来了类似的事变,——托尔斯泰在一八六二年还引证了这东方的"不动性"。一九〇五年是"东方的"不动性终结的开始。正因为如此,这一年是托尔斯泰主义的历史的终结,是能够并且应当产生托尔斯泰学说的整个时代的终结,——托尔斯泰的学说不是什么个人的东西,不是什么任意的幻想或者新奇的思想,而是一种生活状况的观念形态,在这种状况里的确有千千万万的人生存过相当的时期。

托尔斯泰的学说无疑地是乌托邦的,而它的内容是反动的,在反动这两个字最准确最深刻的意义上来说。然而并不因此就说这个学说不是社会主义的,也不因此就说这个学说中没有可以作为教育先进阶级的宝贵材料的批判的成分。

有这样的社会主义和那样的社会主义。在所有的用资本主义生产方法的国家里都有一种社会主义,表现着要取资产阶级而代之的那个阶级的观念形态;也有另外一种社会主义,适合于被资产阶级所取而代之的那些阶级的观念形态。例如封建的社会主义就是这后一种的社会主义,"这种"社会主义的性质,还是在六十年以前,马克思在估量其他各种社会主义的时候就估量过了。[1]

---

[1] 均见《共产党宣言》。

再则，托尔斯泰的乌托邦学说也具有批判的成分，像许多乌托邦的系统具有批判的成分一样。然而不应该忘记马克思的深刻的说法，他说乌托邦社会主义的批判成分是"与历史发展成反比的"。那些"安排"新的俄国和要求解除现代社会灾祸的社会力量的活动，越是发展，越有确定的性质，那么，批判的乌托邦社会主义就越发快地"丧失任何实际上的意义和任何理论上的根据"[1]。

四分之一世纪以前，托尔斯泰学说里的批判成分，还能够在实际上有时候给民众的某些阶层一点利益，"尽管"托尔斯泰主义的反动的和乌托邦的特点。最近，譬如说罢，最近的十年这就不能够了，因为从八十年代到前世纪的末了，历史的发展向前迈进了不小的一步。而在我们今天，是在上面所说的许多事变结束"东方的"不动性"之后"，在我们今天，自由主义的资产阶级之中"路标派"的那些有意识的反动思想，在狭隘的阶级意义，自私自利的阶级意义下的反动的思想得以这样广大的流行，——这些思想甚至于传染了一部分所谓马克思主义者，造成了"取消"派，——在我们今天，任何一个企图，要想把托尔斯泰的学说理想化，辩护或是减轻他的"无抵抗主义"，他的向着"神"的呼号，他的号召"道德上的自我完成"，他的"良心论"和普遍的"爱"的教义，他的禁欲主义和无为主义的说教，等等，都会发生最直接的最深刻的害处。

（原载《星》第六期，一九一一年一月二十二日）
——《列宁全集》第十七卷，第二九—三三页

---

[1] 均见《共产党宣言》。

列宁论高尔基

两个星期之前[1]我们纪念了一八七六年在彼得堡卡桑广场举行的俄国第一次社会革命的示威运动[2]第二十五周年,并且指出在本年中示威运动的巨大的高潮。我们说示威者应该提出比"土地与自由社"(一八七六)[3]更明确的政治口号——比"取消暂行法规"(一九〇一)更广阔的要求。这样的口号应该是"政治的自由",这样的全民的要求应该是"要求召开人民代表会议"。

而我们现在这就看到:游行示威因为各种各样的原因在下城[4],在莫斯科,在哈尔科夫重又开始了。激昂的情绪到处都在增长,现在更迫切地需要把它汇合成一条"反对专制政治"的洪流,反对那处处肆行专横、压迫、暴虐的专制政治。在下城,十一月七日因为送别马克西莫维奇·高尔基引起一个不大的,但是很成功的示威游行。这位全欧闻名的作家,他的所有的武器——正如下城游行中一个演说者的公正的话——是自由的文字,专制的政府不经法庭和审讯就把他逐出他故居的城市。头儿们说他的罪状是对我们有坏影响,——一个演说者代表全俄国想望光明和自由的人说,——而我们要声明,这是好影响。宪兵们秘密地做不法的事,而我们要把他们的不法行为公开出来揭露出来。在我们这里殴打维护自己过更好的生活的权利的工人,在我们这里殴打抗议专制的学生,在我们这里一切真实的和大胆的话都受压制!——这一次游行示威工人也参加了,最后以一个大学生的胜利的祝词结束:"专制将

---

[1] 这篇文章是《火星》报的社论,发表在一九〇一年十二月二十日《火星》报第十三期。
[2] 一八七六年十二月六日(十八日)的游行示威是工人和学生组织的,抗议专制政府的暴政。游行被警察驱散,许多人被捕,并且被判流放和苦役。
[3] "土地与自由社",民粹派在一八七六年组织的一个秘密革命团体,他们把农民看作革命的主要力量,要求"土地与自由"。
[4] 下城,即下新城(下诺夫果罗得),高尔基从小居住的城市,现在改名高尔基城。

要灭亡，而强大的、自由的、有力的人民将要起来!"

在莫斯科，几百个学生在车站上等待高尔基，惊慌的警察半路上在火车里"逮捕了"他，禁止他（不顾先前特予的许可）进莫斯科，并且强迫他直接乘车从下城到库尔斯克。

——《列宁全集》第五卷，第二九五—二九六页，
《游行示威的开始》

亲爱的阿列克舍·马克西莫维奇！我们今天和米希科夫斯基到了这里，明天就到西杜特哈特去[1]。非常非常之好的是，你也要到那里去[2]。第一，你是经过中央委员会正式通过的（有发言权）。第二，会会面很好，不然可能长久会不着。第三，离你那里总共不过一昼夜的路程并且会期"不超过"一星期（这不是伦敦！）。如果你在星期日或者甚至星期一动身，一点都不会晚。

总之一句话，完全赞成你来。只要身体好，——实在的，来罢。不要错过看看国际社会主义者的"工作"的机会，——这完完全全地不是那种一般的交际和闲谈。下一次会要过三年。如果不能会面，那么我们的许多小事情写信是永远说不清楚的。总之一句话，一定来。再见！

问候玛丽亚·费多罗夫娜[3]。

你的列宁

——《列宁全集》第三十四卷，第三二〇页，《给高尔基的信》（一九〇七年八月十四日，寄往卡普里岛）

---

[1] 一九〇七年八月在德国的西杜特哈特城举行国际社会主义者会议，列宁代表俄国社会民主工党参加。
[2] 高尔基没有去参加这次会议。
[3] 高尔基夫人。

亲爱的A. M.[1]！几天前我和妻子到了这里。两个人在路上都感冒了。在这里暂时勉强安顿下来，因此一切都糟。你的信很使我高兴：实在地，如果到卡普里去转一转多好！一定无论怎样抽出时间到你那里去一趟。但是现在，很抱歉，不可能。我们到这里来的任务是安顿报纸：把《无产者》报从芬兰搬到这里来。不过还没有最后决定，我们选择日内瓦还是别的城市。无论如何需要赶快，还要忙新的群众组织。打算在夏天或者春天到你那里去做客，当事情已经就绪的时候！在卡普里什么时候你那里特别好？

身体好吗？觉得怎样？工作好不好？路过柏林的时候听说，你和卢那卡尔斯基周游了一次意大利，特别是罗马。对意大利满意吗？看见的俄国人多不多？到你那里去，我想，顶好是当你没有重大的工作的时候，可以一起玩玩，谈谈。收到我的书（十二年论文集的第一册）[2]没有？我托他们从彼得堡寄给你的。

问候费多罗夫娜。再见！

你的列宁

——《列宁全集》第三十四卷，第三二三页，
《给高尔基的信》（一九〇八年一月九日，
从日内瓦寄往卡普里岛）

---

[1] 高尔基的名字是阿列克舍·马克西莫维奇，A. M.是简称。
[2] 列宁论文集《十二年间》第一册，一九〇七年十一月在彼得堡出版。

亲爱的 A. M. 和 M. Ф.！

今天收到你们的快信。非常地着迷，真见鬼，想到卡普里去看你们！你们描写得这样地好，一定准备动身并且竭力把妻子也拉来。只是日期现在还不知道：现在不能不忙《无产者》报，需要"安顿"它，无论怎样得布置好工作。这就得一两个月，minimum[1]。而这个是必须做好的。到春天就可以来喝卡普里的白酒，看看拿坡里[2]，和你们谈天了。我已经顺便开始学意大利文，并且，像小学生一样，立刻就攻击上了玛丽亚·费多罗夫娜写的地址：expresso 代替了 espresso！[3] 拿本字典来看！

可是，关于运送《无产者》报的事你们说过由你们办。现在可不容易推脱我们了！立刻就得给费—娜一堆任务：

（一）一定找到来往俄国的轮船上的职工会（应该有这样的工会！）的书记。

（二）从他那里打听，轮船"从那里"开"到那里"，"班期如何"。一定要给我们布置好"每周的运送"。这要花多少钱？应当给我们找一个"妥实的"人（有没有妥实的意大利人？）他们需不需要在俄国（譬如说在奥得萨）有一个送报纸的地点，或者他们能不能在奥得萨的无论什么意大利的旅馆老板那里"暂时"存放数量不大的报纸？这个对我们"极端重要"。

（三）如果费—娜不能够亲自布置这一切，奔走、找人、解说、斟酌等等，那么一定让我们直接和这个书记联系：我们那时就和他通信商谈。

───────

[1] minimum，至少。
[2] 拿坡里，意大利南部的重要都市。
[3] 意思是"快"（信）。意大利文是 espresso，高尔基的夫人写错了。

这件事需要赶快：过两三个星期我们就希望在这里出版《无产者》报并且需要把它赶快发出去。

好——在卡普里再见！当心，A. M.，保重！

你的乌·乌里亚诺夫[1]

——《列宁全集》第三十四卷，第三二四—三二五页，《给高尔基和安得莱叶夫娜的信》（一九○八年一月十五日，从日内瓦寄往卡普里岛）

---

[1] 列宁的原名是乌拉吉米尔·伊里奇·乌里亚诺夫。

你的计划很有趣,我很想来。但是,你也会同意的,不能扔下必须立刻安排好的党的事情。安排新的事情很困难。扔不下。要安排那么两个月的样子,那时候就可以随便走开两个星期了。

　　我万分地同意你的意见,关于和政治上的颓丧、变节、乞怜之类作"有计划的"斗争的必要性。关于"社会"和"青年"没有想,在我们之间有不同的意见。知识分子群众的意义在我们党内在低落下去:各处都有消息,说知识分子"脱离"党。那是这种渣滓必然的道路。党在清除市侩的垃圾。更多的工人担负起工作。工人出身的职业工作者的任务加强了。这一切都好极了,我相信,你的"一踢"[1]也应该在这一意义上来理解的。

　　现在——怎样去发生作用,也就是"弄"什么样的"文学"呢?刊物"还是"《无产者》报?当然,顶好是全都搞:不是"还是",而是"和"——这样自是无可责备的,但它将是很少实效的。合法的刊物,自然,应当有;我们的同志们在彼得堡满头大汗地在忙它,我离开伦敦之后,坐在克瓦卡拉[2]也忙过一气。如果可能,——应当尽"一切的"努力,支持他们继续出这种刊物。

　　但是,我的经验,从离开伦敦到一九〇七年十一月(半年!),使我深信,"有计划的"合法的文学现在不可能建立。我深信,"党"现在需要正确地出版的政治机关报,坚持地有力地执行和瓦解灰心作斗争的路线,——一个"党的"机关报,政治的报纸。许多俄国人不相信国外的报纸。但是这是错误的,我们的编委不是无谓地决定把《无产者》报搬到这里来。安排它,建立它,复活它的困难

---

[1] 指高尔基写的一篇论无耻主义的文章。
[2] 克瓦卡拉,芬兰的一个小地方,原名考克卡拉,这是讽刺的名称。从一九〇七年五月到十一月列宁住在那里。

——是无法说的。但是这"必须"做好,而且这一定会做好的。

为什么不在报里添上文学批评呢?篇幅不够?自然,我不知道你的工作计划。可惜,我们会面的时候多半是谈天,没有明白地谈过。如果你没有意思弄不大的、短短的、定期的(一星期的、两星期的)文章,如果你觉得更喜欢写"大"作品,——那么,当然,我不劝你中断它。它会带来更大的贡献!

但是,如果你也高兴在政治的报纸上搞大伙的工作,——为什么不继续,不经常应用那种样式?你用它开始在《新生活》上写了《论市侩》的,在我看来,是开始得很好的。我"早就考虑过",在头几封信里有一封就跟你谈过这件事,我想:如果他想弄这个,他会答应的。并且我以为,在最近一封信里你好像是答应了。或者是我错了?那样党的工作经过报纸会得到多少倍的收获,它不是那样单方面的,像先前一样,——并且文学家的工作,更密切的和党的工作联系起来,有计划地、不断地对党发生影响!我们进行的不是"袭击",而是从一切的路上全面地攻击,没有停息,没有空隙,布尔塞维克社会民主党人不仅仅局部地对各种糊涂虫进攻,而且要征服一切。

从那三个人里,你替刊物(哲学、文学批评、时事政策)计拟的,一个半人可以挪到政治的报纸来,到《无产者》报来;时事政策和文学批评的那个一半。呵,好好地写些特别的、长篇的文学批评的论文——散布在各种半党的和党外的杂志上!顶好我们努力从这种知识分子的、陈旧的、老爷式的作风再前进一步,就是把文学批评"更密切地"和党的工作,和党的领导联系起来。欧洲成年的社会民主党都是这样做的。我们也应当这样做,不怕在这样的事业中办集体的报纸工作的那些初步的困难。

长篇的文学批评的作品出书,一部分发表在杂志上。

有计划的论文,定期地,和政治的报纸配合,和党的工作联系着,像在《新生活》上开始的那种精神——你说,你高兴不高兴来做这样的事呢?

——《列宁全集》第三十四卷,第三三〇—三三二页,《给高尔基的信》(一九〇八年二月七日,从日内瓦寄往卡普里岛)

你计划在《无产者》报上设立文艺栏并且把它交给高尔基主持，这好极了，使我非常高兴。我正想那样做，把《无产者》报上"文学与批评"栏弄成固定的一栏，并且把它交给高尔基编。但是我"害怕"，十分害怕直接提出这个问题，因为我"不知道"高尔基工作的性质（以及他的工作意向）。如果一个人在忙着某种重要的巨大的工作，如果拖他来搞些琐事，搞报纸，搞政论，而损害到那个工作——那样，扰乱他，拖他离开那个工作就是愚蠢的行为，而且是有罪的行为！这我是很了解很感到的。

你在当地看得清楚些，亲爱的华西里叶维奇[1]。"如果你认为"，"我们不会损害"高尔基的工作，假如把经常的党的工作加在他身上（党的工作因此要收获得太多了！），那就设法安排它罢。

——《列宁全集》第三十四卷，第三三三页，
《给卢那卡尔斯基的信》（一九〇八年二
月十三日）

---

[1] 卢那卡尔斯基的全名是安那托里·华西里叶维奇·卢那卡尔斯基。

亲爱的阿·马—奇！

我想，你提出的我们意见分歧的某些问题——简直是误会。这，自然，我并不想"驱逐知识分子"，像那些糊涂的工团主义者干的那样，我也不否认知识分子对于工人运动的必要性。关于"这一切的"问题，在我们之间"不可能"有意见分歧；我确实地相信，既然不能马上会面，立刻开始一起工作是必要的。在工作里我们就会更容易地更好地最后一致起来了。

你计划给《无产者》报写些短东西（预告寄上）使我十分十分地高兴。但是，自然，如果你有重大的工作，"不要扔下它"。

关于托洛茨基我想在前次信里回复你，可是忘记了。我们（即《无产者》报在这里的编辑人，А.А.，我和"和尚"[1]——俄国布尔塞维克中间一个很好的同人）立即决定请他加入《无产者》报。我们写了一封信，拟定了一个题目。署名"一致都同意"用"《无产者》报编辑部"，我们想把这件事在更广泛的集体的基础上提出来（像我，例如，亲自就和托洛茨基作战过，在一九〇三年——一九〇五年里有过激烈的争论，那时他是孟塞维克）。我不知道，托洛茨基是否对这种方式见气了，但是寄来了一封信，不是他写的："受托洛茨基同志之托"通知《无产者》报编辑部，他拒绝写文章，他忙。

这个——是装模作样，在我看。在伦敦代表大会上他也装模作样。我可不知道，他会不会和布尔塞维克走到一起……

孟塞维克们在这里发出了关于出版月刊《社会民主党人之声》的通告，署名的是普列汉诺夫、阿克塞尔罗德、唐恩、马尔托夫、马尔丁诺夫。我要找一份寄给你。斗争可能尖锐起来。而托洛茨基想站在"斗争的派别之上"。……

---

[1] А.А.——波格达诺夫的简称。"和尚"——杜布罗文斯基的绰号。

关于作为世界观的唯物论，我想，在本质上我和你有不同的意见。这不是说"唯物的历史观"（我们的"经验论者"不反对它），而是说哲学的唯物论。说盎格罗萨克逊人和日耳曼人的小市民性，拉丁族的无政府主义都是"唯物论"之过，——我绝对反对这种话。唯物论，作为一种哲学，"它处处都是合乎法则的"。《新时代》[1]，这个最坚持的和博学的机关刊物，对哲学却漠不关心，从来就不是一个哲学唯物论的热心的维护者，而近来更发表了经验批判论者的文章，没有一句保留的话。说从马克思和恩格斯所教导的"那个"唯物论会产生死亡的小市民性，这是不对的，不对的！社会民主党里一切小市民的思潮在日益加甚的和哲学唯物论战斗，趋向康德，趋向新康德主义，趋向批判论的哲学。不，恩格斯在《反杜林论》里建立的那种哲学，是根本和小市民性不相容的。普列汉诺夫把"在这一点上"的斗争和党派的斗争牵连在一起，是损害这种哲学，但是现在的普列汉诺夫，俄国的社会民主党人谁也不应该把他和过去的普列汉诺夫混为一谈。

A. A. 刚才离开我这里。我要再三地转告他关于"代表会议"的事[2]。如果你坚持，——可能两三天很快就举行。

握手。

列宁

——《列宁全集》第三十四卷，第三三五—三三六页，《给高尔基的信》（一九〇八年二月十三日，从日内瓦寄往卡普里岛）

---

[1]《新时代》，德国社会民主党的机关刊物，自恩格斯死后，常刊载脱离马克思主义的修正主义的文章。

[2] 关于列宁和波格达诺夫的哲学争论，高尔基提议召集会议来解决。这个会没有举行。

亲爱的 A. M.！没有能立刻回你的信，因为关于你的文章，或者牵涉到你的文章，在我们这里，纵使第一眼看来觉得奇怪，在编辑部里我和 A. A. 发生了够厉害的争吵……嘿，嘿，……我说的"不是那一点"也不是那回事，如你所想的！

事情是这样子的。

《马克思主义哲学概论》[1] 这本书，使布尔塞维克中间关于哲学问题早先的争论特别尖锐起来。关于这些问题忙着写文章发表意见，我不认为自己是个十分内行的人。不过我一向留心地注意我们"党的"关于哲学的争论，——开始是八十年代末到一八九五年间普列汉诺夫反对米哈伊洛夫斯基等人的斗争，后来是一八九八年和以后几年里他和康德主义者的斗争（那时候我已经不仅仅注意，而且从一九〇〇年起，作为《黎明》的编辑之一局部地参加了），最后，他和经验批判论者之流的斗争。

我注意波格达诺夫的哲学著作是从他那本能量论的书《自然的历史观》[2] 开始的，那本书我在西伯利亚的时候读过。对于波格达诺夫，这个观点只是他走向另一个哲学观点的过渡罢了。在一九〇四年我和他认识了，于是我们立刻彼此赠送作品：我是——"步伐"[3]，他是——一本他"那时候的"哲学著作[4]。我于是立刻就（一九〇四年春天或初夏）从日内瓦写信到巴黎给他，告诉他他的著

---

[1]《马克思主义哲学概论》——巴扎罗夫、贝尔曼、卢那卡尔斯基、尤希凯维奇、波格达诺夫、格尔丰、苏瓦罗夫等人合作的哲学论文集。
[2] 能量论，德国自然科学家和自然哲学家奥斯特瓦尔德创立的学说，企图用"能量"解释一切自然和社会生活的现象。波格达诺夫这时受到他的影响，不过大体上还接近唯物论，这本书的全名是《自然的历史观底基本要素》。
[3] 指《进一步，退两步》，一九〇四年五月在日内瓦出版。
[4] 指波格达诺夫的《经验一元论》，一九〇四年在莫斯科出版。

《给高尔基的信》（一九〇八年二月二十五日）

作特别使我相信自己的观点的正确，特别使我相信普列汉诺夫的观点的正确。

和普列汉诺夫，当我们在一起工作的时候，我们不止一次谈到波格达诺夫。普列汉诺夫向我解释波格达诺夫观点的错误，但是认为这种错误的倾向并不是大到不可挽救的地步。我记得非常清楚，一九〇三年夏天我们和普列汉诺夫代表《黎明》编辑部，在日内瓦和《现实主义世界观概论》[1]编辑部的代表们会谈,于是"同意了"合作,我——写农村问题,普列汉诺夫"写反对马赫的哲学"。普列汉诺夫拿他的反对马赫的文章作为合作的"条件",——这个条件《概论》编辑部的代表完全接受了。普列汉诺夫当时把波格达诺夫看作是和修正主义斗争的同盟者,不过认为这个同盟者的错误在于他追随奥斯特瓦尔德,继而又追随马赫。

一九〇四年夏天和秋天我们终于和波格达诺夫会晤了,都是"布尔塞维克",并且缔结了那个默契的,不谈哲学,把哲学当作中立领域的同盟,这个同盟在整个革命时期里都存在着,并且使我们有可能在革命中共同执行革命的社会民主党(等于布尔塞维克主义)的策略,这个策略,我深深地相信它是唯一正确的。

在革命的火热的斗争里很少谈哲学。一九〇六年初在监狱里波格达诺夫又写了一本东西,——好像是,《经验一元论》第三部。一九〇六年夏天,他把它送给我,我用心地读了它。读过之后,我生气了,而且非常地愤怒:对于我是更加明显了,他走的是极端错误的道路,不是马克思主义的道路。我那时就给他写了一封"表明一切"的信,这封讨论哲学的信写了三本笔记簿之多。我在信里明白地告诉他:我,自然,在哲学上是一个"普通的马克思主义者",但是正是他的清楚的、通俗的、写得非常之好的著作,使我确信他在本质上是不正确的,而普列汉诺夫是正确的。我把这些笔记簿给几个朋友(卢那卡尔斯基在内)看过,而且想用《一个普通的马克思主义者的哲学笔记》这个题目出版,但是没有付印。现在很可惜那

---

[1] 卢那卡尔斯基、波格达诺夫、巴扎罗夫等人的论文集。一九〇四年这个论文集在彼得堡出版,里面没有列宁和普列汉诺夫的文章。

时候没有立刻出版。前几天已经写信到彼得堡,请他们把这几本笔记簿找出来寄给我[1]。

现在《马克思主义哲学概论》出版了。我读了所有的文章,除了苏瓦罗夫的一篇(正在读它),每读一篇都气得冒火。不,这不是马克思主义!我们的经验批判论者们、经验一元论者们、经验象征论者们全都钻进了泥坑。他们教读者相信,"相信"外在世界的真实性是"神秘主义"(巴扎罗夫),用最无形的方式混合唯物主义和康德主义(巴扎罗夫和波格达诺夫),宣讲不可知论(经验批判论)和观念论(经验一元论)的变种,教工人"宗教的无神论"和最高级的人的潜力的"崇拜"(卢那卡尔斯基),宣布恩格斯的关于辩证法的学说为神秘论(贝尔曼),从某些什么法国的"实证论者"——糟糕透顶的不可知论者或形而上学者底腐臭的源流里得到"认识的象征论"(尤希凯维奇)!不,这太不成话了。自然,我们,普通的马克思主义者,是些对哲学没有研究的人,——但是为什么这样来害我们,把这类东西当作马克思主义哲学给我们!我宁愿被肢解,也不能同意参加宣讲这类东西的机关报或是编辑部。

我重又想起《一个普通的马克思主义者的哲学笔记》,并且已经开始在写了[2],而 A. A.——在我读《概论》的过程中间——我已经把自己的感想,自然,直率地而且不客气地都对他说了。

那么你的文章与这个有什么关系呢?——你问。关系在这里:正在这样的时候,当布尔塞维克中间这个争论眼看要特别尖锐起来时,你在给《无产者》报的文章里开始明白地申述一方面的见解。

---

[1] 列宁的这本著作没有找到。
[2] 列宁这时候开始写《唯物论与经验批判论》。

自然，我不知道，整个的你要怎样来写以及写些什么。况且，我认为艺术家是可以在任何哲学里采取许多对自己有益的东西的。最后，我完全地绝对地同意：在艺术创作问题上你是通晓一切的，当你既从自己的艺术经验里，"又从哲学里，哪怕是观念论的"哲学里，提炼出"这样的"一种见解，你会得出对工人的党有巨大利益的结论的。一切就是如此。然而同时，《无产者》报应该对我们在哲学上的一切争论保持绝对的中立，不要给读者"丝毫的缘由"，把布尔塞维克这个派别，俄国社会民主党革命的一翼底策略路线，和经验批判论或者经验一元论联系在一起。

当我，读了又读你的文章之后，就告诉 A. A.，我反对发表，这一下子弄得更僵。我们简直闹成要分裂的样子。昨天我们编辑部的三个人召集了一个特别会议来讨论这个问题。这时候忽然收到的一篇愚蠢的胡话帮助了我们，在《新时代》第二十期上，有一个不知名的译者翻了一篇波格达诺夫论马赫的文章，并且在引言里胡说一通，说普列汉诺夫和波格达诺夫的争论，就是俄国社会民主党中间布尔塞维克和孟塞维克开始"宗派的"争论的趋势！写这篇引言的那个男傻瓜或是女傻瓜用这些话把我们团结起来了。我们立即同意，绝对必须就在这一期《无产者》报上声明我们的中立。在《概论》出版之后这是一桩极合我的心意的事。声明起草好了，一致通过了，明天就在第二十一期《无产者》报上登出来，并且要寄给你。

关于你的文章，我们决定把这个问题放一放，由《无产者》报的三个编辑每人都写一封信，向你说明事情的一切情形，并且我和波格达诺夫赶快到你那里去。

这样，你就要收到 A. A. 的信以及第三个编辑的信[1]，关于他从前我有一次写信说到过。

我认为有把我的意见完全地直率地告诉你的必要。在布尔塞维克中间关于哲学问题要有一番争吵，我认为现在是完全不可避免的。但是因为这个缘故分裂，在我看来，是愚蠢的。我们缔结同盟为的是在工人的党内执行确定的战略。我们执行了这个战略并且执行到现在"没有过争执"（唯一的争执是关于和第三届国会不合作的问题，但是这个问题：第一，从来在我们中间没有尖锐到以至分裂的地步；第二，它和唯物主义者与马赫主义者的争论不相干，因为，例如马赫主义者巴扎罗夫，就和我一样，也是反对不合作的，并且还在《无产者》报上写过很长的文章）。

因为争论唯物主义还是马赫主义而妨害到在工人的党内执行革命的社会民主党的策略，在我看来，这是不可原谅的愚蠢。我们应当这样来作哲学上的斗争，把《无产者》报和布尔塞维克，当作"党"派，"不受它的影响"。并且这是完全可能的。

而你应该，我以为，帮助这件事。你可以这样子来帮助，在《无产者》报上谈中立的（就是和哲学无关的）问题，文学批评、时论、艺术创作之类。你的文章呢，——如果你想防止分裂并且帮助使新的争吵局部化，——你应该改动一下：把一切，即使是接和波格达诺夫的哲学有关的，挪到别的地方去。你呢，幸好，除去《无产者》报是有地方写文章的。一切，和波格达诺夫的哲学无关的，——而你的"大"部分文章是和它无关的——写成文章给《无产者》报。在你那方面的另一种行动，就是拒绝改动文章或者拒绝

---

[1] 第三个编辑是杜布罗文斯基。

在《无产者》报上写稿,在我看来,就会不可避免地引起布尔塞维克中间冲突的尖锐化,使新的争吵难以局部化,削弱紧要的、在实际上在政治上都需要的、俄国革命社会民主党的工作。

这就是我的意见。我把所想的一切都告诉你了,现在等候你的回信。

我们本想今天到你那里去的,但是哪知道,只好延期了,要延一个星期,也可能到两个至三个星期。

紧紧地握手。

你的列宁

——《列宁全集》第十三卷,第四一一——四一七页,《给高尔基的信》(一九〇八年二月二十五日,从日内瓦寄往卡普里岛)

亲爱的 A. M.！收到了你的关于我和马赫主义者们的争论的信。十分地理解和尊重你的情感，并且应该说，我从彼得堡的朋友们那也得到类似的意见，但是我深深地相信，你错了。

你应该了解并且你会了解，这是自然的，一个党人一旦相信某种学说是非常错误而且"有害"的，那么他就应当反对它。我是不会出声的，如果不是无疑地相信（并且一天比一天更多地认识巴扎罗夫、波格达诺夫之流的智慧的来源，也就更为相信）他们的书[1]——"整个"是荒谬的、有害的、庸俗的、神父的，从开始到结尾，从枝叶到根本，从马赫到阿文纳留斯。普列汉诺夫反对他们在本质上是"完全"正确的，不过他不善于，或者不想，或者懒于把话说得"具体"、详细、简洁，不用精细的哲学词句来过分地吓唬读者。而我不管怎样要"照自己的方式"说出来。

这怎么可能"和解"，亲爱的 A. M.？请原谅，提出这个是可笑的。斗争是"绝对地"不可避免的。党人们所应当努力从事的，不是掩饰，或是推诿，或是逃避，而是使实际上需要的党的工作"不受损害"。"你"必须照顾这个，并且十分之九的俄国布尔塞维克会帮助你，并且大大地向你道谢。

怎样做到这个呢？"中立"？不。中立在这样的问题上是不可能的也是"不会有的"。假如可能说到它，那只是在"有条件的"意义上：应该把整个这个争论和党派"分开"。一直到今天你是"站在旁边"写文章的，在各党派的出版物之外，还是这样写下去罢。只有这样党派才不会被涉及，不会"受牵连"，不会被迫明天、后天来"决定"、来"投票"，这就是说，使这个争论变成长期的、拖延的、

---

[1] 指《马克思主义哲学概论》。

无止境的。

这就是我"反对"在杂志[1]上刊载无论任何哲学的原因。我知道，因为这个他们在骂我：想在别人没有张嘴之前就堵住他的嘴！可是你冷静地想一想罢。

杂志上谈哲学。第一期——三篇巴扎罗夫、波格达诺夫、卢那卡尔斯基反对普列汉诺夫的论文。一篇我的论文，说《马克思主义哲学概论》——信仰主义和神父主义[2]。

第二期——三倍三篇波格达诺夫、巴扎罗夫、卢那卡尔斯基的论文，用激动的语调反对普列汉诺夫和列宁。一篇我的论文，从另一方面证明《马克思主义概论》——神父主义。

第三期——咆哮和詈骂！

我能够写六篇或者十二篇论文反驳《马克思主义哲学概论》，每一篇论文反驳每一个作者和他们的观点的每一方面。这能够这样纠缠下去吗？到什么时候为止？由于没有止境的愤怒和激烈的争吵，"这"不会使分裂成为"不可避免"么？"这"不要弄到党来解决么：那就解决吧，审查吧，用投票来结束"辩论"吧……

好好地想想这个罢，如果你怕分裂。实际工作者就从事分发这种"战斗"的书么？换一种方法不更好些：你照旧"站在旁边"写文章，在各党派的出版物之外。保持站在旁边罢，党派"暂时"等一等。如果有可能减轻愤怒，那就只有如此，在我看来。

你写道：孟塞维克会从争论得到好处。你错了，大大地错了，A. M.！他们会得到好处，如果布尔塞维克派不把自己和三个布尔塞

---

[1] 说的是高尔基打算出版的一个杂志，后来没有出版。
[2] 就是"哲学唯心主义"。参看列宁在《谈谈辩证法问题》里的解释。

维克的哲学[1]分开。"那样"他们会最后得到胜利。但是如果哲学的争论在党派之外进行，那么孟塞维克们就要最后归结到政治上，并且那就要致他们的命。

我说：把争论和党派"分开"。自然，对于生气蓬勃的人这种分开是有点困难的，有点苦痛的。需要时间。需要深思熟虑的同志们。这个要实际工作者帮助，这个你应该帮助，——这里就有"心理学"，你对它是精通的。我想，你能在这一点上有很多的帮助，——如果，自然，在读我的反驳《概论》的书[2]的时候你不对我大为生气，像我对他们似的。

好好地想想杂志的事并且赶快地回复我。我有点怀疑，用不用得着现在，我们一起到你那里去？为什么要白白地劳神呢？"远远的送别"……而争论是非有不可的。更简捷地解决杂志的事，不要冗长的谈判和隆重的而又毫无用处的代表会议，不更好吗？我只是向你提出一些问题，想和你商量商量。

问候 M. Ф.。卡普里我总归一定要来的，并且竭力把妻子拉来，不过希望这个与哲学的争论无关。

紧紧地握手。

你的列宁

再者：附上关于侦察你的暗探的"重要"消息。

——《列宁全集》第三十四卷，第三三八—三四〇页，《给高尔基的信》（一九〇八年三月二十四日，从日内瓦寄往卡普里岛）

---

[1] 指波格达诺夫、卢那卡尔斯基等三人。
[2] 指《唯物论与经验批判论》，列宁这时正在写这本书。

你这是怎么了,亲爱的 A. M.,没有消息?老早,你就写信说,结束了大的工作,准备帮助我们《无产者》报。什么时候呢?你来一篇论托尔斯泰的随笔之类的文章怎样?写点罢,想写的罢。

A. A. 到你那里去了。我既不能扔开报纸,也丢不下工作。不过,这只是延期,总归是要来的。

你觉得,《无产者》报怎样?它是无人关心的。我还从来没有这样不注意自己的报纸过:整天地读马赫主义者的咒文,还要无比匆促地在报纸上写文章。

好,握手。

你的列宁

问候费一娜大安!我要骑脚踏车到她那里去!

请叫华西—奇[1]也给《无产者》报写文章!给我发个哲学的誓,帮助一下《无产者》报!

> ——《列宁全集》第三十四卷,第三四一页,《给高尔基的信》(一九〇八年四月上旬,从日内瓦寄往卡普里岛)

---

[1] 卢那卡尔斯基。

亲爱的 A. M.！

今天接到你的信就赶快回信。我现在去是无益而且有害的：我"不能够"而且也不想和那些宣讲科学的社会主义和宗教的结合的人们谈话。笔记[1]的时候过去了。辩论不可能，无谓的扰乱神经是愚蠢的。应当把哲学和党的（派别的）事情"分开"；布尔塞维克中央[2]的决定也责成我们这样做。

我已经"送去发表"一篇真正的最正式的宣战书[3]。外交手腕在这里已经不行了，——我，自然，所说的外交手腕不是坏的意思，而是好的意思。

你的"好的"外交手腕，亲爱的 A. M.（如果你没有也相信神），应当是分开哲学和我们的共同的（即连我也在内）"事业"。

谈哲学以外的其他的事现在是不成的：这不自然。然而，如果真正的这些"其他的"事，不是哲学，而是例如，《无产者》报，需要就在"现在"在你那里谈谈，我是可以来的（我不知道，能不能找到钱：恰恰现在很困难），但是我要再说一遍：只是有这个条件，我不谈哲学和宗教。

而看你，我一定准备来，在空的时候，弄完了工作之后，一起谈谈。

紧紧地握手。

你的列宁

---

[1] 指列宁在一九〇六年写的《一个普通的马克思主义者的哲学笔记》，批判波格达诺夫的《经验一元论》（第三部）的。

[2] 布尔塞维克派在一九〇七年社会民主工党第五次（伦敦）代表大会上选出来的中央。

[3] 即《马克思主义与修正主义》，列宁在这篇文章里第一次尖锐地批判了波格达诺夫、巴扎罗夫等人的哲学。

问候费—娜:她,大概,不信神罢,是罢?

——《列宁全集》第三十四卷,第三四三页,《给高尔基的信》(一九〇八年四月十六日,从日内瓦寄往卡普里岛)

亲爱的 A. M.！

接到了你和 M. Ф. 的电报，今天或是明天早晨我就发出我的辞谢。我再复说一遍，"无论在什么情形之下"都不容许把作家们关于哲学的争论和"党的"（即"派别的"）事混在一起。我已经把这一点写给华西—奇，并且，为了避免因为我的辞谢不来引起种种曲解或者错误的结论，"我为全体同志们重复说明"。我们的派别的事应当照旧友好地进行：遵照我们过去执行的政策，这个政策我们在革命时期实行过，我们中间谁也没有后悔。这就是说，我们对党有"坚持"它保卫它的义务。这只有我们大家一起来做，并且应当在《无产者》报上和所有党的工作里都这样做。

假如这时为了哲学问题甲骂了乙或是乙骂了甲，那么我们"应当"单独处理这件事，就是说，不妨碍工作。

恳切地请你和同志们不要对我的辞谢不来作另一面的解释。我很抱歉，但是因为事情的整个的情形和编辑的事务我不能够来。

紧握你们的手。

你的列宁

我们等待 A. B. [1] 赶快寄下预约的关于罗马罢工的文章。

我们等待所有的作家帮助《无产者》报：我们全都要对俄国人民负责的，他们对它不满意。

---

[1] 卢那卡尔斯基。

让阿·阿—奇[1]关于钱的事好好"张罗一下"！在俄国他们因为没有钱在叫苦。

> ——《列宁全集》第三十四卷，第三四四页，《给高尔基的信》（一九〇八年四月十九日，从日内瓦寄往卡普里岛）

---

[1] 波格达诺夫。

从米哈伊尔的话里我看到，亲爱的 A. M.，你现在很不愉快。你马上就能从那方面看到，在那样的表现里，在那样的形式里的工人运动和社会民主党[1]，它们在俄国和西欧的历史上，已经不止一次引导缺乏信心的知识分子走向对工人运动和社会民主党的悲观失望。我相信，这个你是不会有的，并且，在和米哈伊尔谈话之后我想紧握你的手。你以你的艺术家的天才带给了俄国工人运动——而且不仅是一个俄国——那样巨大的贡献，你还会带来这样多的贡献，你心里老存着因为国外斗争的枝节事件而引起的不快的情绪，这是无论如何都不容许的。常有这样的情形，工人运动的生活不可避免地发生这种国外的斗争、分裂、不和，以及小集团的争吵，——这不是因为工人运动的内部弱，或者社会民主党内部错误，而是因为工人阶级铸造自己的党的那些分子，太多种多样和形形色色了。无论怎样会铸造出来的，会在俄国铸造出优良的革命的社会民主党，会比有时从令人厌恶的侨居国外的情况的观点看来，更快地铸造出来，会比根据某些表面的现象和个别的事件来判断的情形，更正确地铸造出来。那样的人们，像米哈伊尔，就是保证。

紧握你和玛丽亚·费多罗夫娜的手，因为现在我有个希望，我们和你不会像敌人一样的会面。

——《列宁全集》第三十四卷，第三五三—三五四页，《给高尔基的信》（一九〇九年十一月十六日，从巴黎寄往卡普里岛）

---

[1] 指马赫主义者和召回派的人们在卡普里岛的政治活动，高尔基这时住在那里。

已经有好几天了，法国的（《光明报》《急进报》），德国的（《柏林日报》），俄国的（《俄国晨报》、《言论》报、《俄国话》、《新时代》）那些资产阶级的报纸，大肆渲染一个最耸人听闻的新闻：高尔基被开除出了社会民主党。《前进》报[1]已经登出对这个谣言的反驳。《无产者》报编辑部已经给几家报纸送去更正，但是资产阶级的报纸置之不理，继续大吹大擂这个谣传。

这个谣传的来源是明显的：不知一个什么马路记者，耳朵边上听到了一点关于召回主义和造神主义[2]意见分歧的话（这个问题，普遍地在党内，特别是在《无产者》报上，公开的讨论已经将近一年了），就无耻地歪曲了这些片断的消息，并且拿杜撰的"访问记"之类"赚了一笔大钱"。

扩大谣传的运动的目的也是同样明显的。资产阶级的政党"想"高尔基脱离社会民主党。资产阶级的报纸竭力想在社会民主党内部煽起争执，并且用歪曲的记载来发表它们。

资产阶级的报纸白忙了一气。高尔基同志用他的伟大的艺术作品，把自己和俄国及全世界工人运动结合得太牢固了，他不屑于回答这些人，他只用轻蔑来回答它们。[3]

——《列宁全集》第十六卷，第八九页，
《资产阶级报纸关于开除高尔基的
谣言》

---

[1] 《前进》报，德国社会民主党的中央机关报。
[2] 造神主义——召回主义者和布尔塞维克破裂之后，开始形成特殊的宗派组织，同时在理论上日益脱离马克思主义的理论基础，卢那卡尔斯基等并且提倡一种"造神主义"，其实就是一种特殊的"社会主义的"宗教。
[3] 这篇文章发表在一九〇九年十一月二十八日（十二月十一日）《无产者》报第五十期。

亲爱的阿列克舍·马克西莫维奇！你做的是什么事呀？——简直太坏了，真的！

昨天在《言论》报上读到你对维护朵斯妥叶夫斯基的"狂吠"[1]的问答，是准备高兴的，而今天到的取消派的报纸，"在上面登出一段你的文章"，那是在《言论》报上所没有的。

这是这样一段：

而"求神主义"需要"暂时"（仅仅是暂时？）拦在一边，这是无益的事：什么地方不确定，什么也寻不到。没有播种没有收获。你们那里并没有神，你们"还"（还！）没有造出他来。神不是寻求的，——"是造的"；生命不是发明的，而是，创造的。

原来，你反对"求神主义"仅仅是"暂时"！原来，你反对求神主义"仅仅"为了用造神主义去代替它！

呶，难道这不太坏了吗，你"来了"这样的一套？

求神主义与造神主义或建神主义或创神主义之类的区别，一点也不比黄色的魔鬼与蓝色的魔鬼的区别更大一些。说到求神主义，不是为了反对"一切的"鬼和神，反对一切思想的死尸（一切的神都是死尸——即使这是最洁净的，理想的，不是寻来的，而是造出来的神，全都一样），——而是为了要蓝色的魔鬼不要黄色的魔鬼，这比完全不说话，还要坏上百倍。

在那些最自由的国家里，在那些"完全"不适宜号召"民主、人民、舆论与科学"的国家里，——在那样的国家（美国，瑞典等）里正是用洁净的、精神上的、造出来的神的思想，特别热心地来麻

---

[1] 高尔基当时写了一篇文章，抗议莫斯科艺术剧院上演朵斯妥叶夫斯基的反动小说《魔鬼》。资产阶级的报纸都跑出来为朵斯妥叶夫斯基的作品辩护。

醉人民和工人。正是因此，一切宗教的思想，关于一切的神的一切的思想，乃至于一切对神的献媚，是最难以形容的坏事，特别是被"民主主义的"资产阶级宽容地（常常甚至于是殷勤地）对待的——因此这就正是——最危险的坏事，最凶恶的"传染病"。千千万万的罪恶、奸计、暴行和"肉体的"传染病，比起那种"精巧的"、精神上的、穿起最漂亮的"思想的"服装的神的思想，要容易被群众识破得多，因此危险性也小得多。天主教的神父，强奸少女的（我刚才偶然在一个德国报纸上看到这件事）神父，——对于"民主政治"的危险性要"小得多"，比起那种不穿法衣的神父，不信粗糙的宗教的神父，宣讲建神和创神的，民主主义的，思想上的神父。因为第一种神父"容易"被揭破、问罪、赶走，——而第二种神父"不可能"那样简单地被赶走，揭破他要难一千倍，把他"问罪"，那是"脆弱的，可怜的动摇的"市民一个都不会赞成的。

而你，知道（俄国的：为什么俄国的？意大利的就好些吗？）"小市民的"灵魂底"脆弱性和可怜的动摇性"，却用毒药，最甜的、用糖衣和各种彩色的纸装璜得最好的毒药，来扰乱这种灵魂！

真的，这太坏了。

——《列宁全集》第三十五卷，第八九—九〇页，《给高尔基的信》（一九一三年十一月中，从克拉科夫寄往卡普里岛）

然而，也不能说，我们所引的纲领[1]的文字底实际的内容，整个是坏的。在它们后面也有些好的内容。这个好的内容可以用一个名字表达出来：高尔基。

实际上，这个已经被资产阶级报纸广播出去（歪曲了并且曲解了它）的事实，是毫无隐瞒的必要的，这就是：高尔基是新集团的赞助者之一[2]。而高尔基——毫无疑问地是"无产阶级的"艺术的最伟大的代表，他为无产阶级的艺术已经做了许多贡献，而且还可以做更多的贡献。社会民主党的任何派别都可以正当地以高尔基属于它这一面而自豪，但是，因为这个就在"纲领"里放进"无产阶级的艺术"[3]，这无异于证明这个纲领的贫乏，无异于把这个集团弄成一个文化人的"小团体"，并且自己就暴露了自己是看重"权威"的。……纲领的作者们说了一大堆话反对承认权威，可是没有直截了当地说出来，指的是什么一回事。事情是这样的：他们以为布尔塞维克在哲学上坚持唯物主义以及和召回主义作斗争，完全是个别的"权威"的事情（一个多么明显的暗示！），而且以为马赫主义的敌人们似乎是"盲目地听从"这些个别的"权威"[4]。像这一

---

[1] 一九〇九年十二月，召回主义者和布尔塞维克完全破裂，组织了一个新的派别，"前进派"，在巴黎出版他们的纲领——《当前的形势和党的任务：布尔塞维克集团拟定之纲领》。

[2] 高尔基这时加入了前进派，并且是前进派纲领上署名者之一。不久，高尔基在列宁的影响之下退出前进派。

[3] 在这个"纲领"里，召回主义者定出了他们的任务——"在群众中宣传新的，无产阶级的"文化，"发展无产阶级的科学，在无产阶级团体里加强真正的同志关系，在无产阶级的愿望和经验的方向下建树哲学领导艺术。"

[4] 前进派的纲领的特点，就是将布尔塞维克所"得罪了"的机会主义分子都放到自己的庇护派下去。前进派把各派之间意见的分歧和剧烈的斗争，大部分归罪于"个别的权威"（暗指列宁，也攻击普列汉诺夫）底"傲慢"以及"个人的野心"，而无视各派斗争底根本的意义。详见列宁的论文《政论家的时评》。

类的话,自然,实在是幼稚得很。但是这些"前进派"的人们,正是他们在恶劣地对待权威。高尔基——无产阶级艺术事业的权威,这是无可争辩的。企图"利用"(自然,指思想上而言)"这位"权威来加强马赫主义和召回主义,这就无异于做出"榜样",如何不应该地对待"权威"。

在无产阶级艺术事业上,高尔基是一个巨大的"正号",虽然他对马赫主义和召回主义抱着同情。在社会民主党的无产阶级运动的发展上,这个"纲领",在党内分裂出一个召回主义和马赫主义的集团,提出什么"无产阶级的"艺术的发展作为特殊性质的集团的任务,这是一个"负号",因为这个纲领在伟大的权威者的活动中,想要巩固和利用那正是他的弱点的地方,他给与无产阶级的巨大利益的总数中负的数字。

——《列宁全集》第十六卷,第一八六—一八七页,
《政论家的时评》

亲爱的 A. M.！许久许久没有从你和 M. Ф. 得到一点信息了。没有卡普里的信息，我很想念。怎么回事？你总不至于像有些人那样，俗说把通信看成访问似的罢。

我们这里一切照旧。一大堆琐碎的小事，以及与党内各种"王领"的斗争有关的各色各样的不愉快。唔呋！……而在卡普里，想必很好罢……

为了平息纠纷，我们忙着出版《工人报》[1]的老计划。勉强捐到四百法郎。昨天终于印出了第一号。现在把它和传单捐册一起寄给你[2]。侨居在卡普里和拿波里地区的人，凡是同情这个事业的（以及布尔塞维克和普列汉诺夫的"亲近"的），都邀请给与各种帮助。《工人报》是需要的，而和托洛茨基无法合作，他进行勾结取消派和召回分子前进派的阴谋。我们和普列汉诺夫已经在科本哈根[3]猛烈地抗议托洛茨基在《前进》上的下流的文章。他在《新时代》上发表的关于俄国社会民主党人中间的斗争的历史意义的文章还要更卑鄙！[4]有卢那卡尔斯基在比利时的《人民报》[5]上的文章——看到没有？

为了和《我们的曙光》及《生活》[6]斗争，我们筹备一个小的合法的刊物，也有普列汉诺夫参加。我们希望最近就出版第一期。

---

[1]《工人报》，布尔塞维克的报纸，一九一〇年在巴黎出版，一九一二年停刊。曾经得到普列汉诺夫和孟塞维克派的合作。
[2] 指列宁的论文《工人报创刊宣言》（《列宁全集》第十六卷，第二六三—二六九页）。
[3] 指一九一〇年八月底至九月初在科本哈根开的国际社会主义者会议。
[4]《前进》《新时代》，都是德国社会民主党的机关报纸和刊物。列宁因此写了一篇《俄国党内斗争的历史意义》驳斥托洛茨基。（见《列宁全集》第十六卷，第三四四—三六〇页）。
[5] 比利时工人的（改良主义的）党的中央机关报。
[6]《我们的曙光》，取消派的刊物。《生活》，"合法的马克思主义者"的刊物。

这些就是我们的小事。一点一点地、不声不响地、费力地,我们毕竟摆脱纠纷走上正路。

你有什么消息?写信给斯特罗也夫了么,得到什么样的答复?我们给他写了第一封信"去接关系",他收到了,回信说不知道是谁写的信。我们又写信去。不理会了。缺人缺得厉害,而旧人都分散了。

我们完全准备好了在彼得堡出一个周报,和国会派合作,(那里的孟塞维克,幸而,不倾向取消派,而倾向普列汉诺夫)可是鬼知道因为什么,这件事又停顿下来了。[1]

写信来罢,生活怎样?工作好吗?你夏天说起的刊物怎么样了?"知识"如何[2]?

对于 M. Ф. 我该生气了。答应写信。没有信。答应打听巴黎图书馆里的俄国革命史。没有消息。不好。

握手。

你的列宁

而特里亚的报告"终于",大概,要发表了。中央机关报编辑部已经决定了。可是,就在这个编辑部里也有纠纷,真受不了……

——《列宁全集》第三十四卷,第三七八—三七九页,《给高尔基的信》(一九一〇年十一月十四日,从巴黎寄往卡普里岛)

---

[1] 指出版《星》报的事。
[2] "知识"出版社,一八九八年一些作家在彼得堡设立,后来得到高尔基的密切合作。

关于托尔斯泰我完全同意你的意见，伪君子和骗子们要把他造成一个神。普列汉诺夫也被那些谎话和对托尔斯泰的跪拜激怒了。我们马上意见一致了。他在中央机关报（下一期）上关于这事骂《我们的曙光》[1]，我在《思想》[2]上。（今天收到第一期。庆祝罢——"我们"在莫斯科出的小杂志，马克思主义的。我们今天是多么高兴！）在《星》第一期（十二月十六日在圣彼得堡出版了）上也有一篇普列汉诺夫的很好的杂文，可是加了一个"庸俗的"注，我们已经因为这个骂了"编辑部"。大约，这是约但斯基这个傻瓜和彭奇写的！但是《现代人》反对"关于托尔斯泰和他的宗教的神话"的斗争在那里。这就是——伏多伏佐夫和罗巴金们？

开始打学生了，这个，在我看，是个安慰。而对于托尔斯泰，无论是"不抵抗主义"，无论是无政府主义，无论是民粹主义，无论是宗教，都不能放过。

> ——《列宁全集》第三十四卷，第三八三—三八四页，《给高尔基的信》（一九一一年一月三日，从巴黎寄往卡普里岛）

---

[1] 指普列汉诺夫的《卡尔·马克思和列夫·托尔斯泰》，发表在《社会民主党人》报上（一九一一年一月十六日第十九—二十期）。《我们的曙光》是孟塞维克取消派的刊物。
[2] 列宁这篇文章就是《"躲躲藏藏"的英雄们》。《思想》是布尔塞维克的合法的刊物。

为了避免使人失望的不可收拾的纠纷，在我看来，关于"统一"的事必须要很慎重。实实在在的，现在需要的不是统一，而是分开！如果找到出版家出版刊物或者报纸，需要和他订个"你个人的"合同（或是他拿出钱来不订合同，如果可能的话），至于举行代表大会，一定弄得一团糟。真的，要弄得一团糟。

我告诉你这个话，因为实在不想让"你"白费时间、精神等在糟糕的事上。我自己从一九〇八年——一九一一年的痛苦的经验里"知道"，"统一""现在"不可能。例如，在我们这里在《思想》上普列汉诺夫发了好几次脾气——例如，他不满意我的论罢工和论波特莱梭夫的文章，说是我骂了"他"！我们能够并且应当和解，我们和解了，并且"目前"还和普列汉诺夫一起工作，但是"正式的"统一和代表大会为时尚早，而且会完全弄糟的。

不要忙着开代表大会罢！

我们这里肯定地传说，斯托柳宾有通令封闭"所有的"社会民主党的机关报。这像是真的。在第四届国会前会更凶的，或许，还要凶十倍。

合法的可能性在最近的将来，显然是减少了。必须加紧做不合法的工作。

М. Ф. 写信说，你完全退出了"知识"。这就是说，和普亚特尼茨基完全决裂。我的前一封信到迟了罢？

握手。

你的列宁

再者：巴库的《现代生活》也被捕并且封掉了！

——《列宁全集》第三十四卷，第三九一页，
《给高尔基的信》（一九一一年五月二十七日，从巴黎寄往卡普里岛）

亲爱的 A. M.！

最近就给你寄上代表会议[1]的决议。最后——不管取消派的混蛋们怎样——胜利地恢复了党和中央委员会。希望你和我们一起为这个高兴。

不想写张五月的传单吗？或是带那种五月精神的小宣传品？短短的，"提高情绪的"，怎样？想想过去——回忆一下一九〇五年——画几个字罢，如果高兴写的话。在俄国有两三个秘密的印刷所，中央委员会会翻印的，大约，能印九万份。顶好有一篇像《星》里的"故事"[2]那种样式的"革命的"宣言。非常非常地高兴，你帮助《星》。我们办它困难万分——内部的、外部的、财政的困难无法说——可是暂时还要拖下去。

握手。

列宁

再者：《现代人》却猜它终于要完结！它这一手来得很好。

——《列宁全集》第三十五卷，第一页，
《给高尔基的信》（一九一二年二月，
从巴黎寄往卡普里岛）

---

[1] 指一九一二年在布拉格举行的党的代表会议。这次代表会议决定把孟塞维克驱逐出党，布尔塞维克正式成为独立的马克思主义政党。

[2] 一九一一年和一九一二年高尔基在《星》（布尔塞维克的报纸）上发表过《意大利故事》里的七篇故事。

亲爱的 A. M.！前几天接到彼得堡《真理》报编辑部的信，他们请我写信告诉你，他们非常地热望你能经常地和他们合作。"我们想给高尔基二十五戈贝克一行，又怕他不要，生气"——他们这样给我写道。

在我看，这完全没有什么可生气的。说你因为受稿费的影响而变更合作，谁也不会这样想的。恰好大家也都知道，工人的《真理》报平常只付两个戈贝克一行，更常常是一点钱都不付，用稿费普遍的吸引人没有这个能力。

不过，工人报纸的撰稿人总该得到那么点儿什么，而定规的报酬，没有什么坏处，"只有好处"。印的份数现在是二万到二万五千。是开始想到固定的规定撰稿人的劳力的报酬的时候了。如果工人报纸的"所有的"工作者都开始得点工钱，有什么坏处呢？对这个提议又有什么可以生气的呢？

我相信，《真理》报彼得堡编辑部的顾虑完全没有根据，它的提议你不会不用同志的态度接受的。写几个字罢，或者直接写到编辑部给他们或者寄给我。

昨天在彼得堡（在工人的库里亚[1]中间）选举复选代表。和取消派斗争激烈。在莫斯科和哈尔科夫党员们胜利了。

看到《光线》报[2]了么？总收到它吗？他们在耍暗中掉牌并且假装"好人"的把戏！

看到了《眼界》[3]的广告。这是你在主持还是你在那里作客？

---

[1] 库里亚，古代罗马的大氏族，由十个氏族组成。
[2] 《光线》报，孟塞维克取消派的报纸。
[3] 《眼界》，自由主义资产阶级倾向的刊物，在彼得堡出版，只出过两期。高尔基被列名为撰稿人之一，但是并没有参加。

紧紧地握手,首先希望你健康。问候 M. Ф.。

你的列宁

——《列宁全集》第三十五卷,第三四—三五页,《给高尔基的信》(一九一二年十月十七日,从克拉科夫寄往卡普里岛)

亲爱的 A. M.！许久没有从你得到一点消息了。生活怎样？身体好吗？

今天收到第一八七期《真理》报和一九一三年的订报单。报纸的事很困难：夏天销数低落之后上升得"很"慢，而且仍然亏本。他们甚至暂时停止付给两个常任撰稿人的薪给，使得我们的情况极端困难。

我们打算在工人中间加强展开鼓动"订报"，用收集的钱来巩固报纸并且扩充它，不然在国会开会的时候就完全没有地方发表文章了。

我希望，你也来参加宣传订报，帮助"支援"报纸。用什么方式？如果有一篇故事，或者别的什么适合的东西，——那时候一登广告，就是很好的宣传。如果没有，——写信答应在最近的将来也就是在一九一三年有稿子罢[1]。最后，简简单单几行你写的"给工人们的信"，说到"积极"支持（订报、推销、募捐）工人的报纸的重要，也就是非常之好的宣传。

请你随便写点什么罢，这样或者那样都行——直接寄给《真理》报编辑部（圣彼得堡雅姆斯卡亚街二号）或者寄到这里给我。乌里亚诺夫。（克拉科夫，卢波米尔斯克街，四十七号。）

战争，大约，不会发生，我们暂时还要住在这里，"利用"波兰人对沙皇政制的猛烈的仇恨。[2]

取消派现在进行攻击"反对"革命的罢工！已经到了这种地步了！据说在一月九日要有罢工和示威游行。

---

[1] 一九一三年一月一日《真理》报上发表了高尔基的《伟大的爱》。
[2] 波兰被瓜分之后，只剩下克拉科夫一个城，许多逃避沙皇政府迫害的波兰人都集中在这里。

在三次国会（第二、第三、第四届）之后，这是第一次在工人代表中一共有六个重要省份的代表站在党的方面。很难，然而事情毕竟在前进。

看到了罗普新在《箴言》上以"思想和批评的自由"的名义的"辩护"了么？（答复拿堂松等人给编辑部的信）这实在比任何取消主义更坏，——这是混乱的、卑怯的、逃避的，然而是一贯的叛徒思想！

我们在"逆流"中游泳……"为了"在群众中的革命鼓动工作现在必须和许许多多"也是革命家"斗争……在工人群众中有革命的情绪，这是无疑的，但是具有革命的意识形态的新的民主主义知识分子（工人的也在内）成长得很慢，落在后面，现在还没有赶上去。

问候安好！

随便写两个字罢。

你的列宁

再者：问候 M. Ф. ！她简直完全地，完全地不作声了……

——《列宁全集》第三十五卷，第四〇—四一页，
《给高尔基的信》（一九一二年十二月二十二
日或二十三日，从克拉科夫寄往卡普里岛）

亲爱的 A. M.！我今天读过了"宣言"[1]……

文人似乎是，完全被赦了。你应该设法回去——"自然，首先，要知道会不会因为'学校'[2]之类的事来加你的罪名。"或许，不会因为这个受审罢。

我希望，你不把"接受"大赦看成不可能罢？这是不正确的看法：一个革命者在现在的时候在俄国国内会做出"更多的事"，我们的代表们甚至于在"庄严的约言"上签名哩。

这不是说要你签名，而是说利用大赦。写信告诉我你的意见和"看法"。一定，如果移动，就走这里过，——这里正好顺路！

对于革命作家，能够漫游一下俄国（新的俄国），这就是说能够以后更加百倍地打击罗曼诺夫公司[3]。……

接到我的前一封信了么？已经很久没有得到你的信了。好吗？

你的列宁

再者：接到了 H. K.[4]的"有材料"的信么？

——《列宁全集》第三十五卷，第六一页，
《给高尔基的信》（一九一三年三月上
旬，从克拉科夫寄往卡普里岛）

---

[1] 俄国沙皇的罗曼诺夫皇室三百年纪念时发表的大赦宣言。
[2] 指社会民主党人在卡普里办的党校，高尔基曾经参加合作。
[3] 即沙皇政府。
[4] 列宁夫人。

亲爱的 A. M.！

给《启蒙》[1]"五月"号写的论文或者小说进行得怎样了？他们从那里来信说，可以印一万至一万五千份（我们有了多大的进步！），如果有你的文章的话。告诉我，写好了没有？然后《真理》报再转载，就可以有四万读者。是的……《启蒙》应该能够好好地办下去，不然，真见鬼，就"没有"一个为工人们，为"社会民主党人"，为革命的民主主义坚持的刊物，那些垂头丧气的东西都甚至于有些卑劣了。

身体怎样？休养了吗？夏天想休养吗？很需要，实在的，你要"好好地"休养一下！

我很苦。妻子害着甲状腺肿。神经衰弱！我的神经也有点儿淘气。我们已经到沙科本附近的波罗宁村来过夏。（我的通讯处：奥国，加里西亚州，波罗宁，威廉·乌里亚诺夫先生。）地方很好。适于休养。大约高出海面七百公尺。怎样，你不想来转转么？有几个很有意思的工人要从俄国到这里来。沙科本（离我们七俄里）——是一个著名的气候良好的疗养的地方。

看到杰米扬·白得纳伊的"寓言"了么？如果没有看到，我就寄给你。而如果看到了？写点意见罢。

按期收到《真理》报和《光线》报么？我们的事情——不管怎样——在前进着，工人的党在成为"革命的"社会民主主义的党，反对自由主义叛徒，取消派。我们的时候就要到来。我们现在在庆祝彼得堡的工人们在新的五金工人工会理事会的选举中战胜了取消派。

---

[1]《启蒙》，布尔塞维克的刊物。

而"你的"卢那卡尔斯基,好得很!!啊嗬,好得很!梅特林克那里有"科学的神秘主义"……或者卢那卡尔斯基跟波格达诺夫已经不是你的了?

不说笑话。"祝你健康"。写两个字罢。更好地"休养"。

你的列宁

乌里亚诺夫,奥国,波罗宁(加里西亚)。

你觉得《真理》报的纪念号[1]怎样?

——《列宁全集》第三十五卷,第六六—六七页,《给高尔基的信》(一九一三年五月上半月,从波罗宁寄往卡普里岛)

[1] 指一九一三年四月二十三日的《真理》报(第九十二期)。

亲爱的 A. M.！早就准备写信给你，可是因为妻子开刀的事搁下了。开刀已经，终于，是第三天了，情形已经在好转。开刀是够困难的——我很高兴的是，能在科赫尔那里动了手术。

现在谈谈事情。你写信说，八月里要到柏林。在八月里什么时候呢？在月初还是月底？我们准备八月四号从这里动身。我们的票是经过苏黎克——明兴——维那，在这些城市都要停留。（可能，医生还不许我们四号走，那就还得延期。）

我们能不能在那里会会面？你是要路过伯恩，或是苏黎克，或是明兴的，对罢？

我们会面"很"需要。《真理》报的封闭造成非常困难的情况。或许，你会想出什么办法来的。然后在柏林你就能为我们做很多的事，即为《真理》报。

因此一定请你"立刻"写它两个字，告诉我八月初在这里或是在上述的城市我们可不可能会面。如果"不"可能，我那时给你写信详谈一切的事情，特别是学校（组织者的失败使我们受到极大的挫折；另外找了一个）。

紧紧地握手并祝一切顺利，旅途健康。"立刻"回信！

你的列宁

——《列宁全集》第三十五卷，第七四页，《给高尔基的信》（一九一三年七月二十五日，从伯恩寄往卡普里岛）

亲爱的A.M.！回信稍稍晚一点了。很抱歉。我在伯恩和以后是多么地生气呵！！我想：如果你在维罗纳（你的关于倍倍尔的电报[1]是从维罗纳发的）——或者是某一个罗姆……？——你知道我"会"从伯恩到维罗纳去的！而那时你"整月"没有消息……

你写信说到你的病，使我非常担心。现在生活得好不好，没有医疗，住在卡普里？在德国有极好的疗养所（例如，在圣·布拉辛，靠近瑞士），在那里"完全"都是有肺病的人治疗，并且治疗好了，做到"完全地"，结疤，长胖，然后经常地习惯冷水浴，锻炼得不怕感冒，变成强健的有工作能力的人。

而你离开卡普里之后在冬天——到俄国去???? 我非常地害怕，这会破坏健康并且损害你的工作能力。在这个意大利有没有"头等的"医生？

真的，你去看看瑞士[2]或者德国的头等医生罢，——花两个月在"好的"疗养所"认真地"治疗一下。不然就要无谓地掠夺公共的财产，这就是，生病并且损害自己的工作能力——这是在任何方面都不容许的事。

我听说（从《启蒙》的编辑人，他曾见过拉德希尼科夫[3]），你不满意《真理》报。因为枯燥？这是真的。但是这个缺点不容易一下子改正。没有人。费了"极大的"力气，开始之后经过一年，我们只做到了在彼得堡成立一个"过得去的"编辑部。

（你的信我转寄给《启蒙》了）

---

[1] 指高尔基发给俄国社会民主工党中央委员会的关于倍倍尔逝世的电报；这个电报发表在一九一三年八月四日《北方真理报》第四期上。
[2]〔原注〕我可以打听姓名和地址。
[3] 拉德希尼科夫在柏林出版了高尔基的作品。

写信来罢，有些什么计划，"身体怎样"。恳切地请你"着手认真地治疗"——实实在在的，"完全可能"治好的，而忽略它——简直是没有诚心而且是有罪的。

你的列宁

再者：我们有了一部分，还将要有一部分好的读者。《你看见〈我们的路〉了?》多么地成功？已经是第二个报纸了。我们还要建立第三个——在南方。

> ——《列宁全集》第三十五卷，第七八—七九页，
> 《给高尔基的信》(一九一三年九月三十日，
> 从波罗宁寄往卡普里岛）

敬爱的阿列克舍·马克西莫维奇!

我寄给你一本小册子的原稿,寄到《纪事》[1]的地址,但是不是给《纪事》的,而是出版的,请你设法出版它[2]。

我尽可能地力求通俗地叙述了关于美国的新材料,我相信,它们对于马克思主义的通俗化以及说明它的事实根据是特别有用的。我希望,我做到了对新的读者层清楚而且明白地叙述了这些重要的材料,这些新的读者在俄国正在增多,并且需要明白世界经济的进展。

我还要继续随后出版第二部——关于德国。

我在动手写一本论帝国主义的小册子[3]。

由于战时我极为需要稿费,因此请你,如果可能而不使你太为难的话,赶快出版这个小册子。

你的伊林[4]敬上

——《列宁全集》第三十五卷,第一六六页,《给高尔基的信》(一九一六年一月十一日,从伯恩寄往彼得格勒)

---

[1] 《纪事》,高尔基回国后办的一个杂志。
[2] 这就是资本主义在农业中发展规律的新材料。第一部。《美国的资本主义和农业》。(《列宁全集》第二十二卷第一——八九页)
[3] 即《帝国主义,资本主义发展的最高阶段》。
[4] 列宁常用的笔名。

我刚才（三月十二日，即二十五日）读了《新苏黎克》报（三月二十四日，第五一七期）上这样一段消息[1]，由柏林用电报发出的：

> 瑞典消息，马克西莫·高尔基致函政府[2]及政务委员会[3]表示热烈庆贺。他庆贺人民推翻反动统治的胜利，并号召所有的俄罗斯的子孙帮助新俄国政府的建设工作。同时他请求政府缔结和平以完成其解放事业。这不应当是不惜任何牺牲的和平；俄国现在比过去任何时期均无寻求不惜任何牺牲的和平的理由。这应当是能使俄国光荣地立于世界其他民族之前的和平。人类的血流得已经够多了；如果新政府能迅速缔结和平，新政府将不仅为俄国，而且亦为全人类，造就最伟大的功绩。

他们这样地转播高尔基的信。

你会有一种痛苦的感觉，当你读着这封整个充满了流行的庸俗的偏见的信的时候。本文的作者有一次在卡普里岛会见高尔基的时候，就警告他和责备他在政治上的错误。高尔基用他的无比和善的微笑和真诚的话挡开了这些责备："我知道，我是个不行的马克思主义者。并且，所有我们这些艺术家，都是有点不大负责的人。"要反对这个话倒不大容易。

无疑的，高尔基——是一个伟大的艺术天才，他带给了，并且还将带给全世界无产阶级运动许多贡献。

---

[1]《新苏黎克》报，瑞士北部苏黎克城出版的报纸，列宁这时候在那里。
[2] 指一九一七年二月革命之后成立的李伏夫和克伦斯基等人的临时政府。
[3] 指与临时政府并存的彼得格勒工兵代表苏维埃的政务委员会。

但是为什么高尔基在政治上搞错了呢？

在我看来，高尔基的信表现了极端广大的偏见，这偏见不单是小资产阶级的，而且也是一部分受到它的影响的工人们的[1]。"所有"我们党的力量，具有阶级觉悟的工人们的全副努力，都应当和这些偏见进行顽强的、坚持的、彻底的斗争。

——《列宁全集》第二十三卷，第三二四—三二五页，
《远方来信》的第四信：《怎样获得和平？》

---

[1] 关于这种"极端广大的偏见"，列宁在《无产阶级在我国革命中的任务》里，论到"临时政府"和"彼得格勒工兵代表苏维埃"两个政权并存的局面的时候，更深刻地解释道："俄国是所有欧洲的国家里最带小资产阶级性的国家。""巨大的小资产阶级的波浪淹没了一切，不仅以它的人数，而且以它的思想，压倒了觉悟的无产阶级，这就是说，以小资产阶级的政治见解熏染了迷惑了很广大的工人阶层。"(《列宁全集》第二十四卷，第四一页)

亲爱的 A. M.！

到这里来休养一下罢——我这两天常到乡村里去，我能够把你安顿在那里，住个短时期或者较长的时期。

来罢，真的！

打电报来，"什么时候"；我们给你布置一个车厢，这样到得更舒服些。稍稍换换空气，实在的，你很需要。等候回信！[1]

你的列宁

——《列宁全集》第三十五卷，第三四六页，《给高尔基的信》（一九一九年七月十八日，寄往彼得格勒）

---

[1] 在内战时期，特别是情形最困难的一九一九年，列宁不止一次地坚持地劝高尔基放下紧张的工作，好好地休养，变换环境，离开彼得格勒到更适宜于创作和休养的地方去。

辑译后记

这本书里的文字，除去《论约翰·李德》[1]之外，都是根据最近一版《列宁全集》（俄文第四版）译出来的。

在一九四〇年，我从英文版《国际文学》（*International Literature*）译过一篇《列宁论作家》，是《国际文学》编辑部选辑的，那个选辑做了一个有意义的开创的工作。不过，那个选辑并不完备，只选了七个作家，许多重要的文字没有辑出；并且选得很零碎，只节录了原文的一段或是几句，看不出论点的整个思想内容。所以很早，就希望能有一个比较完善的本子。

也在很早，就想到把那篇文章印出来，使列宁主义的文学思想能够更广地传布。可是在国民党的反动统治下面，始终没有能够实现。到了全国解放之后，又想起了这个愿望，也在这时候，看到最近一版俄文的《列宁全集》，于是想到索性自己动手来做一做辑译的工作罢。这样，参照《国际文学》的选辑，在革命运动的历史的基础上，以俄国文学作家做主体的线索，从《列宁全集》里录出有关的文字，编成这个《论作家》的文集。这个文集，只能就是一个初步的工作，只把比较重要的列宁论作家的文字辑译出来，收录得还

---

[1]《论约翰·李德》是译者根据《震撼世界的十天》（英文本）译出的，但是《列宁全集》里没有收进去，或许文章本身尚待进一步考证。这里译出，只是作为一个参考。

不完备，也不完善，希望能够得到补充和教正，将来再做一次增订的工作。

在《全集》里，列宁除去直接论到作家之外，还时常引用俄国作家的文字或人物。这种引用很多，虽是用来说明或比喻现实问题和人物的，间接也就是论了作家。这里以列宁特别提出要"时常地提到、引用、阐发"的萨尔蒂科夫—谢德林做代表，选了引用犹杜希加·戈罗夫略夫的几段文字。对于谢德林，这位民主主义的战士，现实主义的伟大作家，我们介绍得还不十分多。

列宁论作家的文字，有一部分，先进的革命者早就有过译文，使我得到重要的参考，有的我只是做了校订的工作，在这里向他们的劳绩致敬。在全书的辑译过程里，先后得到很多同志的帮助，在这里一并致谢。

列宁论作家的文字虽然许多都是片断的，简短的，但是它们和辉煌的论托尔斯泰的论文有同样的意义，包含着列宁主义的基本思想。这些文字不仅仅论了作家，同时也为无产阶级的革命文学理论和美学观念定下基础，立下原则。这些文字和《党的组织和党的文学》结合起来，正是一部列宁主义的文学论。

这个文集，如果在这方面能起一点初步的草图的作用，译者的微末的劳力就算没有白费了。

一九五二年五月上海

列宁与文学问题

A·米雅斯尼科夫 等 著

译者引言

列宁和斯大林在新的历史情况下,在革命斗争的新阶段,进一步发展了马克思、恩格斯关于文学艺术的理论。

苏联艺术发展的过程和它的成果说明了列宁和斯大林的文学思想的伟大。只有在列宁和斯大林的文学思想指导下,才能胜利地完成无产阶级革命文学的任务、建设与社会主义——共产主义社会相适应的、伟大的文学和艺术。

这里的三篇文章,都是研讨和解述列宁文学思想的作品,《列宁与苏联艺术》是原则和立场问题的列论,《列宁与文学问题》是一般的广泛的概述,《列宁论托尔斯泰》是个别的专题的研究。这三篇各各论述了列宁文学思想的一方面,而总合起来,表现着列宁主义文学思想的基本的原则和要点。

因为列宁主义理论的深广,这三篇文章自然并不就是尽善的,还有许多需要进一步阐述的地方。不过,对于完全不了解列宁的文学思想的读者,以至对列宁的思想原则作粗鲁的解释或者公式教条的理解的读者,都是有一定的帮助和启发的。如果拿这三篇文章和列宁论文学艺术和作家的文字参照起来看,当可以得到更多的益处。

我们常常说学习苏联的文学艺术,那意思并不是说仅仅学习伟大的文学艺术作品,这首先要求我们学习那些伟大作品的作家们怎样用文学艺术为人民的革命和社会主义建设斗争,这首先要求我们学习领导人民的革命斗争和社会主义建设的领袖——列宁和斯大林的文学思想。人民的文艺工作者只有在这个基础上,才能进行文学艺术的学

列宁塑像　S.梅尔库罗夫作

习,只有在这个基础上,才能提高自己,提高自己的思想和艺术。

离开了人民革命的斗争,也就没有艺术的创造。离开了马克思列宁主义文学思想的领导,也就创造不出革命的人民文学。

我们要创造"为千千万万劳动人民服务"的文学,"它的深深的根戳在劳动群众的最深处","是劳动群众所了解和爱好的"伟大的人民的文学,我们就必须学习列宁、斯大林、毛泽东的文艺思想,并且为实践这一思想而努力。

书前列宁塑像的作者S.D.梅尔库罗夫,苏联艺术家,列宁逝世后遗容的面型的制造者。列宁在世的时候,最早雕塑列宁像的艺术家是H.A.安德莱叶夫,而梅尔库罗夫塑造的遗容,更进一步推动了雕塑革命导师的不朽的形象工作,使它有了新的发展,现在印出一幅,希望能有给我们参看的地方。

一九五二年十一月上海

列宁与苏联艺术

格·涅朵希文

社会主义建设的重要的方面之一就是在最广大的人民群众中间空前地扩大知识范围和提高文化。实在，社会主义的主要目的之一就是不为少数特殊的人而为社会所有的人创造丰富的精神财富。因此，伟大的社会主义理论家和苏维埃国家的建立者，列宁和斯大林，总是极为注意文化和艺术的问题。

列宁和斯大林的理论著作里有许多把特别重要的艺术问题加以真正地科学解决的无比卓越的例子，他们对于这些问题的解答，总是和革命的实践、人民的主要利益结合在一起的。如果对于这些著作里提出的美学的基本原则没有应有的认识，就不可能严肃地来讨论艺术，因为生活的现实已经再三地说明了它们的正确性，它们对于正确了解现在艺术问题的异常重要性。

这一篇文章不打算详尽地分析列宁的美学思想。我们只限于他对艺术的作用和使命的论说的某些方面，不讨论直接论及文学的问题，因为它们需要个别地加以阐述。

马克思和恩格斯定立了辩证的唯物的研究艺术的基本原则。从十九世纪四十年代中叶开始，他们考察了意识形态之一的艺术底基本问题，说明了关于现实主义，特别是在资产阶级社会条件下的现实主义的许多问题，并且分析了资本主义社会关系统治下的艺术的状况。虽然马克思和恩格斯的著作，关于社会主义为创作艺术开放了发展的机会有十分深刻的解说，但他们自然不能说出在社会主义革命之后、社会主义实际建设开始之后的艺术发展的完整的理论。十九世纪的历史背景不能为这样的理论概括准备材料，于是这两位伟大的思想家集中力量分析在阶级社会一般情况下、在资产阶级社会特殊的情况下的艺术的本质。

列宁和斯大林把马克思主义的理论推进到适合新的历史情况的、新的更高的水平。在列宁主义的学说里，无产阶级革命准备时期中艺术和文化的问题，革命的完成和社会主义的建设占有重要的地位。马克思主义美学发展的新阶段底主要特点，就是提出和具体实施在社会主义制度下艺术发展的问题。因此，许多马克思和恩格斯在他们那个时代研究过的一般的美学问题，必须从新形势的观点把它们加以更深刻的研讨。

马克思和恩格斯指出：在阶级社会里没有一种艺术不是直接或间接反映某一阶级的利益的。

这个一般的原则列宁进一步发展了它。他不仅说明在阶级社会里一切的艺术本来就是有倾向性的，因为它必须表现某个一定的利益，而且他把艺术上的党性原则的意义对革命无产阶级作了一个深刻的解说。他在一九〇五年写的著名的论文《党的组织和党的文学》里，列宁第一个人具体说明了艺术上的党性的迫切意义，在当时，阶级分化正在尖锐地进行，每一个艺术家都必须明白确定他的阶级关系和在斗争中采取一个确定的立场，列宁写道："针对着资产阶级的习气，针对着资产阶级营业性的、生意经的出版事业，针对着资产阶级文学上的地位主义和个人主义，'老爷式的无政府主义'和唯利是图——社会主义的无产阶级应当提出'党的文学'的原则，发展这个原则，并且尽可能在更完全更完整的方式里实现它。"

列宁提出党性艺术的原则，他是以这一事实做他的出发点的：无产阶级在意识形态的领域里不需要隐瞒它的立场，因为它和人民基本的、重大的利益是一致的。只有资产阶级才设法遮掩它的自私的利益，所谓艺术"无党派性"以及艺术与政治无关的"独立性"，这些口头禅，都是用来掩饰资产阶级思想意识的反动资本的。

在帝国主义时代，资本主义文化没落的时代，资产阶级艺术培养藐视人民和人民的困苦的思想，害怕面对现实，力图隐瞒和掩饰社会的矛盾。"为艺术而艺术"的理论不过是一块遮盖反动的资产阶级艺术底反人民性本质的幕布。提出所谓"纯"艺术的"无党派性"，正是为各色各样的愚昧主义、神秘主义、形式主义助阵。

列宁击中了没落的艺术和掩护它的"理论"的要害，他坚持每一个艺术家必须公开地确定他的立场并且帮助这一个或那一个阶级，这样就表露出艺术家的艺术拥护的是什么样的生活的目的与实际的社会愿望和理想。列宁使人信服地证明：在我们的时代里只有这样的艺术家，像玛克西摩·高尔基，他公开地把他的艺术和无产阶级，和人民群众的运动联合起来，才能创作出真实的、血肉充沛的艺术作品。

这样，遵照列宁的教训，我们在评价任何艺术的时候，如果我们希望发现它的真正的社会的意旨，发现艺术家企图为什么人的利益和什么样的社会理想服务，就必须拿生活的现实做我们的尺度。

例如，当批判现代反动的资产阶级艺术的时候，只是叙述它的精神病理学的丑恶和畸形，叙述这样明显的事实，是不够的。拿美国的超现实主义者们自傲的想象病来说，我们可以看到在实际上那是敌视人民的思想意识的一个假面具，它想来毒害人民的思想，叫人民相信世界的灾祸不可避免，把人变成不能为他的生活权利而战斗的没有骨头的动物。这种"病床的"艺术有很确定的社会意图——做帝国主义的腐朽的大厦的一根思想支柱。资产阶级艺术的想象的"自由",事实上就是使艺术创作脱离人民的生活,服从统治阶级的自私的利益。

说到进步的文学为人民服务的将来的情形,列宁早在一九〇五年就概略地叙述了它在社会主义之下的发展。他写道,"这将是自由的文学,因为不是利益也不是地位,而是社会主义的思想和对劳动人民的情感将要召集一批又一批新的力量到它的队伍里来。这样是自由的文学,因为它不为饱食终日的贵妇人,不为肥胖得烦恼和苦闷的'几万上等人'服务,而是为千千万万劳动人民服务,他们是国家的精华,国家的力量,国家的将来。"这正是苏联艺术的情形。

在社会主义制度之下艺术是自由的,因为没有人阻止它为人民服务,没有人妨碍人民的有才能的子孙尽量发挥他们的创造能力。它是自由的,也因为它能够积极地实现它的崇高使命和表现人民底精神和愿望,事实地描写生活并且参加改造生活。

苏联艺术的力量在于这一事实:它公开地为人民服务并且表现现代最前进的思想。它为实现共产主义的精神来教育苏联人民这一崇高的目的服务。

苏联艺术获得了显著的成就,因为每一个艺术家都以他的创作作品做媒介参与了全国的共同的建设,并且因为他的作品帮助解决了今天的实际问题。在历史上是第一次,苏维埃联盟给与艺术家以无限的机会直接参与社会的生活。艺术在这里已经成为历史的创造者——人民的集体工作的一个不可分的部分。

事实的逻辑本身已经无可争辩地证实了列宁的教训:艺术之具有重大的意义,完全在于它参加以最前进的社会思想的精神来改造实际生活的工作。一种为狭隘的、利己的、私人的利益所推动的艺术，害怕提出和解决重大的社会问题的艺术，不可避免地注定了要退步、没落、死亡。

在苏维埃制度最初的几年里，有些作家和艺术家，他们既不能够也不愿意和陈腐的资产阶级思想和观念决裂，力图使苏维埃的文学和艺术离开主要的问题走上岔路。他们把他们自己知识的贫乏隐藏在堂皇的假革命的宣言背后。

这些倾向的最有害的一种就是那群所谓"无产文化"的人们所提倡的，他们自称他们的组织是"纯粹的无产阶级的"文化和艺术底唯一的摇篮。这个派别的主要的"理论家"波格达诺夫，是反动的唯心论的辩护者，他主张艺术脱离生活，暗示一种"纯粹的"无产阶级艺术能够用类似试验管的方法产生出来。

列宁强力地指出所有这一类的努力都要把苏维埃文学和艺术引得离开正确的道路，他对每一种发明无产阶级文化和艺术底抽象的定义的企图都予以强烈的反击。

当卓越的苏联文化领导者卢那卡尔斯基，在一九二〇年出席一个"无产文化"的会议，对"无产文化"的大人物们底有害思想没有采取坚定立场时，列宁亲自来批判他们的对人民有害的政策，并且指出它和苏联艺术的真正的任务毫无共同之处。

和对过去的文化遗产传播一种虚无主义态度的"无产文化"所走的路线相反，列宁强调创造新的社会主义文化的更进一步的工作，只有在同化和改造"人类思想和文化在二千多年的发展中一切有价值的东西"的基础上来进行。

列宁看到"无产文化"派的基本错误并不仅仅在于它完全轻视过去的文化。那种本质上等于艺术脱离人民所从事斗争的整个目的的"独立",也是一个原因。这个"理论的"前提有利于一切种类的形式主义艺术。力图把他们的空泛无味的试验品冒充做"革命的表现"的形式主义者们,实际上并不了解什么是"革命的表现",正如他们不了解在新的苏维埃环境里艺术家的任务一样。这种情形的一个例子是 B. 塔林的"第三国际之塔"——一个许多各种不同的螺旋形组合起来的完全空想的图样,而艺术家是设计来描写革命的"力学"的。顶好顶好它只能算是一个无意义的客厅的玩意儿。这种事情对年青的苏维埃艺术只有损害,因为它使艺术脱离正确的现实主义的立场,并且阻止它去实践它的使命——为人民服务。

列宁看到"无产文化"和一切其他的形式主义的反人民性的艺术流派底基本错误是它们脱离生活和脱离面临社会的重大任务。只有参加人民的斗争,参加社会主义建设,艺术家才能有希望产生有永久价值的作品。这个思想是共产党在创作艺术方面的整个政策的基础。

在新的情况下更进一步发展和丰富了的这一思想,贯穿着近年来通过的所有党的关于文学和艺术问题的决议。在它里面的含意是一个:艺术必须和人民、和人民每天的建设共产主义的斗争,密切联系起来,艺术家必须把他自己看成主要是一个新的生活制度的战士,艺术必须成为一个更有力的教育的因素。这些要求反映着共产党和斯大林个人对于苏联艺术的更进一步前进繁荣的深切的关怀。

列宁把形式主义的本质加以毁灭性的批判,揭露了它对社会主义建设的目的与实践的敌意。

俄国形式主义者们痴呆地迷恋外国流行的资产阶级艺术样式,

从印象主义和崇拜赛尚[1]始，到立体主义和抽象的艺术止，对资本主义空口叫喊"叛逆"，口头上明白地宣布和革命"结为一体"，而行动上则反对革命的目的——这就是形式主义艺术的特点。批判这种"艺术"的时候，列宁也谴责了那些资产阶级知识分子的支派，他们把为工人和农民建立的新型的教育机关看作是"在哲学领域或者文化领域尽性放任他们的想象的最方便的地方"。列宁坚决地反对听任"最怪诞的假脸用来冒充为新的东西"或是以纯粹无产阶级的艺术和无产阶级的文化用来做供应荒谬的无稽的东西的掩护。

揭穿了形式主义者的"最怪诞的假脸"，列宁指出受小资产阶级的假革命姿态养育的这一切艺术上的"幻想之作"，都是不为人民喜爱的，应当加以摒弃的。

苏联艺术的历史已经完全证明了列宁的批评的正确性。形式主义不仅对苏联艺术的发展起了障碍物的作用，而且积极地反对进步力量，它企图使艺术脱离人民和当前的社会问题。这就是在二十年代里的情形，当时"列夫"的信徒们，"四艺"以及其他形式主义的集团，尽了他们最大的努力阻碍苏联绘画中现实主义流派的发展。这也是在三十年代里的情形。当时形式主义者不再敢用正面攻击来进攻社会主义现实主义的原则，就提倡印象主义地"解决"绘画上的问题，试图这样来引导艺术脱离现实。

共产党一直总是对艺术上的形式主义作坚强的斗争。针对着需要对形式主义占据优势采取积极的立场，列宁说：

"……我们是共产主义者。我们不应当袖手旁观，听任混乱的现象任意发展下去。我们应当按照一个既定的计划领导这个过程，并

---

[1] 赛尚（Paul Cézanne，1839—1906），法国画家。

且塑造它的结果。"自然,这不是说用纯粹行政的方法来进行这个斗争。斯大林说到剧院的时候,已经指了出来:"……'批评'和要求非无产阶级文学应该禁止,这是很容易的。然而最容易的方法并不能认为就是最好的方法。这不是下一道禁令的事,这要用竞赛的办法,用创作能够代替它们的、苏维埃性质的、饶有兴趣的、真正艺术的戏剧,来逐步地把旧的和新的非无产阶级的废物逐出舞台去。"用巨大的教育工作把艺术的发展引导到正确的方向,共产党已经帮助苏联艺术家摆脱掉形式主义的影响,在密切接近人民的、以十九世纪俄国古典现实主义底优良传统为基础的、现实主义艺术的路上坚定地前进。

形式主义的理论家们常常大肆诽谤俄国的艺术,宣称它是"地方性的",并且要求"新的"形式。这不过是想把苏联的绘画引上帝国主义时代的没落的法国资产阶级艺术底道路的一种企图。形式主义者认为列平"旧了",而他的同时代人赛尚是"顶新的"。实际上,"新"对于这些批评家们是形式主义的曲解的一个方便的简称而已。

列宁反对一切这种关于"旧的"和"新的"形式的抽象的空谈,并且指出评判艺术成就的唯一的规范是艺术作品的真实性,它和生活的结合,以及它和建设社会主义的创作任务的原则的一致。

"美的东西必须保存,当作模范,作为出发点,即使哪怕它是'旧的',"列宁批评艺术上的"偶像破坏者"说。"为什么我们要避开真正美的东西,拒绝拿它当作进一步发展的出发点,只是因为它是'旧的'呢?为什么我们要把不论什么新的东西当作神一样的崇拜,个个人都得向它低头顶礼,仅仅因为'它是新的'呢?胡闹,完全胡闹!许许多多这种东西都是虚伪,自然,还有无意识地崇拜西方艺术中流行的样式。"

因此，列宁对于艺术工作者的教训是：一切过去的艺术里真正有价值的东西，一切加强苏联现实主义艺术家的立场的东西，都必须拿来作为模范，作为向前发展的出发点，而一切与这个相抵触的东西都必须无情地抛弃，不管它是多么"顶新的"。

遵照着这个原则，共产党中央委员会在关于穆拉得里的歌剧《伟大的友谊》的决议里，特别强调苏联作曲家必须以世界的并且主要是俄国的古典音乐做自己的基础。这个原则也完全适用于绘画和雕刻艺术，事实上我们看到，以列平的现实主义艺术做自己的基础，苏里科夫和其他伟大的俄国大师们，苏联画家们，已经创作出许多获得普遍称赞的美丽的画幅。

列宁一再地鼓励艺术家更深地发掘人民的生活。他在论文《伟大的创举》里写道："少发些政治喧声，多注意些最平凡的，可是重大的，从生活中取得并且为生活所考验过的共产主义建设的事实罢。"这对艺术工作者是一个走现实主义的道路和从生活学习的号召。

列宁丰富了和进一步发展了马克思和恩格斯所建立的现实主义的艺术理论。在他看来，对生活忠实是衡量艺术的价值的尺度。艺术必须要以它深入生活的客观的意旨、深入历史过程的本质的程度来评判。说到伟大的俄国现实主义者列夫·托尔斯泰，列宁着重地指出："……如果在我们面前的，确实是个伟大的艺术家，那末，他至少应当在自己的作品里反映革命的某些本质的方面。"列宁论托尔斯泰的几篇光辉的论文提供了富丰的资料，把我们引导到列宁主义的现实主义的概念中。

列宁所立下的论点，对于评价现实主义艺术的发展在建设社会主义的情况下，当艺术与现实之间发生了新的关系时所必须采取的路线，有重大的意义。在这些新的情况下，斯大林更进一步发展了并且具体化了列宁的遗训，他称苏联艺术的新方法叫作社会主义的现实主义的方法。

在建立于剥削和尖锐的阶级对立之上的资本主义社会里，现实主义艺术的主要意图是"剥露一切种类的饥面具"，暴露资产阶级制度的罪恶和腐烂，批评压迫和剥削。过去的最优秀的俄国艺术家们底现实主义方法在本质上是革命的，因为它攻击占有统治地位的社会的不公，并且为人民的自由和幸福而战斗。

在伟大的十月社会主义革命之后艺术面对着许多新的课题。每一个真诚希望为人民服务的艺术家，现在努力研究和描写在伟大的历史斗争过程中产生的、社会主义的生活方式，绘写在社会上出现的新人物和新关系。

列宁十分着重地强调透澈研究新的现象的必要，并且要求作家真实地描写实际的生活。他相信这种描写的出版物，"对于社会主义的事业，会比许多报纸和杂志的论文，比那些常常坐在他们写字的纸背后而看不见真正的生活的职业政论家们的书籍，都更为有用得不知多少。"

因此，在社会主义环境里的现实主义艺术家所采取的道路，和在资本主义制度下是不同的。他第一首先要看生活着的新的现象，观察那些今天明白可见，然而指示着明天的东西的诞生的事物。苏联艺术里走向现实主义的转折正由集中注意于表现现实生活中最进步的趋向表明了出来。

列宁要求艺术家的对新事物的感觉，斯大林所说的发现新的萌芽的能力，是社会主义现实主义的理论底基本要素，这要求在生活的革命发展过程之中来描写生活。

这里就有对于理解苏联艺术上的革新问题的关键。真正的革新主要是表现在内容方面的征象，在内容的革新之后才有沿着现实主义路线的形式方面的真正的开创。决非偶然的，在创造劳动中最前进的先锋人物，为热烈的爱国心所鼓舞的男女，已经成了苏联艺术上的首要的主题的构成者。现实生活中的新人也就是艺术上的革新的泉源。

真实地反映人民的生活和斗争，描写苏维埃时代的英勇的男女，成了我们社会主义国家里艺术的主要内容。这样的一种艺术能够，并且实在地成为一种"教育人的品格的工具"，如列宁规定的那样；因为它培养苏维埃人的最优秀的特点——献身共产主义事业，爱国家，人道主义。

形式主义的艺术，以它的思想的空虚，"纯粹的"美学观念和渺小的主观的情感，不仅不能丰富人的品格，而且反而降低它和败坏它。形式主义者们和资产阶级批评家们提出艺术家的权利来为人的品格找出路，然而实际上，他们使个人离开人民的事业孤立起来，降低他和屈辱他，并且毒害他的灵魂。正是因此，苏联人民轻蔑地抛弃了形式主义的"艺术"。

这是十分明白的，当形式主义的辩护者们大声喝叫反对"公式化"和人物描写的"一般化"的时候，都对那些以卑鄙的、渺小的、怯弱的个人主义者为主人翁的艺术家歌唱颂词。丑恶卑劣、优柔寡断、二重性，都被宣称为伟大的精神的性格。没有什么比这种对因为资本主义社会制度而产生的人的缺点的赞美，把空虚的美学的资产阶级性质暴露得更清楚了。

列宁十分看重艺术的教育的使命，它能在政治上、思想上、道德上充实劳动者，并且由此帮助他从一个无知的、受威吓的、剥削阶级的奴隶，变成自由的、觉悟的、共产主义的无阶级社会的建设者。

"艺术是属于人民的，"列宁说，"它的深深的根必须戳在劳动群众的最深处。它必须是劳动群众了解和爱好的东西。它必须说出劳动群众的情感、思想、意志，并提高他们。它必须唤醒群众中的艺术家，并且帮助他们的发展。"

这个现在完全为真正属于人民的苏联艺术所证实了的深刻的真理，还在苏维埃制度的初年，当资产阶级影响在我们的艺术里还有很大的作用的时候，就为列宁竭力热心强调。帮助艺术家摆脱这些影响，苏联政府同时也竭力使所有的艺术的成就，一切创造出来的真正的艺术品，真正地成为人民的财产。列宁说过，这个任务是"把资本主义所积累下来而对我们是历史的绝对的必需的文化、知识、技术的全部丰富的积蓄，把它们从资本主义的工具变成社会主义的工具"。

列宁所说的要使艺术为人民接受的重要性有一个很好的例子，这就是所谓"纪念像宣传"的计划，这个计划在苏联绘画和雕刻的发展上起了重大的作用。根据列宁的提议，苏维埃政府在一九一八年通过一个决议，在莫斯科建立五十座革命运动、社会运动、哲学、文学、科学、艺术方面的伟大人物的纪念像。用这个计划，列宁想引导艺术的创作思想来为具体的实在的目的服务。在城市的街道上和广场上建立纪念像，使艺术家和人民的需要与利益发生直接的接触。现实的生活，而不是在革命初年大半离开人民群众很远的画室，将是那些个人的大师和他们的艺术信条受到判别真伪的考验的场所。通过给与艺术工作者这种为共产党的整个政治目的所决定的实际任务，列宁给他们指出了他们的创作工作的发展所能采取的唯一正确的道路。

实行列宁的"纪念像宣传"的计划的工作，对于苏联艺术上的形式主义流派为一个沉重的打击。起初形式主义者试着把事情抓在他们手里，但是十分明显，他们那一套完全脱离人民的手法，无法实现列宁所明白规定的任务：创作具体表现人民的理想的，为人民的纪念像。当立体主义的怪像开始在莫斯科和列宁格勒的街道上出现的时候，形式主义者的理想的破产立刻就显露出来。人民愤怒地离开了这些怪像。只有在多少是现实主义的平面上做成的雕像和塑像，才得到劳动人民的赞许。

在列宁的"纪念像宣传"的计划后面的思想是：苏联艺术家必须要过人民的生活，共有他们的愿望、快乐、需要。千百万直到现在无从接近艺术的人民，现在日益增多地享受到它的益处。社会主义革命不仅使艺术为人民服务，而且把人民所创造但是被剥削者掠夺去的艺术的珍宝还给人民，在精神上使人民丰富。苏维埃政权把艺术变成社会主义的工具，在精神上丰富最广大的人民群众的工具。

社会主义国家的艺术的人民性是和苏维埃爱国主义密切结合着的。

对于国家的真诚的爱向来是俄国人民和他们的最前进的代表者的一个特点。只有旧俄国的统治阶级才对一切外国的东西叩头，完全不顾他们自己国家的利益。

所有进步的俄国艺术家也都是热诚的爱国者。爱国主义在封建的资产阶级的俄国的情况下，激励人们为了进步和国家的自由去和压迫者剥削者斗争。这种崇高的对国家的爱，在共产党的思想里得到了最高的表现。在列宁的著名的论文《论大俄罗斯人的民族的骄傲》里，有关于这个问题的深刻的评论，在这篇论文里列宁指出：

人民对他们的压迫者的仇恨，不仅一点不违反社会主义的无产阶级的爱国主义，而且正相反，是和它密切联系着的。爱祖国的意思，就是以它的光荣的过去，它的人民，它的伟大的人物自豪，可是憎恨那些压迫和奴役它的人。

列宁十分赞赏俄国的艺术，一再强调像列夫·托尔斯泰等伟大的俄国文学家们的世界的意义。他也爱好俄国的绘画，他对莫斯科艺术剧院的称赞是谁都知道的。

在伟大的十月社会主义革命之后，当无限的发展的机会给与了解除压迫锁链的人民的时候，爱国主义得到了新的意义。苏维埃爱国主义的基础乃是对于社会主义伟大成就的自豪，对于苏联人民——首先推翻资本主义奴隶制度统治的人民——底身份的高尚的感觉。

"以我们的天然的富源，以我们的众多的人力，以伟大的革命给与人民的创造力的巨大的激励，在这里面我们就有创造一个真正强大富饶的俄国的物质资料，"列宁在一九一八年写道。这些话已经真实地实现了，今天，苏维埃国家的强大的力量，使苏维埃男男女女的心里满怀着一种正当的自豪的情感。

苏维埃爱国主义是苏联艺术从它获得生命的泉源。受着它的鼓励，苏联艺术家创作了许多获得人民群众承认的光辉的作品。

同时人民坚决地反对一群世界主义的批评家所提倡的荒谬的非爱国主义的"思想"，这些批评家攻击苏联男女最亲爱的东西——他们对伟大的俄国人民，对社会主义文化，对苏维埃祖国的爱。当世界一下子分裂成两个阵营的时候——社会主义和民主主义的阵营，帝国主义的阵营——世界主义者们就为一个"唯一的世界文化"战斗起来了。

很容易就可以看出来,这只能有利于那些以利润为他们的神的帝国主义者。资本在本质上是世界性的。"……所有国家的帝国主义者的大联合,为了保护那个没有祖国的资本是自然的而且不可避免的联合,在世界历史的许多重大的事件里已经表现出来:它重视保护所有国家的资本家及对劳动人民的同盟,超过祖国的利益,人民的利益,或者其他任何事物的利益……"列宁说。

列宁和斯大林所指示的道路,艺术与人民推翻资产阶级和建设社会主义的实际斗争密切结合的道路,是真实的艺术家的唯一正确的道路,不论他从事于哪一种类的艺术。

在三十多年前,当年青的苏维埃国家刚刚开始他的胜利的进军的时候,列宁就说过这样令人为之鼓舞的话:

> 以前所有人类的思想,人类的天才发明创造,只是为了把文化和技术的所有的福利给与一部分人,而剥夺了其余的人们最最重要的东西——启蒙和进步。现在所有的技术的奇迹、所有的文化的成就都要变成全体人民的财产,从此人类的思想和天才决不再用来作为压迫的工具,剥削的工具。我们知道这个——那末是不是值得为这个最伟大的历史任务工作,是不是值得把我们所有的力量献给它?而劳动人民将要完满地实现这个巨大的历史工作,因为在他们中间存在着革命、新生和回春的伟大的潜力。

(译自《苏联文学》英文版一九五二年一月号)

列宁与文学问题

A. 米雅斯尼科夫

在一篇纪念列宁五十寿辰的文章里，高尔基写道："有时，在一个文人常常沉没进去的奔放的想象里，我问我自己：列宁是怎样看新世界的？于是在我面前展开一幅大地的灿烂的图画，自由的人底劳动把它美化成了一块巨大的绿色的宝石……劳动，得到了技术的提高具有社会的意义，它已经成为人类的快乐的泉源。"列宁把他的全部伟大的生命献给为了人类幸福的未来、为了共产主义的胜利的斗争。"乌拉吉米尔·伊里奇·列宁！"高尔基写道，"他如此地熟悉过去的历史，所以能够从未来来看现在……远在一九〇七年，在伦敦党代表大会上，他就预先看到工人和农民的十月胜利[1]是必然的和近在目前的。一般地说，他有前人所没有的那种预见的能力。他之所以有这种能力，因为他的伟大的灵魂一半生活在未来里面，他的铁一般的，然而灵活的逻辑对他显示出遥远的未来底十分真实而且具体的形态。这个，在我看来，说明了他在处理面临的现实事态时的惊人的坚定——它们从来没有使他慌乱过，不论，它们是多么地困难和复杂。"

在列宁留下的种类繁多，同时是巍然长存的伟大的遗产里，文学和艺术问题占有一个重要的地位。列宁，大家都知道，是爱好艺

---

[1] 即一九一七年十月革命的胜利。

术的,并且是一位艺术作品的深刻的和洞察的评判者。他把艺术看得极为重要,认为它是社会和政治斗争中一种主要的武器。

文学的党性是列宁的美学观点的基本原则。"乌·伊·列宁是第一个人,极端明确地规定了进步的社会思想对于文学艺术的态度。"安德莱·日丹诺夫在他的关于《星》和《列宁格勒》两个杂志的辉煌的报告里说。以党代表进步的社会思想,在这个观点的基础上,列宁提出了文学的党性的原则。这个原则,日丹诺夫进一步说道,是列宁"对于文艺科学的重大的贡献"。

列宁关于文学的党性的理论可以回溯到十九世纪九十年代(一八九〇——一九〇〇)——这个时期里,颓废派和自然主义是资产阶级美学的最流行的派别。自然主义者以泰纳[1]的艺术理论做基础,按照这个理论,美学"不谴责或者原谅,它仅仅指示和解释"。这种客观主义体系的论点,它的根源是实验主义者的理论,它所依据的思想是:资产阶级的社会关系是永久的和不可侵犯的。

颓废派猛烈地反对艺术上的解放的思想——他们认为"为艺术而艺术"的理论是美学思想的顶点。自然主义者主张奴从地模写现实;颓废派则想翱翔云天,在意象的幻想的世界里。阿那托尔·法朗士在一八八九年写道:"或者我们辗转于污垢,或者翱翔于云间,这中间没有什么别的路。"虽然,尽管自然主义派和颓废派有明显的差异,他们大体上是相同的。他们都是反动的流派,非常之不关心人的苦难,怀疑人的力量以及改变社会状况的可能性。

乌·伊·列宁的理论是站在严格的科学的社会学的论点上的。

---

[1] 泰纳(Taine,1828—1893),法国文学批评家,作有《艺术社会学》《英国文学史》等书。

关于他的理论著作，我们可以引用他说到马克思的著作的话来说明："在马克思的理论里没有丝毫类似乌托邦的东西，或是胡乱地妄加臆测的地方。马克思对待共产主义问题，正如同一个博物学家对待一个新的生物的物种的发展问题一样，他知道什么是它的起源，什么是它在变化中的方向。"

列宁认为历史是新和旧之间经常的不可调和的斗争的过程。远在一八九四年，在他的著作《民粹主义的经济内容与斯特卢威先生书中对于它的批评》里，列宁比较客观主义者的论点和站在马克思主义立场上的唯物论者的论点，写道："当说明一系列既存事实的必然性的时候，客观主义者总是试图做这些事实的辩解者。"马克思主义者则不然，他不把自己局限于仅仅地证实这种或那种现象的存在；他说到参加斗争的那些阶级，以及它们的发展的趋势。"因此，在一方面，唯物论者在客观方面，比客观主义者更合乎事实、更深刻、更完全……在另一方面，唯物主义可以说，是包含着党派性的，它在判断任何事件的时候总是直接地公开地采取一定社会集团的立场。"列宁的党派性的学说教育了进步的群众领袖们，他们积极地参加生活的变革，而不是历史过程的漠然的冥想者。"没有一个活的人，"列宁说，"能够避免站到这一阶级或那一阶级的一边去（一旦他了解了它们之间的关系），他不由得要为此阶级的胜利而欢欣，他不由得要为它的失败而颓丧，他不由得要愤恨那些和此阶级敌对的人，愤恨那些散布后退言论阻碍它的发展的人，以及等等。"

列宁的关于文学的党性的理论，确定了为前进的阶级服务，和一切后退的阻碍历史发展的事物战斗的文学底目的。

正在一九〇五年的革命时期中间，列宁发表了他的论《党的组织和党的文学》的论文，这篇论文给文学的社会的任务下了一个经典性的定义。

"生活在社会里要脱离社会而自由是不可能的。"列宁用这个天才的深刻简明的定律作为他对资产阶级文学严厉的批评的出发点。同时，正是以这个定律为基础，列宁论述了无产阶级文学的主要的特点。

资产阶级的艺术家和艺术理论家说了许许多多关于艺术绝对自由的话；他们断言艺术与社会环境毫无关系，而是完全决定于只有灵感的诗人的幻想。列宁证明了资产阶级赞美不已的个人主义是一种无政府主义的，资产阶级世界观的表现，并且说明了它并不是什么超阶级的东西。他揭露了资产阶级学者的定律的虚伪，他们宣称在资产阶级社会里艺术是不偏不倚的。"作家先生，你能脱离资产阶级的出版，脱离资产阶级的观众而自由吗？……"列宁问道。"资产阶级的作家、艺术家、演员的自由，不过是秘密的（或者伪善的装扮了的）对于钱袋、收买、豢养的依赖。"

资产阶级世界里艺术的买卖性，常常受到俄国的和非俄国的艺术上最优秀的代表者底痛斥，甚至于是那些政治见解离开马克思主义很远的艺术家。一个作家，如果他没有打破资产阶级世界的思想原则，是不可能创作真正的艺术作品的，因为他必须要说以人压迫人为基础的那种不公正的社会关系是公正的，这就是说他必须说谎。

"在资产阶级社会里的无党派性，"列宁写道，"仅仅是依附大腹便便者的党、统治者的党、剥削者的党的一种伪善的、掩饰的、虚假的说法。"

保卫工人阶级的利益的艺术家的立场是完全不同的。他不需要用无党派性这种伪善的口号来掩饰他的观点。他公开地参加为推翻人压迫人的制度、为人类最崇高的理想的胜利而战斗的进步的阶级。

无产阶级的理想是高尚而且纯洁的，它们得到全体劳动人民的赞成和爱护。献身为这些理想而斗争的作家是公开的有倾向的——赞成社会的进步的发展。

和党派性的原则一致，列宁认为文学是改造社会的斗争中的一种有力的武器。"这个党的文学的原则含义是什么呢？"他写道。"这不只是说，对于社会主义的无产阶级，文学事业不能是个人或者团体谋利的工具，而且整个地说来，它不能是脱离总的无产阶级事业的、个人的事业。打倒非党的文学家！打倒超人的文学家！文学事业应当成为整个无产阶级事业的'一部分'，成为一个统一的、伟大的、由整个工人阶级全体觉悟的先锋队所推动的社会民主主义的机器底'齿轮和螺丝钉'。"

列宁警告我们不要对艺术的党性的原则作粗鲁的解释。他指出这个原则并不是说愚鲁地干扰艺术的创作。他写道，"无可争论的，文学事业最不允许机械的平均、划一、少数服从多数。无可争论的，在这种事业里无条件地必须保证个人的创造性，个人的爱好的广大的范围，思想和幻想、形式和内容的广大的范围。这一切都是无可争论的，可是这一切只说明了，无产阶级党的事业底文学部分不能和无产阶级党的事业底其他部分被呆板地一样看待。"

列宁说明：一个艺术家，他接受了布尔塞维克党性原则，变成一个为社会主义的崇高理想而斗争的战士，他方才获得真正的自由，而不是那种自由的幻影。他写道，"这将是自由的文学，因为不是利益也不是地位，而是社会主义的思想和对劳动人民的情感将要召集一批又一批新的力量到它的队伍里来。"

这样一个艺术家的天地比资产阶级的艺术家是无限广阔的；他的世界观使他得以更深入地洞悉社会现象。他具有远为广大的创造的可能性。

"这将是自由的文学，"列宁论到为劳动人民的利益战斗的文学时写道，"因为它不为饱食终日的贵妇人，不为胖得发愁的和苦闷的'几万上等人'服务，而是为千千万万劳动人民服务，他们是国家的精华、国家的力量、国家的将来。"

资产阶级的理论家们常常总是力图掩饰阶级的敌对。他们总好谈论阶级间的和平合作，并且把过去的历史说成一个单独的潮流。在论文《民族问题评论》里，列宁反驳那种虚伪的反动的理论道："在每一个现代的民族里都有两个民族……在每一个民族的文化里都有两种民族的文化。"在论文《论大俄罗斯人的民族的骄傲》里，列宁说：统治阶级的文化是一个国家的十分之一的居民的文化，而民主主义的文化则是十分之九的居民的文化，是千百万人民的文化。民主主义的文化是在和统治阶级的文化斗争中产生的。他写道："在'每一个'民族文化中，即使是在一个落后的国家里，都有民主主义的和社会主义的文化的'因素'，因为在'每一个'民族里都有劳动的和被剥削的群众，他们的生活状况必然要产生民主主义的和社会主义的思想意识。"正是因此，每一个国家的人民争取自由独立的斗争，和所有国家的人民的利益是一致的。

列宁关于文学问题的论述，对于解决艺术里的人民性问题，我们对待伟大的古典文学遗产和现代作家的作品的态度问题，都作了解答。

列宁是一个伟大的国际主义者，同时又是一个伟大的俄国爱国者。他的爱国主义的思想就是说，为一个国家的自己的人民的幸福而战斗。他在一九一四年写道，"我们，大俄罗斯的觉悟的无产者，是没有民族的骄傲的情感的么？自然，不！我们爱我们的语言和我们的祖国,我们竭尽全力地工作,为了使她的劳动人民(即她的十分之九的居民)提高到民主主义者和社会主义者的觉悟的生活。我们无比苦痛地看到和感到,我们美好的祖国遭受沙皇的刽子手、贵族、资本家们的暴行、压迫、凌辱。我们引为骄傲的是:这些暴行引起了我们中间、大俄罗斯人中间的反抗,'这种'人中间出来了拉吉希柴夫[1],十二月党人,七十年代的平民知识分子革命家,大俄罗斯的工人阶级在一八五〇年创造了人民大众的强有力的革命的党,大俄罗斯的农民也在这时候开始变成民主主义者,开始打倒神父和地主。"

争取美好的社会制度的斗争。在它的发展中决定了"每一个民族文化底与之相适应的民主主义的和社会主义的内容"。正是每一个民族文化底这个进步的部分,才能并入无产阶级在为无阶级的社会斗争的过程中所创造的国际的文化。列宁考查俄国思想家和作家的作品,就是按照俄国解放运动发展的主要阶段来进行的。

列宁对于俄国革命的民主主义者有很高的评价,从他们的行列中间出来好几个最杰出的俄国思想家和文学家。说到他们所创作的文学,列宁指出这一事实:由于那些作家都是他们当时的前进的战士,所以他们的作品才具有重大意义。列宁在他的经典性的著作《做什么?》里写道:"……'只有用先进的理论作指导的党,才能实现先进的战士的任务。'读者如果要多少具体地领会这句话的含义,就请回忆一下俄国社会民主党的那些先驱者,如赫尔岑、别林斯基、

---

[1] 拉吉希柴夫(1949—1802),俄国最早的一个民主主义者。他写了一本《从彼得堡到莫斯科的旅行记》,暴露农奴制度的黑暗与罪恶,因此被捕,流放西伯利亚。后来他回到俄国,终于被迫服毒自杀。在俄国,他是为人民争取自由解放而牺牲的第一个作家。

车尔尼雪夫斯基,以及七十年代那群光辉的革命家,请想一想俄国文学现在所获得的全世界的意义……"

列宁的话显示出俄国文学最前进的代表者们在十分复杂的情形中,对于当时的状况以及对于未来的作用。

赫尔岑属于贵族革命时期那一代的人物。但是,列宁写道,"他在十九世纪四十年代农奴制的俄国,竟能达到与当时最大的思想家并驾齐驱的高度。"不过,赫尔岑没有达到历史唯物主义的理论。关于赫尔岑的"精神的悲剧"写过许许多多文章,它是由于他的哲学的矛盾发生的。但列宁是第一个人说明了他的矛盾的根源。"赫尔岑的精神的悲剧,"他写道,"乃是资产阶级民主派的革命性'已经'死亡(在欧洲),而社会主义的无产阶级革命性'尚未'成熟的,那个全世界历史时代底产物和反映。"

别林斯基,俄国最大的思想家和批评家之一,列宁把他称为在俄国解放运动中代替贵族分子的平民们的先驱者。人民群众反抗地主反动的抗议激起了别林斯基的思想。列宁指出来,在著名的《给果戈理的信》里所表现的别林斯基的情感,正反映着农奴制度下的农民的情感。列宁在一九一四年写道,"别林斯基那封总结了他的文学活动的有名的《给果戈理的信》,是没有遭受检查的民主主义出版物中最好的作品之一,这封信一直到今天仍然保持着重大的活生生的意义。"在说明了别林斯基,俄国民主主义进步思想的先驱者和思想家的特质的这个评论里,我们对他的文学遗产,特别是他的美学理论的永久的意义,得到了理解。

尼·格·车尔尼雪夫斯基在革命民主主义运动的第二个阶段里领导了俄国的解放斗争。他是一个伟大的哲学家、社会学家、艺术理论家。"车尔尼雪夫斯基,"列宁写道,"是唯一的真正的伟大的俄国作家,他能够从五十年代直到一八八八年始终站在完全的哲学唯物论的水平上,并且抛弃了新康德派、实证论者、马赫主义者,以及其他思想混乱的人们底荒谬的胡说。但是,由于俄国生活的落后,车尔尼雪夫斯基不能够,更正确点说,不可能,发展到马克思和恩格斯的辩证唯物论。"

当列宁称车尔尼雪夫斯基的社会主义是乌托邦社会主义的时候,他同时着重地说明:"他是一位对资本主义非常深刻的批评家。"

在社会主义在俄国与民主主义混合在一起的时代,车尔尼雪夫斯基是那个时代的一个战斗的社会主义者。"他的著作里呼吸着阶级斗争的精神,"列宁说。在车尔尼雪夫斯基的小说《序曲》里,列宁发现了对于一八六一年改革[1]底历史意义的最深刻的洞察。"正因为车尔尼雪夫斯基的天才,他才能在实行农奴改革的时期(这时甚至于在西欧对它还不够了解),就这样清楚地理解到它在基本上的资产阶级性质。"

列宁对于车尔尼雪夫斯基的别的小说也有很高的评价。克鲁普斯卡亚[2]回忆列宁很爱好车尔尼雪夫斯基的《做什么?》。"我很惊奇他那样聚精会神地读那本小说。并且仔仔细细地画出最好的地方。不过,车尔尼雪夫斯基的为人一般地说是很中他的意的。"

列宁十分喜欢涅克拉索夫和萨尔蒂科夫-谢德林的作品。这些俄国民主主义的伟大作家,总是运用无比有力的和美丽的词汇与形象来诉述被奴役的人民的处境的悲惨的事实,表现他们的悲剧和他们中间潜在的力量,暴露"文明的"剥削者们的伪善和残酷。列宁写

---

[1] 指一八六一年沙皇政府宣布解放农奴的改革。
[2] 列宁夫人。

道:"在他们那时候,涅克拉索夫和萨尔蒂科夫教俄国社会认清在农奴制地主好看的漂亮的文明外貌底下,隐藏着的掠夺的私心,教人们憎恨这一类人物的伪善和残忍。"列宁常常引用涅克拉索夫创作形象,特别爱好引用萨尔蒂科夫-谢德林。这位世界的讽刺作家的锋利的文笔对列宁的尖锐的政治斗争很有帮助。卢那卡尔斯基写道,"几乎所有的谢德林的人物,都以新的政治容貌出现在列宁的著作里面。"

从布尔塞维克党性原则出发,列宁一点没有把过去的进步代表者们理想化。他的评论是如此地深刻,说明了一个作家的一切的方面,表现出由于阶级斗争的尖锐和激烈而引起的所有的他的矛盾。列宁认为屠格涅夫是一个卓越的俄国作家。在他的揭露自由主义者的欺诈的论文《纪念海顿伯爵》里,列宁引用屠格涅夫的一个人物——地主潘诺兹金来说明他的论点。地主不亲自跑到马房里去鞭打在吃饭的时候没有把酒烫暖的侍仆,而只是盼咐别人去鞭打,因为相信自己是一个真正的文明的人。列宁称赞屠格涅夫的艺术。但是在另一篇论文里列宁就指出来:"屠格涅夫在六十年前向往的是温和的君主与贵族的立宪政治……他厌恶杜布罗柳波夫和车尔尼雪夫斯基的农民民主主义。"

在他的关于过去的文学和当代的文学的评论里,列宁解决了文学史和美学上最困难、尖锐、迫切的许多问题。列宁就这样地把世界上最伟大而又最复杂的作家之一——列夫·托尔斯泰底作品和世界观,作了一个卓绝的分析。资产阶级的、自由主义的、颓废派的批评家都不能理解托尔斯泰的矛盾。他们可做的事就是从那位天才的艺术家的伟大的作品里援引例证,从它们的内容里抓出这样或者那样的命题,甚至于公然捏造谎话,企图来证明他们自己的愚蠢的理论的正确。

列宁是第一个人，把托尔斯泰的作品作了一个科学的、深刻地客观的，同时又是结合政治的分析。

列宁说托尔斯泰是俄国革命的镜子。"作为一个艺术家，他的世界的意义，"列宁写道，"和作为一个思想家和说教者，他的世界的名声，这两样，各各都反映着俄国革命的世界意义……托尔斯泰，主要地属于一八六一到一九○四年这一时代[1]，在他的作品里——作为艺术家，也作为思想家和说教者——凸出地浮雕地具体表现了整个第一次俄国革命底历史的特点，它的力量和它的软弱。"同时，列宁也说明了这个伟大的艺术家的艺术作品和政论文章里触目的矛盾的性质，在他身上反映着一八六二年——一九○四年"家长制的天真的农民"的情感。列宁指出托尔斯泰底对恶不用武力抵抗的"教义"是如何地极端反动，他的辉煌的艺术作品是如何地具有"最清醒的现实主义"的特质。列宁论托尔斯泰的论文显示给我们那位在世界观的不可调和的矛盾中痛苦地斗争着的、伟大的俄国作家的形象。

列宁对高尔基的态度是无产阶级革命领袖对一个天才作家起领导影响的一个显著的例子。

远在一九○一年列宁就称高尔基是"全欧闻名的作家"。列宁和高尔基第一次会面在一九○三年。他们第二次会见是在一九○七年伦敦党的代表大会上。以后就开始友谊的通信。列宁读过高尔基的《母亲》的原稿，他的评语是："这是一本适当其时的书。"列宁着重

---

[1] 即农民改革（一八六一年）之后到俄国第一次革命（一九○五年）之前这一个时代。

在高尔基这部著名的小说的教育意义：许多工人参加过一九〇五年的革命，他们还不完全清楚地明了它的目的；在读过高尔基的书之后，他们就会了解无产阶级为之战斗的改革社会的伟大的目的。列宁的评价证明了完完全全是正确的。高尔基的《母亲》，社会主义现实主义的第一部作品，真的成了欧洲和美洲的工人阶级的手册了。

列宁帮助高尔基在他当时复杂的文学过程里找到了他的位置。列宁也给与他关于创作活动的劝告。例如，在反动时期中高尔基有意思写一部大小说，在这里面他想要表现一个俄国资产阶级家庭三代人的历史。"一个极好的主题，"列宁对他说，"……自然，很困难，并且需要花很多的时间。我想你对付得了它，但是我不知道你要怎样来结束它。问题在于生活的现实没有提供一个结尾。不，这个你应该在革命之后来写它。现在你该写一些像《母亲》那样的作品。"高尔基听从了这个明智的劝告——一个具有重大的方法论的意义的劝告，他放在心里的这部小说——《阿尔塔莫诺夫家事》——他在十月革命之后写了出来。

列宁想高尔基为布尔塞维克的出版物工作。同时他竭力地想确实知道这并不妨碍高尔基的创作工作。在他写给卢那卡尔斯基的这段话里可以看到他对高尔基的深切的关怀："如果你认为我们不会损害高尔基的工作，假如把经常的党的工作加在他的身上（党的工作因此要收获得太多了!），那就设法安排它罢。"

列宁认为高尔基是无产阶级的伟大的艺术家。同时，他也对高尔基世界观里的错误发表原则性的批评。

在反动时期里有一个时候，高尔基和社会民主党的作家们的一个小集团某些观点相同，这些作家被称为"造神主义者"，他们错误地相信他们可以被当作唤醒人民的创造力的泉源。在一连好几封给高尔基的信里，列宁向他指出那个机会主义流派的反动的本质，它的近似颓废派底神秘的"求神主义"。列宁在一九一三年写信给高尔基说："求神主义与造神主义或建神主义或创神主义之类的区别，一点也不比黄色的魔鬼与蓝色的魔鬼的区别更大一些。"他告诉高尔基，必须不要倾向"一般的民主主义的观点"，而不是"无产阶级的"观点。

当高尔基在一九一七年参加半孟塞维克的报纸《新生活》的时候，列宁又严厉地批评了他。"你把你自己放在那样一个境地里，"他在十月革命之后写信给高尔基说，"在那样的境地里你不可能直接地观察工人和农民的，即十分之九的俄国居民的生活里的新事物。"于是他劝高尔基"根本地改变处境、环境、住所、职业"。

在批评高尔基的时候，列宁攻击对高尔基不利的种种影响。列宁希望高尔基的无限的才能在人民的生活和斗争里找到它的灵感的新的源流。这位伟大的无产阶级作家后来怀着感谢的心情回忆他和列宁的友谊，因为这个友谊对他是在思想上和创作上进步的一个强有力的帮助。

列宁严厉地指责玛雅科夫斯基早期的作品，那是受了反动的文学流派未来主义的风格的影响的。但是列宁非常赞赏玛雅科夫斯基的诗《开会迷》——一首暴露官僚主义的复活的辉煌的讽刺诗——作于一九二二年，因为它写出了一个及时的政治问题。玛雅科夫斯基克服了未来主义风格的遗风，成为苏维埃时代最优秀的最有才能的诗人。

这两个作家都写下了卓越的列宁的肖像：高尔基写了他的著名的回忆录，玛雅科夫斯基写的是《乌拉吉米尔·伊里奇·列宁》这首诗。

在伟大的十月社会主义革命之后，文学的党性的原则的实践已经提高到新的更高的水平。文学活动不仅是无产阶级的党的工作的一部分。它已经成为国家政策的一个问题。在和克拉拉·蔡特金的谈话里，列宁说："在以私有财产为基础的社会里艺术家是为市场生产的，他需要买主。我们的革命把艺术家从这一切平凡无味的情况的压迫底下解放出来了，苏维埃国家成了他们的保护者和定货者了……但是，自然，我们是共产主义者。我们不应当袖手旁观，听任混乱的现象任意发展下去。我们应当按照一个既定的计划领导这个过程，并且塑造它的结果。"在这谈话里，列宁给苏维埃艺术的群众性下了一个辉煌的定义。"艺术是属于人民的。它的深深的根必须戳在劳动群众的最深处。它必须是劳动群众所了解和爱好的东西。它必须说出劳动群众的情感、思想、意志，并提高它们。它必须唤醒群众中的艺术家，并且帮助他们的发展。"

列宁不倦地要求作家对现实生活作深刻的研究。他认为现实是新和旧之间的一种经常的斗争。列宁，这位天才，是一个伟大的幻想家。远在一九〇二年，他在他的名著《做什么?》里写道："应该幻想！"并且他接着引用了毕沙莱夫对于生活中幻想的作用的感想。如果幻想的人认真地研究过生活，相信自己幻想的实现，并且热烈地为之奋斗，这样一种幻想是会鼓励他的努力的。列宁总是着重地指出以周密地观察生活为基础的意识底积极的作用。"人的意识，"他写道，"不仅仅反映客观世界，而且创造它。"

所有的列宁的这些话对于文学都有一种直接的意义。它们帮助我们更好地来了解社会主义现实主义的主要的特点，社会主义现实主义不仅反映现实，而且要指出前进的道路。

列宁在一九一八年写道："谢谢上帝，在今天没有人相信奇迹了。奇迹的预言是一个神话。但是科学的预言却是事实。"一个社会主义现实主义的作家,他以马克思列宁主义的科学的结论为根据,并且研究了生活,他是有科学的预言的能力的。

在他的经典性的著作《伟大的创举》里,列宁要求作家和所有的苏联人民留心扶助新的萌芽,"平凡的,质朴的,日常的,然而都是强壮的真正共产主义的萌芽",这种萌芽,如果加以适当的扶助,"是不会夭折的;它们将要大开花,成为完全的共产主义"。

社会主义现实主义的作家不仅仅反映现实,而且要根据列宁的党性原则,指出前进的路,正是因此,例如,当他说到杰米扬·白得纳伊的诗的重要性的时候,列宁不大十分满意他的作品。他对高尔基说,"很粗糙,他走在读者的后面了,而他是应该走在他们前面的。"

社会主义现实主义的作家不是去发明一种实际上并不存在的生活,而是描写典型环境中的典型人物,着重地指出它们发展的趋向。苏维埃作家是社会主义建设的一个积极的参与者。

虽然他在为一种新文化奠设基础,列宁还是高度地赞美古典俄国文学的成就。高尔基在他的回忆录[1]里说到列宁怎样地对俄国的艺术感到骄傲。高尔基有一次发现在列宁的桌上有一本《战争与和平》。列宁开始谈到托尔斯泰。"然后,"高尔基写道,"眯起他的眼睛,看着我,他问:'你能在欧洲找到谁来和他并列呢?'他自己回答道:'没有人。'于是搓着他的手,他满意地笑了。我不止一次地注意到他的这个特点——对于俄国艺术的骄傲。有时我觉得这和列宁的性格是不合的,甚至是天真的,但是结果我在这里面听出了他

---

[1] 指高尔基的《回忆列宁》。

对劳动人民的深藏的爱的回声。"

列宁极力赞扬别的国家里进步作家的作品,例如像亨利·巴比塞,但是他轻视那些盲目崇拜反动的西方艺术的人,这种艺术正表现着资产阶级文化的没落。在和克拉拉·蔡特金的谈话里,他很生气地谈到那些因为绘画上的每一个"新的"流派就喜不自胜的艺术理论家。"胡闹,完全胡闹!"他说。"许许多多这种东西都是虚伪。自然,还有无意识地崇拜西方艺术中流行的样式……我无法认为表现主义、未来主义、立体主义以及一切其他的'主义'的作品是艺术天才的最高的表现。我不了解它们。我从它们得不到快乐。"

列宁关于文学问题的论述,由斯大林进一步地扩充与发展,是苏联人民和全世界进步人民的领导思想。列宁主义继续胜利地进军,鼓舞着国外的为了和平与民主、为了爱好自由的人民底幸福的未来而斗争的进步作家们。

(译自《苏联文学》英文版一九四九年一月号)

列宁论托尔斯泰

维·吉尔波丁

列宁论托尔斯泰的论文与今天文学研究工作的任务

伟大的俄国作家列夫·尼古拉伊奇·托尔斯泰的作品,在乌拉吉米尔·伊里奇·列宁的论文里和言论里,都得到很高的评价。

列宁论托尔斯泰的论文对于整个的文艺科学具有根本的意义。我们有权肯定地说:如果谁不深思列宁论托尔斯泰的论文,不研究它们的方法论,不在它们里面求得总结性的宝贵的结论,不通晓它们的深刻的多方面的内容,谁就不可能研讨理论的和历史的文学问题。

列宁论托尔斯泰的论文教给我们文学研究和艺术知识的领域里的党性。

特别主要的是在现在提醒它们的意义,当着党的作家、批评家、文学研究者,以及所有其他理论战线的工作者坚决要求党性的原则,无情地反击一切腐蚀读者的,特别是青年的意识的,非无产阶级的思想意识的影响。

日丹诺夫同志在关于《星》和《列宁格勒》两杂志的报告中指出:"乌·伊·列宁第一个人极端明确地规定了前进的社会思想对文学和艺术的态度。我现在提醒你们,列宁在一九〇五年底所写的那篇著名的论文《党的组织和党的文学》,在这篇论文里他以他所特有的力量说明了：文学不可能是非党的，文学应当成为无产阶级事业的一个重要的组成部分。在这篇论文里列宁奠定了我们苏联文学据以发展的整个基础。列宁写道：

"文学应当成为党的。针对着资产阶级的习气，针对着资产阶级营业性的、生意经的出版事业，针对着资产阶级文学上的地位主义和个人主义，'老爷式的无政府主义'和唯利是图——社会主义的无产阶级应当提出'党的文学'的原则，发展这个原则，并且尽可能在更完全更完整的方式里实现它。

"这个党的文学的原则含义是什么呢？这不只是说，对于社会主义的无产阶级，文学事业不能是个人或者团体谋利的工具，而且整个地说来，它不能是脱离总的无产阶级事业的、个人的事业。打倒非党的文学家！打倒超人的文学家！文学事业应当成为整个无产阶级事业的'一部分'，成为一个统一的、伟大的、由整个工人阶级全体觉悟的先锋队所推动的社会民主主义的机器底'齿轮和螺丝钉'。文学事业应当成为有组织的、有计划的、统一的社会民主党的工作底组成部分。"

在这篇论文里，在下面又写道：

"生活在社会里要脱离社会而自由是不可能的。资产阶级的作家、艺术家、演员的自由，不过是戴着假面具的（或者伪善的装扮了的）对于钱袋、收买、豢养的依赖。"

"列宁主义，"日丹诺夫同志继续说，"是从这一点出发的：我们的文学不能是与政治无关的，不能是'为艺术而艺术的'，而应该在社会主义生活中起重要的进步的作用。列宁的文学的党性的原则——列宁对于文艺科学的最主要的贡献，也是从这一点出发的。"[1]

天才地活生生地表现出文学的党性的原则，列宁论托尔斯泰的论文武装了我们去正确了解我们的文学的过去，以及去执行今天的布尔塞维克的文学政策。

列宁确定了文化的继承性的思想。

他写道："马克思主义……绝对不抛弃资产阶级时代的宝贵的成果，而是相反地，精通和改造人类思想和文化在二千多年的发展中一切有价值的东西。"[2]

在革命初年在俄国形成的"无产文化"的组织，和列宁主义没有任何共通之点。"无产文化"的基本原则说：工人阶级应当在过去的文化作品之间划分绝对的界线。无产阶级按照"无产文化"的庸俗的说法，应当成长在空地上，在传统之外，也在继承之外。

列宁猛烈地批评了"在理论上不正确和实行起来有害的，一切想要发明自己的特别的文化的企图[3]，一切由于思想懒惰、不想学习、忘记阶级斗争的社会发展的法则而做出来的，无根据的试验"。

在他对苏联青年的演说里，列宁一再地说到学习的必要性，说到知识的益处。他要求正在成长的一代"用人类创造出来的全部知识财富"[4]来充实自己的头脑。真正的教育应当要有"占有全部的人类的知识"[5]的目的。他重复地说，不可能做一个共产主义者，

---

[1] 日丹诺夫同志的《关于〈星〉和〈列宁格勒〉两杂志的报告》，第二五—二六页。一九四六年版。
[2] 《列宁全集》第二十五卷第四〇九—四一〇页。第三版。
[3] 《列宁全集》第二十五卷第四一〇页。第三版。
[4] 《列宁全集》第三十卷第四〇七页。第三版。
[5] 《列宁全集》第三十卷第四〇八页。第三版。

"……如果不通晓人类知识的宝藏"[1]。

列宁教导对待过去的文化遗产采取审慎的和批判的态度。他指示我们,在每一个民族的文化里都有进步的和反动的两种因素。"一种是布里希凯维奇们,古期科夫们,斯徒卢威们[2]的大俄罗斯文化,但是还有一种是以车尔尼雪夫斯基和普列汉诺夫的名字为特色的大俄罗斯文化。在乌克兰也有'这样两种'文化,正和在德国、法国、英国以及犹太人等那里一样。"[3]

列宁从过去文化里采取带有人民的、进步的性质的东西,而暴露一切敌对人民和前进的阶级的文化的反动性。

研究列宁论托尔斯泰的论文,那些研究过去文化的人们,有不犯不正确的反马克思主义的错误的可能。不久之前《文化与生活》报的社论正确地指出,"应当指出:从某些时候以来,在我们的社会活动、文学、科学、文化的历史家中间就广泛流行着一些非列宁主义的有害的论点,这些论点的实质是——说明科学、文学、艺术上的伟大的人物发展的道路,仿佛可以放弃历史的真实,放过这些人物的失败、错误、歪路;仿佛苏联历史家在自己的著作里应该记述的仅仅是过去的伟大人物底优良的或进步的活动。

"类似这样的非马克思主义的论点的害处何在呢?

"这些论点的害处在于:它们违反历史的真实并且在实质上是伪造这些或那些活动家底发展的历史。

"这些论点的害处也在于:它们不正确地教育苏联人,引起对于

---

[1] 《列宁全集》第三十卷第四○五页。第三版。
[2] 〔译者注〕布里希凯维奇,反动地主贵族的代表人物,黑帮的首领之一。古期科夫,反革命的大资产阶级代表人物,反动的十月党的领袖。斯徒卢威,自由资产阶级的代表人物,也是反动派。
[3] 《列宁全集》第十七卷第一四三页。第三版。

过去社会生活、科学、文化各种代表人物的活动上不好的,反动的方面采取无批判的态度。

"不论怎么说,苏联的学者们,无论研究人类社会创造的哪一方面的历史,都应当彻底消除一切类似这种对于研究过去的反列宁主义的态度的表现。"[1]

列宁论托尔斯泰的论文,对于一切研究我们的文学遗产或者仅仅是注意文学史的人,都是一个最好的教育。

围绕着托尔斯泰的作品的阶级斗争

列宁亲笔写了七篇论托尔斯泰的论文;第一篇作于一九〇八年,最后一篇作于一九一一年[2]。此外还有许多关于托尔斯泰的个别的言论,常常可以在列宁其他的著作里碰到。

列宁论托尔斯泰的论文综合起来第一次给了这位伟大的俄国作家的作品以真正正确的、真正完全的评价。列宁在理解这个俄国文学和世界文学的古典作家底艺术作品与道德及政治的作品上作了一个真正的革命。

列宁对克拉拉·蔡特金说:"艺术是属于人民的。它的深深的根必须戳在劳动群众的最深处……它必须说出劳动群众的情感,思想,意志,提高它们。它必须唤醒群众中的艺术家,并且帮助他们的发

---

[1] 《文化与生活》一九四六年十一月三十日第十六期。
[2] 现将列宁论托尔斯泰的论文列举于下:《列夫·托尔斯泰,一面俄国革命的镜子》《列夫·托尔斯泰》《转变没有开始吗?》《列夫·托尔斯泰与现代工人运动》《托尔斯泰与无产阶级的斗争》《"躲躲藏藏"的英雄们》《列夫·托尔斯泰和他的时代》。

展。"[1]"文学——这对于人民是一个亲爱的事业,"[2]日丹诺夫同志在他的报告里这样指出。

然而并不是所有的运用"人民"这两个字的人全都真正地说的是人民。过去有过,就是现在在国外也还有许多虚假地爱人民的人,这些人过去是,并且现在也是,经常地大声喊嚷人民,"整个的人民",不顾真实存在的阶级区分和矛盾,借以掩盖他们自己的不爱人民群众和对人民群众的恐惧。

过去有这样的人,例如,俄国民粹派,特别是自由主义者。现在则有许许多多各色各样的伪民主主义者,伪善地——在西方以及在东方——运用"人民"这两个字。

有一些人,他们在评价过去的进步的活动家的时候,在无阶级性或超阶级性的意义上使用人民性的概念。这样的人民性的概念和马克思列宁主义没有任何共通之处。

列宁和斯大林反对在剥削制度的社会条件下机会主义地滥用"人民"两个字。列宁要求"不能用这两个字来掩盖对人民内部的阶级对立的不了解"。"革命的社会民主党,"他写道,"无条件地坚决主张无产阶级政党必须有充分的阶级的独立性。但是它把'人民'分成'阶级',不是为了前进的阶级关起门来,把自己限制在狭窄的圈子里,削弱自己的活动,把世界的经济统治者看成仿佛是不可动摇的;而是为了前进的阶级不受那些中间的阶级底不澈底性、不稳固性、不坚定性的损害,得以用巨大的力量,用巨大的热忱,为全体人民的事业,领导全体人民从事斗争。"[3]

---

[1]《列宁论文学》第二七六页。一九四一年版。
[2] 日丹诺夫同志的《关于〈星〉和〈列宁格勒〉两杂志的报告》,第三四页。一九四六年版。
[3]《列宁全集》第八卷第一〇三页。第三版。

工人阶级——是历史上前所未有的最革命的、最彻底的、最坚决的阶级。布尔塞维克党教导工人阶级利用这些自己的长处,去团结起所有的贫苦的和劳动的人民,把他们组织起来为争取全体的解放而斗争。无产阶级解放自己,同时也解放所有的被压迫的人民。在《和第一个美国工人代表团的谈话》,斯大林同志指出:在无产阶级孤立作战的那些革命里,他的全部牺牲的结果只是,政权落入了资产阶级的手里。

在十九世纪和以前在英国、法国、德国就是如此。在俄国,在二十世纪的革命斗争就具有另外一种性质。在布尔塞维克党和它的领袖们——列宁和斯大林——领导之下,俄国无产阶级成了"城市和乡村的,所有被剥削的人民群众的领导者,政治的领袖,把他们团结在自己周围,使他们脱离资产阶级,在政治上使资产阶级孤立"。[1]

在这条路上,在十月革命的那些年里苏联人民达到了道义上和政治上的一致。我们的人民是一致的、团结的——这也就是他的不可战胜的条件。

在这条路上,把所有的劳动者团结在无产阶级周围,列宁和斯大林使俄国人民的民族文化得到了新的高涨的保障。与之同时,列宁和斯大林教导我们表露过去的我们的文化的全民的意义。

列宁论托尔斯泰的论文第一次说明了这位伟大的俄国作家的全民的意义。它们教我们批判地接受艺术遗产,使它为今天人民政治的需要服务。

这里必须要回忆一下列宁论托尔斯泰的论文发表的当时的历史

---

[1] 斯大林:《列宁主义问题》第一七二页。第十九版。

情况。

列宁的第一篇论文是在作家八十寿辰的日子,当他还活着的时候写作和发表的。所有其余的论文是在托尔斯泰死后发表的,托尔斯泰之死的戏剧性的情形震动整个的文化界。

托尔斯泰的寿辰和他的死都引起了潮水一样的电报、通讯、演讲、论文,有的登在报纸上和杂志上,有的印成小册子和书。托尔斯泰的死引起了一个示威游行,列宁把这次示威游行估量为国内革命运动转向新的高涨的开始。[1]

各个不同的阶级,各个不同的政党,各个不同的机关报刊——全都发表关于托尔斯泰的议论,全都进行争取托尔斯泰的斗争,全都想叫读者接受自己对他的作品的理解,并且,正如列宁所写的,"假借这个享有极大的名望的姓名,为的是积聚自己的政治资本,为的是扮演全民反对派领袖的角色。"[2]

在这几句话里,列宁对所有的报刊上和口头上围绕着托尔斯泰的名字的斗争的实质作了解说。

托尔斯泰——俄国和俄国人民的民族的财产,民族的骄傲,他是我们可以说在人类文化发展中起先进作用的最伟大的证明之一。

自然,那些自命为全民利益的代表人,祖国命运的领导者的每一个阶级,每一个政党,都企图使社会相信:他们和托尔斯泰在一起,他们崇敬托尔斯泰,托尔斯泰的生活和遗作的思想证实"他们的"正义性。但是,列宁精密地分析了所有谈论托尔斯泰的集团底社会的和政治的立场,这样证明了只有工人阶级并只有布尔塞维克

---

[1]〔译者注〕参看《转变没有开始吗?》。
[2]《列宁全集》第十二卷第三三一页。第三版。

党，有权在当时以及在一切其他的情况下代表全体人民说到托尔斯泰。列宁真正表达出了人民关于托尔斯泰的意见。所有其余的党派只是用托尔斯泰的名字作虚伪的幌子，为了掩蔽自己的政纲的利己主义和自私观念，为了想用伪善的和空洞的辞令来遮盖自己的反人民性。

沙皇政府的报纸，黑帮[1]的反动派的阵营，也赞扬托尔斯泰并且哀悼他的逝世，它们竭力对"国外"表示遵守礼貌，并且做出全民哀悼的声调。但是可不可以说，政府的阵营是真诚地在哀悼托尔斯泰呢？不，所有它的行为都是虚伪的和伪善的，列宁揭穿了这个。昨天反动的报纸还在毁谤托尔斯泰，而今天它们就把"爱国主义"强加在他身上，这种"爱国主义"和托尔斯泰的真正的爱国主义毫无共通的地方。列宁写道："看看政府的报纸上对托尔斯泰的评价罢。他们流着鳄鱼的眼泪，叫人相信他们对'伟大作家'的敬仰，同时却拥护'最神圣的'宗教会议。"而它呢，全都知道，"把托尔斯泰开除出了教会"[2]。沙皇政府没有逮捕、没有镇压托尔斯泰，仅仅是因为他的声望太大了，这样会造成一桩全世界的巨大的丑事。

所有民国自由主义派和自由主义民粹派也都抓住托尔斯泰的衣襟。实际上自由主义者对待托尔斯泰的态度和官方的伪善也距离不远。自由主义者赞扬托尔斯泰，但是实际上他们对他的反对官僚国家、反对教会、反对私有财产，拥护人民的需要、拥护农民的，那些批评的言论，一个也不赞成（列宁强调地指出了这一点）。列宁写道："听一听《言论》报上立宪民主党的吹打手罢——他们对于托尔

---

[1]〔译者注〕黑帮，即黑色百人团，俄国地主贵族的反动组织，企图用恐怖残酷的手段扑灭俄国革命运动。

[2]《列宁全集》第十四卷第四〇二页。第三版。

斯泰的同情是最充分的，最热烈的。其实，关于这位'伟大的求神者'的那篇郑重其事的宣言，那些花言巧语的空谈——只不过是十足的虚伪，因为俄国的自由派，既不相信托尔斯泰的神，也不同情他对于现存制度的批评。"[1]

"自由主义者，"列宁在另一篇论文里写道，"他们躲在那些空洞的、官僚自由主义的、陈腐学究的词句里，说出什么'文明人类的声音''全世界一致的反响''真和美的思想'等等，然而正是为了这些，托尔斯泰方才鞭挞了——而且是正常地鞭挞了——资产阶级的科学。他们'不能'直率地明白地说出他们对于托尔斯泰对国家、对教会、对土地私有制度、对资本主义的见解的意见，——这并不是因为检查制度阻碍他们；相反地，检查制度正帮助他们解脱困难！——这是因为，在托尔斯泰批评里的每一个论题都是给资产阶级自由主义的耳光；这是因为，托尔斯泰无畏地、公开地、严厉尖锐地'提出'我们现代最辣手最难办的问题，这就'打了'自由主义派的（以及自由主义民粹派的）政论底老套的字句、陈腐的遁词、躲躲藏藏的'文明的'谎话的'嘴巴'。自由派竭力地赞成托尔斯泰，竭力地反对宗教会议——可是同时，他们也赞成……路标派，和路标派'可以争论'，但是'应当'和他们保持在一个党里，'应当'在文学上和政治上一起工作。"[2]

因此，不仅仅是反动派，而且还有自由主义者和这时完全传染了自由主义的毒的民粹派，没有任何根据地也在代表人民谈论托尔斯泰。列宁清楚地证明了他们的话澈头澈尾地是撒谎和欺骗。

---

[1]《列宁全集》第十二卷第三三一页。第三版。
[2]《列宁全集》第十四卷第四〇二—四〇三页。第三版。

孟塞维克们在他们论托尔斯泰的论文里，显露出他们是自由主义资产阶级的附和者，人民群众的无原则的政治上的骗子。列宁在《"躲躲藏藏"的英雄们》这篇论文里巧妙地嘲笑了他们并且澈底地揭穿了他们。

孟塞维克们在关于托尔斯泰的问题上很明白地暴露出他们向资产阶级讨好的态度。他们用托尔斯泰的伟大的名字，不是为了支持人民底革命的要求，而是为了加甚涣散、消沉、反动时代的"烂泥"。

列宁批判了所有在那些年里发表的关于托尔斯泰的言论，仅仅只把普列汉诺夫除外。普列汉诺夫当时和列宁一起结成了反对取消派[1]的联盟，他表现出比一般的孟塞维克们要高出一头，在他身上仍然活着旧日的战士。然而普列汉诺夫论托尔斯泰的论文[2]，虽然到今天还没有失去它的意义，但也不能得到全体人民的赞同。普列汉诺夫没有摆脱出名的学理主义的狭隘性。他拿托尔斯泰的观点和思想来和马克思主义的观点和思想对照，并且证明它们的不充分、不正确，以及和后者比较起来的落后性。这一切都是正确的。"……这种估量，当然，是必要的，"列宁写道，没有说出普列汉诺夫来，"但它是不够的。"[3] 普列汉诺夫把托尔斯泰的观点加以批评，但是他不了解它们的社会的和历史的意义，于是就忽略了在他的作品里和他的教义里许许多多的东西，这就不由地减少了作家的全部活动的全民的意义。

---

[1]〔译者注〕取消派，孟塞维克的团体。在沙皇政府极端反动时期，他们主张取消不合法的地下的革命运动，改作合法的公开的革命运动，实际上就是取消革命运动。

[2]〔译者注〕指普列汉诺夫的《卡尔·马克思与列夫·托尔斯泰》。

[3]《列宁全集》第十二卷第三三二页。第三版。

确实而且详尽地评价托尔斯泰的作品和教义,只有从革命的工人阶级的观点才有可能,因为工人阶级用不着隐瞒真理,因为工人阶级不害怕尖锐地提出问题,因为它为全体劳动者、全体人民的解放而斗争。

列宁说明了托尔斯泰观点里的矛盾,他说:"正确地评价托尔斯泰,只有从这样一个阶级的观点才有可能,这个阶级,以自己的政治作用和斗争,在这些矛盾的第一个结局的时候,在革命的时候,证明了它在争取人民的自由和从剥削里解放人民大众的斗争里做领导者的使命——证明了它对民主主义事业的赤心的忠诚,它和资产阶级的(农民的也在内)民主底局限性和不澈底性虚伪性作斗争的能力——只有从社会民主主义的无产阶级的观点才有可能。"[1]

列宁第一个人"正确地评价了托尔斯泰"。所有其他评论托尔斯泰的人,都避开了托尔斯泰提到的问题,所有其他的人都害怕他的尖锐的无情的批评,宁愿空谈什么"伟大的良心"——这几个字,在它们里面没有任何确定的内容。列宁则回答了托尔斯泰提出的所有的问题,在说明托尔斯泰的时候揭露了它们的经济的、社会的、历史的根源,解释了和摈弃了托尔斯泰所有的错误。于是列宁,在所有评论托尔斯泰的人里他是唯一的一个人,完全地充分地表明了托尔斯泰底人民的、民族的,以及世界的意义。

列宁是作为工人阶级的领袖,而且作为全体人民的领袖出来发言的。因此他能解决托尔斯泰是个什么样的人这样复杂的问题,能评价他的艺术的和他的思想的意义。

在列宁的论文里表明了和证明了,只有共产党,只有人民领导

---

[1]《列宁全集》第十四卷第四〇二页。第三版。

者的工人阶级，才有可能全民性地提出文学和艺术的问题。

列宁论托尔斯泰的观点和作品里面的进步

列宁照实在的原样评述了托尔斯泰。他没有把托尔斯泰简单化，没有把他装进预先准备好的公式，没有忽略他的生活、作品、教义的任何一方面。把托尔斯泰简单化——这也就无从了解托尔斯泰。列宁，跟所有其他的评论托尔斯泰的人不同，他想向人民说明不是臆造的，而是这位伟大作家的真正的面貌。

列宁解说了托尔斯泰的整个的复杂的进步过程。那些一点不谈托尔斯泰的传记和回忆录的人，他们根本不可能论述作家的生活里主要的东西，因为他们回避了这个问题：托尔斯泰是怎样转到群众的方面，转到人民的方面来的。

托尔斯泰的传记里主要的东西是这个天才，生长在有产者和统治者中间，竟然和他们决裂了，从自己的脚上抖掉了旧世界的尸灰。列宁写道："从出身和教养来说，托尔斯泰属于俄国高等地主贵族阶层——他打破了这个阶层的一切的习惯的观点，并且在自己后期的作品里，激烈地批评了所有今天国家的、教会的、社会的、经济的制度，这些制度建筑在奴役人民大众上，人民大众的贫困上，农民和一般小有产者的破产上，从上到下渗透进整个现代生活的横暴和伪善上。"[1]

托尔斯泰的进步，在他的信念里的转变，转到人民的方面，它所具有的意义不是私人的传记的，而是民族的和历史的意义。从列

---

[1]《列宁全集》第十四卷第四〇五页。第三版。

宁的观点看来——而这是唯一正确的观点——托尔斯泰的传记是有重大意义的，因为它是人民的"传记"。不是主观的，因之是任意的探求决定了作家的生活的道路，而是伟大人民的历史发展的过程。不是"自律的"、超阶级的、超历史的"道德"或是"良心"推动了托尔斯泰，而是千百万人民群众的情绪，历史还没有能把他们从农奴的枷锁下解放出来而这时候已经陷入了新的资本主义的剥削。列宁屡次强调地指出托尔斯泰的传记和人民的历史的依存关系，和人民历史的联系。这种联系说明了托尔斯泰的伟大，因为只有天才才能在自己的传记里反映出千百万人民群众的探求。

列宁写道："托尔斯泰的主要的活动，正当俄国历史底两个转变点中间，一八六一年和一九〇五年之间这段时期。

"……旧的家长制的俄国，一八六一年以后在世界资本主义的影响底下飞快地崩溃了。农民饥饿、死亡、空前未有地破产，而且抛弃土地，跑到城市里去。由于破产的农民的'廉价的劳动'，铁路、工厂、制造厂加速地建筑起来。巨大的金融资本，巨大的商业和工业在俄国发展起来了。

"……托尔斯泰十分熟悉，农村的俄国，地主和农民的生活。他在他的艺术作品里出色地描写了这个生活，成为世界文学最优秀的创作。农村的俄国底一切'旧基础'的剧烈的破坏，加深了他的注意力，加强了他对周围发生的事情的关心，引起了他的整个世界观的转变。"[1]

列宁丝毫没有忽略托尔斯泰的传记，作为卓越的、天才的个人他的发展的历史，不过他使传记的研究脱离那些时常是不健全的范

---

[1]《列宁全集》第十四卷第四〇四—四〇五页。第三版。

围,或者说,无论如何,脱离那种对伟大人物的私人生活的局限的兴趣,他教我们把作家生活的历史当作人民的历史生活的一部分来看待。

不能不指出来:列宁所教授的真正的历史主义对于我们今天的文学研究也有现实的意义,今天的文学研究在整个评论文学过程的时候,对于伟大的作家的传记的研究也有不少的关于地点和境界的争论。

列宁对托尔斯泰的评论与反映论
《列夫·托尔斯泰,一面俄国革命的镜子》

托尔斯泰对于周围世界的认识和估量,他的世界观,是由他的时代(正是因此列宁特别写了一篇《列夫·托尔斯泰和他的时代》)和他转到那方面去的人民群众的社会性质决定的。托尔斯泰不认识也不了解工人阶级。这限制了他的观点。但是虽然如此,托尔斯泰转到了人民群众方面之后,这使他有可能接触俄国历史过程的许多本质的方面,并且把它们反映在他的作品里和他的教义里。

我们在这里开始说到列宁关于托尔斯泰的论文的非常重要的方面。艺术、文学是一种现实的认识。当然,艺术、文学和直接的认识不同,它们不是直接的认识,但是,它们反映生活。正是因此,文学和艺术有客观的意义,孟塞维克的批评家巴扎罗夫用托尔斯泰的作品的"主观的因素"来解释托尔斯泰最典型的特点。这个糟糕的理论家写道:"……家长制的农民生活方式的理想化,对于自然经济的偏重,以及其他许多托尔斯泰主义底空想的特点,这一切在今天被推到(列宁在这几个字后面打了一个惊叹号——吉尔波丁)第一位上,好像是最主要的东西,其实这些都是主观的因素,和托尔斯泰'宗教'的基础并没有不可分离的联系。"

列宁狠狠地嘲笑了巴扎罗夫:"……托尔斯泰在他的天才的艺术作品里和他的充满矛盾的教义里所反映的东西,巴扎罗夫所指出的俄国十九世纪的经济的特点,却倒是他的教义里'主观的因素'。这就叫作胡说八道。"[1]

不,托尔斯泰的作品具有的不是主观的,而是最广大的客观的意义,从列宁的观点看来,作家的伟大,是在于深刻地、完全地、忠实地在自己的作品里反映了真实的现实。列宁的艺术理论是和辩证唯物论的认识论紧密地联系着的。可以说,天才的"肉体的"力量本身还不能造成伟大的作家。谁会否认马尔赛尔·普鲁斯特[2]的才具的"肉体的"力量?按他起初具有的才具,普鲁斯特可能是有相当成就的,但是他的才具用在现象的"外壳"上,用在它们外表方面,于是普鲁斯特不仅没有能成为伟大的全民的作家,甚至于也不是一个真正有普遍意义的作家。普鲁斯特的艺术意味着逃避现实和资产阶级文化的衰落、腐朽。

托尔斯泰之伟大,不仅是因为他拥有尽可能的巨大的才具,而且是因为他的才具在自己的作品里反映了俄国生活的本质的内容,反映了俄国革命。列宁论托尔斯泰的第一篇论文就叫作《列夫·托尔斯泰,一面俄国革命的镜子》。这个题目的意义是多么地深刻!列夫·托尔斯泰——是革命的镜子,因为极大的艺术反映着现实的本

---

[1] 《列宁全集》第十五卷第五一页。第三版。
[2] 〔译者注〕马尔赛尔·普鲁斯特(Marcel Proust,1871—1922),法国小说家,后期的自然主义派,主张运用科学的方法创作艺术,并且利用科学理论(如爱因斯坦的相对论)做内容写小说。

质的诸方面和它的过程。天才的才具创造出伟大的作品,只是当这才具用之于现实的本质的方面的时候。

列宁写道:"这伟大的艺术家的姓名和他所显然没有了解的革命,他所显然避开的革命,放在一起,在第一眼看来,可能显得奇怪而且勉强。岂不是不能够把那明明白白没有正确反映现象的东西,叫作镜子吗?然而我们的革命——是个非常复杂的现象:在直接实行和参加这个革命的群众中间,有许多社会成分,他们也显然没有了解经过的事情,也避开事变的过程对他们所提出来的真正的历史任务。"[1]

托尔斯泰不是一个革命者,他宣讲不用武力抵抗恶,他不了解俄国的革命,但是托尔斯泰的现实主义的胜利,他的天才的伟大,他的著作的真实,也就在此:他像镜子一样地反映了在世界革命历史里最重要的——成熟的俄国革命的最深刻的过程。于是列宁引申出一个一般性的原则,这对于以拉吉希柴夫[2]开始的整个俄国文学,对于社会主义现实主义的理论,对于苏联文学,都有首要的意义。列宁写道:

"如果在我们面前的,的确是个伟大的艺术家,那末,他至少应当在自己的作品里反映革命的某些本质的方面。"[3]

"反映论"运用于艺术的领域,正确地解决了一般的现实主义的问题和个别的评论托尔斯泰的现实主义的问题,列宁由此不仅能确定托尔斯泰的矛盾,而且解释了这些矛盾。

---

[1]《列宁全集》第十二卷第三三一页。第三版。
[2]〔译者注〕拉吉希柴夫(Radishchev,1749—1802),俄国最早的一个民主主义作家。他写了一本《从彼得堡到莫斯科的旅行记》,暴露农奴制度的黑暗与罪恶,因此被捕,流放西伯利亚。后来他回到俄国,终于被迫服毒自杀。
[3]《列宁全集》第十二卷第三三一页。第三版。

托尔斯泰的作品和教义的"镜子的"性质,托尔斯泰的遗著和现实生活的进程应合,都要求必须把分析伟大艺术家的作品和分析客观现实结合起来。列宁做到了这个,同时他是第一个人找到了对托尔斯泰的作品的真正的解答,而且,列宁的解释没有减少,而是表彰了托尔斯泰的意义。从列宁的话里托尔斯泰像是一个巨人出现在我们之前,这个巨人的规模正相当于他代表他们说话的千百万的人民群众的规模。

列宁写道:"托尔斯泰的作品、观点、学说、学派里的矛盾——的确是显明的。一方面,是一个天才的艺术家,不但写出了无比的俄国生活的图画,而且是世界文学里的第一等作品。另一方面——是一个迷信上帝的地主。一方面,是非常之有力的、直率的、真诚的对于社会的欺诈和虚伪的抗议——另一方面,却是'托尔斯泰主义者',这就是说,一个疲惫消沉的、歇斯迭里的哼哼唧唧的人,所谓我国的知识分子,他当着大家挺着自己的胸膛说:'我是坏透了,龌龊极了,然而我在实行道德上的自我完成,我再也不吃肉了,现在只吃米粉团子。'一方面,无情地批评资本主义的剥削,暴露政府的暴虐、法庭和国家机关的丑剧,揭破财富的增加和文化的进步,与工人群众的贫穷、野蛮、苦痛的增加之间的全部深刻的矛盾;另一方面,痴呆地宣讲'不要用暴力去抵抗恶'。一方面,最清醒的现实主义,揭穿一切种种的假面具;另一方面,宣讲世界上所有一切混蛋东西之中最混蛋的一种,这就是:宗教……"[1]

确定了托尔斯泰的作品里和观点里的这些矛盾,列宁引用了涅克拉索夫的几句诗,后来斯大林同志也引用过,用它们来表现革命

---

[1]《列宁全集》第十二卷第三三二页。第三版。

前的俄国的特点：

> 你又是穷苦的，你又是富饶的，
> 你又是强壮的，你又是无力的，
> ——俄罗斯妈妈呀！[1]

这样列宁把对托尔斯泰的矛盾的评论和解释从主观的规划转到客观的规划。在托尔斯泰的生活、作品、教义里的显明的矛盾，用当时的时代本身、现实本身的显明的矛盾来加以解释："……托尔斯泰的学说和观点里的矛盾并非偶然的，而是十九世纪最后三十年中俄国生活所处的矛盾条件的表现。家长制的农村，昨天刚刚从农奴制度底下解放出来，现在可以说是送给资本和国库去搜括，去掠夺。农民经济和农民生活的旧基础，那些的确维持了几百年的旧基础，非常之快地崩溃下去。所以托尔斯泰观点里的矛盾，不应该从现代工人运动和现代社会主义的观点出发去估量（这种估量，当然是必要的，但是不够的）。而要从那对于正在兴起的资本主义的抗议出发，要从反对群众的破产和丧失土地的抗议出发，这抗议是必定要从家长制的俄国农村发生出来的。托尔斯泰，作为一个发现了拯救人类的新药方的预言者，是可笑的——因此，外国的和俄国的'托尔斯泰主义者'是十分可怜的，他们恰恰想把他的学说的最弱的一方面变成信条。托尔斯泰，作为俄国千百万农民在俄国资产阶级革命到来的时期所形成的那些思想和情绪的表现者，是伟大的。……

"……从这点来看，托尔斯泰观点里的矛盾——的确是我们革命

---

[1] 引自涅克拉索夫的长诗《谁在俄国生活得好》。

中农民的历史行动所处的矛盾状况的镜子。"[1]

农民革命的矛盾给与了托尔斯泰的天才以内容,并且具体表现在他的艺术作品里和道德说教里。托尔斯泰是伟大的历史时代的传声筒,千百万人民群众的期望、愤怒,对历史生活的热情的传声筒。一切其他的对托尔斯泰的伟大的解释不可避免地要归结到无内容的空话。天才只有全心全意和人民的生活,和被压迫阶级争取新时代的斗争打成一片——只有这样,他才能创造伟大的、不朽的东西。托尔斯泰之伟大是因为人民的伟大。

没有一个人能像列宁这样,用这样的力量表达出托尔斯泰艺术功绩的惊人的伟绩。只有列宁能把艺术家的伟大和千百万人民群众的伟大结合起来,并且结合起来加以解释。

列宁详尽地解释了托尔斯泰的特色。在文学上和艺术上——在一切的作品上应当有艺术家自成一家的、特有的、独创的才能的标记。列宁论托尔斯泰的论文教导我们,真正的特色依据于生活本身的特色,依据于生活的不断的进程的富丰性和多样性。艺术家不认识生活,避开它的矛盾和困难,关在"为艺术而艺术"的圈子里,可能做到像是独创的特色,可能养出许多造作的和文饰的样式和手法。但是造作的像是独创的特色总是朝生暮死的。你们举不出一个"永久的"形式主义的作家,不管它们初出现的时候引起过多少的喧声。只有在艺术里独创的具体表现人民的、群众的历史生活的特色,才能创造出真正不重复的、真正独创的,因此是不朽的艺术作品。列宁指示道——"托尔斯泰,主要地属于一八六一到一九〇四年这

---

[1]《列宁全集》第十二卷第三三二—三三三页。第三版。

一个时代[1]，凸出地浮雕地在他的作品里具体地表现了——作为艺术家，也作为思想家和说教者——整个第一次俄国革命底历史的特点，它的力量和它的软弱。"[2]托尔斯泰是特色的，列宁写道，因为他的观点的总和"恰恰表现着我们的革命是个'农民的'资产阶级性革命的特点。"[3]

特色的内容结果才能产生特色的独创的形式。

列宁的"反映论"——这是解释托尔斯泰的作品的内容、他的矛盾、他的力量、他的弱点的钥匙，这是解释托尔斯泰的特色，作为艺术家的他的伟大、他的特殊性、他的独创性的钥匙。托尔斯泰的特色的根源应当在我们的革命的特殊性中寻找——列宁这样教导我们。

列宁是用整个人民的尺度来衡量托尔斯泰的，跟随着列宁，我们也开始了解托尔斯泰的作品的规范的巨大性、全民性，在他的力量中也在他的弱点中。

列宁无情地批评了托尔斯泰的错误，让工人阶级和所有的劳动者好防止它们，让托尔斯泰的作品更好地为革命服务。

在列宁以前从来没有人这样使人信服地说明过托尔斯泰的伟大，并且在列宁以前也从来没有人说明过，托尔斯泰的弱点是他的伟大的反面，他的这些弱点不发生作用和不能为害，不是由于主观的判断，而是工人阶级和工人阶级的党领导和指挥的人民生活本身所决定的。

列宁论托尔斯泰的论文，以它们分析的深刻，不偏不倚的批评，

---

[1] 〔译者注〕即农奴改革（一八六一）之后到第一次革命（一九〇五）之前这一个时代。
[2] 《列宁全集》第十四卷第四〇〇页。第三版。
[3] 《列宁全集》第十二卷第三三三页。第三版。

那是党对俄国革命过程的领导影响的表现之一。

列宁论托尔斯泰的世界意义

我们全都知道高尔基和列宁关于托尔斯泰的谈话。列宁对高尔基说：

> "什么样的一大块巨石，啊？什么样的头号的人物！先生，这才是个艺术家……并且——你知道，还有什么更令人惊异的？在这个伯爵以前在文学里没有过一个真正的农民……"
>
> 然后，他眯着眼睛看着我，问道：
>
> "在欧洲能拿谁来和他并列？"
>
> 他自己回答：
>
> "一个人也没有。"[1]

从这些话里我们看到列宁认为托尔斯泰是欧洲最伟大的艺术家。说明了托尔斯泰的作品的世界的意义，列宁同时第一个人解释了，为什么托尔斯泰得到了世界的意义，为什么他的作品是人类艺术发展前进的一步。列宁关于"人类艺术发展前进的一步"这句话经常地被引用来说明托尔斯泰，然而常常没有引出列宁所写的字句的原文。

列宁写道："作为一个艺术家，他的世界的意义，和作为一个思想家和说教者，他的世界的名声，这两样，各各都反映着俄国革命

---

[1] 高尔基：《作品集》第二十二卷第二一六页。一九三三年版。

的世界意义。

"……在农奴主统治底一个国家的革命的准备时代，由于托尔斯泰的天才的描写，成为整个人类艺术发展前进的一步。"[1]

托尔斯泰的作品的世界的意义不能形式主义地来解释，甚至于是在估量作为一个艺术家的他的绝无仅有的天才的时候。俄国革命以自己的内容丰富了托尔斯泰的作品，俄国革命的世界的意义赋予了天才的俄国作家的作品以世界的意义。并且在这里——就有托尔斯泰的文字在许多国家和大陆胜利地传布的解释。

罗曼·罗兰说过："我认识托尔斯泰的作品的日子，我永远都不会忘记。这是在一八八六年。在好几年缓慢的萌芽之后，俄国艺术的奇花在法国的土壤上出现了……在我们眼前展开了伟大的生活的作品，在它里面反映着整个的人民，乃至于整个的世界……从来在欧洲还没有发出过类似的声音。"[2]

列宁的论文解释了罗兰和全世界整整好多代的进步人物在读托尔斯泰的时候所感受到的东西。在托尔斯泰的作品里反映了整个的人民，托尔斯泰的作品报知新的世界的消息，因为它里面带着俄国革命的曙光的回光。从来在全世界还没有发出过类似的声音，因为从来没有一国人民完成过这样深刻的革命的改造，像俄国人民这样。

俄国革命的伟大的全世界的历史意义预先决定了俄国人民的伟大的文化使命，并且这在解释列夫·托尔斯泰的作品的世界意义的时候是有决定意义的。

---

[1]《列宁全集》第十四卷第四〇〇页。第三版。
[2]〔译者注〕罗曼·罗兰：《托尔斯泰传》。

自然的，跟随着关于托尔斯泰底作品的全世界的意义的思想，列宁也有关于托尔斯泰用来写作的语言底伟大的全世界的意义的思想，资产阶级的自由主义者对俄国语言的赞美是作为奴役其他民族的一种基本的手段。在列宁看来俄国语言的伟大是必须要有民族间平等和友好的新的雄辩的证明。

列宁相信全俄国所有的民族的劳动者都想学俄国语言。把它看作最伟大的文化珍宝的宝库。"俄国的语言——是伟大而且有力的，自由主义者对我们说，"列宁写道，"……这都是对的，自由主义者先生们——我们回答他们道。我们比你们更知道，屠格涅夫、托尔斯泰、杜布罗柳波夫、车尔尼雪夫斯基的语言——是伟大而且有力的。我们比你们更想在所有居住在俄国的各民族的被压迫阶级之间，建立尽可能的更密切的交往和友好的团结。并且我们，当然地，赞成每一个俄国居民有可能学会伟大的俄国语言。

"我们不想要的只有一桩：'强迫性'的因素，……我们以为伟大的而且有力的俄国语言不需要'用棍棒'强迫人来学习。"[1]

托尔斯泰的作品——是俄国语言的世界意义的伟大的证明之一。许多在西方和东方的人都想研究俄文，就是因为用这种语言托尔斯泰写作过，列宁写作过，斯大林写作着。

所以，列宁的论文——是真正的民族的自豪底诚恳而且高尚的表现，它不是减少而是承认别的民族的优点，带给世界以不可估计的财富。这财富是用我们的亲爱的俄国的文字创造出来的。

列宁揭露了所谓的"永久的真理"的具体的阶级的内容。在"永久的真理"的招牌底下，旧的统治阶级力图确立巩固它们的统治

---

[1]《列宁全集》第十七卷第一八〇页。第三版。

的思想意识。对于托尔斯泰,宣讲与压迫者剥削者们的道德对等的"永久的真理",这乃是把资本主义前期的落后性理想化的一种表现形式。托尔斯泰,列宁指出来,"他的判断是抽象的,他只有'永久的'道德原则,永久的宗教真理的观点,不知道这种观点不过是陈旧的('翻了个身的')制度,农奴的制度,东方各民族的生活制度在观念形态上的反映。"[1]

但是,完美的艺术创作永久地活着,使所有的新的世代的人们喜悦。

列宁在他的论文里说明了,普遍地承认和普遍地传播托尔斯泰的作品要有什么样的实际的、现实的条件。托尔斯泰——是具有世界意义的全人民的和全民族的艺术家。但是在旧俄国托尔斯泰只有少数人知道他,因为多数的人是不识字的。

"艺术家托尔斯泰,甚至于在俄国也只有极少数人知道他。如果要使他的伟大的作品真正能为'所有的人'所有,就必须要斗争,跟那使千千万万人陷于愚昧、驯弱、劳苦、贫穷的社会制度作斗争——就必须要有一个社会主义的革命。"[2]

社会主义使"所有的人"都有文化。社会主义在生活中实现真理和正义的理想,托尔斯泰是以它们的名义生活写作的。社会主义改变了对于人的态度,把人看作地球上最宝贵的东西,——这是托尔斯泰所渴望的——这是公共生活的法律。社会主义创造了人类永久的崇敬最伟大的艺术底天才的遗产的条件。

托尔斯泰"写出了艺术的作品,这些作品,当群众推翻了地主

---

[1]《列宁全集》第十五卷第一〇一页。第三版。
[2]《列宁全集》第十四卷第四〇〇页。第三版。

和资本家的统治，给自己创造了人的生活条件的时候，会永远地爱好、阅读的……"[1]"这个遗产俄国无产阶级要接受它研究它"[2]——列宁在他的论托尔斯泰的论文里宣布。

俄国文化之伟大，在于它是在解放的，革命的理想控制的影响底下形成和成熟的。进步的俄国文化是由眼界广阔，关注人民群众幸福，意图前进，向往将来的活动家领导的。托尔斯泰的遗产——是俄国文化的珍贵的珠宝。

社会主义革命所解放的俄国的人民，是过去的文化积累的真正的继承者，像对自己的眼珠一样地爱护他们得到的遗产。

回想一下在有严重的危险的时刻斯大林同志说的关于野蛮的希特勒匪帮的话：

> 就是这些丧尽了良心的人们，只有畜生的道德的人们，竟无耻地号召消灭伟大的俄国民族，普列汉诺夫和列宁，别林斯基和车尔尼雪夫斯基，普希金和托尔斯泰，格林卡和柴科夫斯基，高尔基和柴霍夫，塞切诺夫和巴甫罗夫，列平和苏里科夫，苏瓦罗夫和库屠佐的民族！……[3]

在列宁和斯大林领导下的苏联的文化，作为合法的继承人，从先前的世代创造出来的文化里学习一切宝贵的、健康的、富有生命力的东西。在过去俄国历史上从来没有像现在这样重视文化生活的继承性。过去的伟大的活动家们的名字从来没有享有这样的普遍性，

---

[1]《列宁全集》第十四卷第四〇一页。第三版。
[2]《列宁全集》第十四卷第四〇三页。第三版。
[3] 斯大林：《论苏维埃联盟的伟大的卫国战争》第三〇页。一九四六年第五版。

像在苏维埃人中间这样。

继承下的和批判地整理过的过去的文化,参加进苏维埃人民的生活,变成创造新的社会主义文化的因素之一。

像托尔斯泰这样的作家们的作品,有永久的全民的意义。然而不是所有的阶级,不是所有的社会集团都能够表彰它们的真正的全民的意义。反动的势力,自私自利的集团的利益蒙蔽了和歪曲了托尔斯泰的遗产。只有列宁和斯大林,工人阶级所领导的全民的革命的领袖,才能规定托尔斯泰的全民族的意义以及他对整个人类的意义。

(译自苏联高等教育部全苏讲义局编印的单行本,
一九四七年莫斯科俄文版)

论西欧文学

普列汉诺夫 著

评封·波连茨的长篇小说《农民》

《农民》。威廉·封·波连茨的长篇小说。维·维里奇金娜译自德文。列夫·尼古拉伊奇·托尔斯泰伯爵序。"介绍者"出版，知识分子读者丛书。莫斯科，一九〇二年。

到现在《曙光》上差不多还没有发表过关于文艺作品的评论。在将来，大约，也不会很多：篇幅不够使我们的新书评论只好限于那些对社会主义有更密切的关系的文学作品。但是封·波连茨的长篇小说《农民》很好地描写了社会生活的许多方面，它们在社会主义的书籍里，一般地说来在政治社会书籍里是谈论得很多的。这本书——是在"农民问题"的领域里非常之有兴趣地游览。我们想请我们的读者注意这一本书。

富裕的农民特劳果特·比尤特纳尔，一生跟他一家人辛辛苦苦地劳动，并且一生诚笃地信奉"储蓄"的宗教，可是渐渐落到了高利贷的手里，完全丧失了他的财产，最后他沦为乞丐，谁也不理会他，于是自己在树上吊死了。小说的情节就是如此。封·波连茨借这个情节精细地分析了现代德国中产农民的心理。在我们前面，好像活人一样，出现了这些饱经磨折、孜孜不息的劳动者，他们感到正在失去立足之地，他们做了一些慌乱的几乎是本能的行动，想要保持住平衡，可是最后终于意识到在和这个他们所不理解的无形的力量的斗争中他们自己的无能为力。封·波连茨说,"特劳果特·比尤特纳尔只有一种迟钝的感觉,模糊的意识,临到他身上的是一桩极其不公平的事情。可是谁能说得出来:这是怎么一回事情?因为什么人?他应当归咎于谁?得不到解答,这是令人感到可怕的。灾祸在暗中来临,他甚至于都不知道是从那里来的。人们取得了对他本人和他的财产的权利,——那都是些陌生的不认识的人,他在两年以前还不知道他们的名字。他对这些人没有做过任何坏事,只是接受了他们使他不得不接受的帮助。可是因此,由于某些他不了解的转折和诡计,这些帮助变成了权利,把他无可解救地交到这些人手里。不管他怎样地绞尽脑汁,他不能够了解所发生的这一切事情的内情。"

在封·波连茨的小说里,特劳果特·比尤特纳尔破产的直接原因是犹太人加拉梭维茨和显贝尔格尔。这种情形可能令人想到小说家的社会哲学还没有去掉排犹主义的某种杂质。但是我们并不以为他认为基督徒的资本家比犹太人的资本家更好。他笔下所写出来的基督徒饭店老板埃恩斯特·卡谢里,是一个比那些犹太人高利贷者还更不受人欢迎的典型。何况在他的小说里鲜明地表现出来的正是资本的无形的力量,它的活动是会被荒谬地归之于某个个别的种族的。正是因此,我们不再多谈这个问题,我们要请读者注意的是,封·波连茨把农民的经济生活和他们的心理,这二者之间的因果性的关联表现得多么地好。在特劳果特·比尤特纳尔跟他一家人居住的那个地方,——显然,这是所谓东易北河区域的小地方之一,——农民是独立的小生产者,他们虽然高傲地看不起雇农,可是却也并不认为自己是高等阶级的代表。高等阶级在那个地方的代表是拥有巨大的财产和爵位的称号的地主,农民都称他们为老爷,并且按照从农奴制度时代就保存下来的传统,把他们看成最危险的敌人。我们在萨克森,特劳果特·比尤特纳尔的小儿子,退伍的下士古斯达夫到那里去做夏季短工的地方则看到另外一种情形。在这里"人数不多的农民是真正的大人先生。他们出外都骑马或者坐马车,像真正的地主一样,他们住在高大的漂亮的房屋里,并且送自己的孩子进城里的学校。当他们会面的时候,彼此都称呼'您',这些大人先生们一个也不肯屈尊跟自己的工人在一张桌上吃饭"。阶级的偏见深入农民的头脑远甚于那种地方,在那里,农民本身这个阶层,由于因为经济情况发生的种种矛盾发展的结果,分成了两个阶级:一个是倚靠剥削别人的劳动力为生的人们的阶级,另一个是出卖自己本身的劳动力的人们的阶级。

封·波连茨把现代德国农民所具有的保守主义描写得很好。特劳果特·比尤特纳尔的父亲,列伯莱赫特·比尤特纳尔,"无论什么东西都不急于采取,甚至于对好的东西也是如此。他的农民的机智指点他,首先应该观望和等待,让别人去从火中取栗,自己不要开头做别人先前没有试验过的事情,总要比那些走在前面的人稍后一点儿。他总是小心谨慎而又深思熟虑地接近新事物。他满足于到手的麻雀,让别人去追逐天空里的仙鹤"。可是列伯莱赫特·比尤特纳尔还算是一个在智力、能力、事业心方面都杰出的人。而他的儿子,小说的主要人物,我们已经知道的特劳果特·比尤特纳尔,就是一个平庸的人,因此也就是他的阶层的更典型的代表,他以一个纯粹的保守主义者出现在我们面前。作者说:"老比尤特纳尔不是一个幻想的人。他的兴趣总是倾向最严格的和冷静的实际,而且繁重的工作不让他有余暇去作任何的想象或是空洞的幻想。但是只有一样思想深深地盘踞在他的心灵里:他常常想到过去。过去对于他是他现在的生活的经常的伴侣,并且用他懂得的语言跟他谈话。……过去对于他不仅成了他的心灵喜爱的地方,而且甚至于是对他的一切事情起决定作用的人物。他的志愿、意图、行为举动,都是跟他的祖先联系着的……同时,他几乎从来不谈起过去。一切的议论,因为它们对于达到一定的实际的目的没有用处,他认为都是无谓的事。"

一个有这样的心情的人,假如他去从事社会活动,那末自然,他就会想"向后倒转历史的车轮"。但是他过分专心于自己个人的利益了,不想去从事这样的活动。在他的眼睛里看来,这也同样是无谓的幻想。

德国农民特劳果特·比尤特纳尔的性格的许多特点,不禁令我们想起已故的格·伊·乌斯宾斯基的一篇随笔里出现的俄国农民伊凡·叶尔摩拉也维奇,那是写得——顺便说一句——有更大的艺术才能的。这种相似没有什么奇怪:相似的社会原因,自然,产生相似的精神结果。不过这种相似,遇必要时,倒可以用来作为一种保证,证明这两个性格都是忠实于现实的。

假如造成类似特劳果特·比尤特纳尔这样典型人物的社会条件,在几千年的过程中间没有改变,那末这些典型人物的心理也就丝毫不会改变。但是德国——不是中国,因此比尤特纳尔的保守主义并不能使他免于"新潮流"的灾难。这个新潮流以生存斗争的各种手段侵入他的生活,于是使他的经济破产,使他的大儿子卡尔成为一个悲惨的乡村的酒徒,并且促使他自己,如我们已经知道的,自杀了。他的小儿子,上面说过的古斯达夫,起初到萨克森去做夏季短工,而后就到大城市中心去了,在那里,这个直到这时候没有任何文化生活的精神兴趣的野蛮人,渐渐地卷入了伟大的社会运动的巨流。他的从前的同事和忠诚的朋友,快乐的、无忧无虑的游荡者格希凯，大为社会民主党人的宣传所感动，把他带到"失业者"的集会上去，于是在他眼睛前面打开了一个新的、他没有看见过的世界："古斯达夫十分地困惑。原来他们的外表都是最贫穷的人和流浪者，那是他不止一次从他父亲家门口赶走过的。可是现在他应当羞愧地承认，这些卑微的人远远地胜过他。他们多么会找出话来表达自己的思想！他们叙述了自己的穷苦的状况，报道了他们在工厂里，在矿山里，或者在公路上经过亲身体验所获得的所知道的许多事情。他们讲到富人的无情，又讲到业主的残忍！然后他们叙述了自己家庭的困苦。并且，在现在的阴暗的背景上未来的图画更鲜明地放出光辉来了：他们的要求，他们的勇敢的希望，以及对于应该来临的——平等，他们的痛苦的报酬，幸福，——地球上的乐园的期待，那乐园是他们的教师对他们预言过的，它的光辉已经在他们的眼前照耀着。这些人的话触动了古斯达夫的心，他觉得他们所叙述的贫穷困苦，好像就是他自己的贫穷困苦。他完全站到他们的方面去了。他了解鼓舞着他们的是什么。那是共同的事业。全体共同的一个希望，一个精神，一个思想表现在他们的眼睛的视线里，支配着他们面部的表情，他们的行动，他们的语言。一个观念充满了他们，坚强了他们的精神，鼓舞着他们的热情，他们的希望，把他们提高得高于他们自身，并且使每个人个个都显得分外高大……现在的生活对于他们，好像是阴暗的深深的地窖，远远地离开地面上的一切光辉灿烂的美。他们的视线凝视着上方那个不大的遥远的洞口，太阳的光线和温暖从那里透进来；他们想要上去，到那里去。"

在军队里服役的时候，自然，古斯达夫不止一次听到过对社会民主党人的攻击，于是"红色"这个名词在他就成了骂人的话了。现在他明白了自己的错误。

"在这天晚上他弄清楚了一桩事情：这些都不是坏人。不是仇恨和卑鄙引导着他们，——吸引他们的是那个也鼓舞着他和所有其他的人的憧憬，那就是——改善命运的愿望。"

既然看见了光明，古斯达夫就离开不得它了。他又去参加了一些别的集会。"他听了国会里工人政党的议员的演说。经过格希凯他认识了一些党员。他知道了一个强有力的，分布广泛的团体的存在，它的势力深深地渗入一切生活关系之中。并且他看到的愈多，他所知道的一切就愈吸引他。他仿佛是站在一个旋涡的边沿上。他觉得旋涡抓住他，又推开他，但是愈来愈甚地把他卷进注定了的团体里去了。"

封·波连茨在他的小说里一点没有说到他自己的政治社会的见解。但是从某些迹象看来，我们可以断定地说，他决不是一个社会民主党人。在他的描写里甚至于可以看到一些特点，它们使人不由地想到，虽然他把工人的集会描写得像是崇高的道德的理想主义的学校，但是在灵魂的深处他还没有完全摆脱把无产者看成是没有任何道德基础的人的那种见解。因此他给与我们的德国的党的这个正义的礼品，对于我们也就更为可贵。社会民主党把觉悟之光和伟大的高贵的热情的火带到劳动群众之中。还有什么比这更高的社会任务？

很有意思的是，也可以提出这样一点心理上的观察：为了参加我们这个时代伟大的解放运动，农民应当抛弃自己的农民的观点，并且转到无产阶级的观点上来。

列·尼·托尔斯泰伯爵给封·波连茨的小说写了一篇序言，在这篇序言里他赞扬了这本确实值得称赞的艺术作品之后，说到真正的文学批评应该是什么样的批评。他——十分反对那种批评文章，它们写出来其实不是论艺术作品的，不过只是借题发挥而已。可是他的序言本身也就是这样一篇批评文章，那里面关于封·波连茨的小说谈得很少，正是借题发挥的话谈了很多。

我们手边没有《农民》的德文原本。因此我们不知道维·维里奇金娜（В. Вельгина）夫人是否翻译得处处全都确切。我们只能够看出她卓越地运用了我们的强有力的、富于变化的、丰富的语言。而这"在现在的时候"已经是翻译者方面的大功绩了。

亨利克·易卜生

一

亨利克·易卜生死了（生于一八二八年），现代世界文学里最杰出的最吸引人的作家之一离开了舞台。作为一个剧作家，他几乎高于跟他同时代的所有的人。

自然，那些把他跟莎士比亚相提并论的人，显然地失之于夸大。作为艺术的作品，他的剧本不可能达到莎士比亚的剧本的高度，即使是说，假如他拥有莎士比亚的才能的巨大的力量。即使是那样，在他的作品里也显然存在着某种非艺术的——我还要说——反艺术的因素。谁要是仔细地读过并且反复地读过易卜生的剧本，他就不能不注意到这种因素的存在。正是由于这种因素，他的剧本有许多地方充满那样引人入胜的兴趣，有许多地方却几乎是枯燥无味的。

假如我是一个反对艺术里的思想性的人，那末我就会说，在易卜生的剧本里出现上述的因素，正是由于它们完全渗透了思想性的原故。并且这样的评论，初初看来可能好像是非常之恰当的。

但是它也只能初初看来如此。如果对问题仔细地加以研究，这种解释就不得不取消了，因为它完全没有根据。

问题何在呢？它在于此。

莱奈·杜密克[1]公正地说过，作为一个艺术家，易卜生的显著的特点是"爱好思想，这就是忧虑道德，关心良心问题，要求从一个共同的观点来看日常生活的一切现象"。这个特点——这个思想性，——就它本身来讲，不仅不是缺点，而且相反地，是极大的优点。

正是由于这个特点，我们不仅爱易卜生的剧本，而且爱易卜生这个人。正是由于这一点，他才有权利说他在一八六七年十二月九日给边生[2]的信里所说的那样的话：他在自己的生活方向上是严肃的。最后，正是由于这一点，他才成为——如那位杜密克说到他的——"人的精神的反叛"的最伟大的教授之一。[3]

"人的精神的反叛"的宣传本身完全不排斥艺术性。但是宣传必须要明白而且彻底，宣传者必须要很好地了解他所宣传的那些思想；它们必须要成为他的血和肉；它们必须要不会在进行艺术创作的时候使他惶惑，使他混乱，使他感到困难。假如这种必要的条件不具备，假如宣传者没有完全成为自己的思想的主人，假如再加上他的思想不明白不彻底，那末思想性就会对艺术的作品有不好的影响，那末它就会带来冷淡、厌倦、枯燥。但是要注意，在这里过错并不在于思想，而是在于艺术家研究思想的本领，在于艺术家出于这种或者那种原因，没有把思想贯彻到底。所以，跟初初看来情形相反，问题不在于思想性，而——恰好相反——在于思想性的不足。

"人的精神的反叛"的宣传带给易卜生的创作以伟大的和吸引人

---

[1]〔译者注〕莱奈·杜密克（René Doumic，1860—1937），法国批评家。
[2]〔译者注〕边生（Björnstjerne Björnson，1832—1910），挪威著名的小说家、剧作家，易卜生的好友。
[3]〔原注〕Le théâtre d'Ibsen, *Revue des Deux Mondes*，15 juin，1906.（易卜生的戏剧，《两世界杂志》，一九〇六年六月十五日。）

的因素。但是当他宣传这种"反叛"的时候，他自己也不大知道应该反叛的是什么。因此他，——在类似的情形里始终是如此，——为了"反叛"而尊重"反叛"。可是当一个人为了"反叛"而尊重"反叛"，当他自己并不清楚应该反叛什么的时候，他的宣传就必然要成为模糊的。并且，假如他是用形象思维的，假如他是艺术家，那么他的宣传的模糊性就一定会使得他的形象缺乏明确性。抽象性和图式化的因素就要侵入艺术的作品。而这种不好的因素无疑地出现在——这对它们是很大的损害——所有的易卜生的思想剧里。

我们即使拿《卜朗德》[1]来看。杜密克称《卜朗德》的道德是革命的道德。而它，无疑地，是这样的，因为它"反叛"资产阶级的庸俗性和两面性。卜朗德——一切的机会主义的不妥协的敌人，从这方面来说他很像一个革命者，但是仅仅是像，并且仅仅是从一方面来说。听听他的话吧，他说：

年青的、强壮的人们，跟我走！
你们的生气勃勃的气息
会把这个霉烂的角落里的灰尘
扫除一个干净！
我将引导你们走向胜利！
迟早你们都必定会觉醒，
变得更高尚，更纯净，
打断那妥协的锁链。
这就赶快地

---

[1]〔译者注〕易卜生早年的一个韵文剧本。

> 摆脱懦怯的桎梏，
> 脱离分裂的泥沼吧！
> 用所有的力量
> 去勇敢地打击敌人，
> 去跟他们战斗——
> 作一个决死的斗争！

这个说得很不坏。革命者都愿意对这些话鼓掌。但是那个应当"用所有的力量打击"的敌人在那里呢？为了什么必须要跟他们作决死的战斗？在卜朗德的热烈的宣传里跟"俱无"对立的"全有"是什么？连卜朗德自己也不知道。因此，当群众对他喊道："领路吧！我们全都跟你走！"他只能够对他们提出这样一个行动的纲领：

> 往高处去，沿着冰河的
> 冻结的波浪，
> 往低处去，沿着山谷，村庄，
> 远远近近——我们要走遍
> 整个的大地，
> 解开一切罗网和陷阱，
> 放出那些陷落在里面的灵魂，
> 我们要革新和清洗他们，
> 消灭一切萎靡、怠惰的遗迹，
> 我们将要真正地做——人，
> 牧师；革新旧的铸型，
> 把国家化为庙堂！

看一看吧，这能有什么结果。

卜朗德向他的听众提出打断妥协的锁链并且果决地进行工作。这个工作是什么呢？那就是革新和清洗落入陷阱的灵魂，消灭他们身上的一切萎靡和怠惰的遗迹，也就是为了教所有的人打断妥协的锁链。可是当他们打断了这种锁链的时候，将要怎样呢？这个卜朗德既不知道，易卜生本人也不知道。因为这个跟妥协的斗争，它本身就是目的，也就是说它无目的，所以在剧本里这个斗争的描写——卜朗德和跟着他走的人群的旅行，"沿着冰河的冻结的波浪往高处去"，——结果是不艺术的，而且，或许，甚至是反艺术的。我不知道它使你们发生什么感想，可是它使我想起堂·吉诃德来：厌倦了的群众对卜朗德所发的怀疑的批评，不由地令人想起桑科·庞沙对他的骑士主人所发的那些批评。但是塞万蒂斯说笑话，可是易卜生却在说教。因此比较起来，就显出对于这位后者是极其不利的。

易卜生之所以吸引人，是因为他的"道德的忧虑"，他对良心问题的关心，他的说教的道德的性质。但是他的道德，好像康德的道德一样，同样地抽象，因此也是同样地没有内容。

康德说，假如向逻辑提出一个问题，什么是真理，并且努力从它得到对这个问题的回答，那就会弄出一种可笑的情形，好像一个人去挤公山羊的奶，而另外一个人——把筛子放在底下去接奶。

关于这一点黑格尔公正地指出，当人们向纯粹的实用理性提出什么是权利和义务的问题，并且企图借助于那种理性来回答它的时候，他自己也会弄到完全同样的可笑的情形。

康德认为道德的法则的规范不在内容，而在意志的形式，不在于我们想望什么，而在于我们怎样想望。这个法则没有任何内容。

用黑格尔的话来说，这样的法则"仅仅指示不可以做什么，但是没有说应当做什么。它绝对不是肯定的，而是否定的；它有不确定的或是无限度的性质，其实道德的法则在本质上应该是绝对的而且肯定的。因此康德的道德的法则没有道德的性质。"[1]

正是同样的情形，卜朗德所宣传的道德的法则也没有道德的性质。由于它的空洞，它显得完全是不近人情的，这一点，例如，在卜朗德要求他的妻子为了行善施舍那顶小帽子的一场里就很明显地可以看到，那顶帽子是她的婴儿戴着死去的，并且，据她说，它是湿透了她的眼泪收藏在她的怀里的。所以当卜朗德宣传这个正是由于它没有内容因而不近人情的法则的时候，他是在挤公山羊的奶，而当易卜生用生动的形象向我们提出这个法则的时候，他令人想起那个想去帮助挤公山羊的奶，把筛子放在底下去接奶的人。

是的，人们可能对我说，易卜生本人对他的主人公的说教作了重大的修正。

当卜朗德被雪崩压死的时候，有一个"声音"对他喊道，上帝是 deus caritatis[2]。但是这个修正完全没有改变什么东西。虽然如此，在易卜生的眼睛里道德的法则本身仍然就是目的。所以，假如我们的艺术家把一个宣讲仁慈的主人公带到我们面前，那末他的说教也不会比卜朗德的说教较少抽象性。他不过只是以这样或那样的形态出现罢了，例如像建筑师索尔纳斯，像雕刻家鲁贝克（"当我们，死人，觉醒的时候"），像罗斯木尔，甚至于像——说来很奇

---

[1]〔原注〕参看库诺·费希尔，《新哲学史》，第八册，圣彼得堡版，一九〇二年，二七九、二八〇页。

[2]〔俄文本编者注〕仁慈的神。

怪!——临死之前的破产的生意人约翰·加布里尔·波尔克曼[1]。

他们全都有往高处去的意图,这仅仅说明了易卜生并不知道他们应当往何处去。他们全都在挤公山羊的奶。

人们会反驳我说:"但是这是——象征!"——我就要回答:"自然!但是整个的问题在于为什么易卜生不得不采用象征。这是一个很有兴趣的问题。"

一个法国的易卜生崇拜者说:"象征主义是那样一种艺术形式,它同时满足我们的描写现实的愿望和超越现实的界限的愿望。它把具体的跟抽象的一齐给与我们。"但是,第一点,那种把具体的跟抽象的一齐给与我们的艺术形式,是极其不完善的,由于混合抽象的概念,结果十分生动的艺术的形象失去了血色和生气;而第二点,为什么需要这样混合抽象的概念?就刚才我所引的那段话的意思看来,它之所以需要:因为它是超越现实的界限的方法。但是思想超越现在的现实的界限——因为我们总是只跟现在的现实发生关系,——可以走两条路:第一条,走进抽象的领域里去的象征的路;第二条,走现实本身所走的路,通过它,现实——今天的现实——由于本身的各种力量发展了自己本身的内容,超越出自己的界限,超越过自己本身并且为将来的现实创造了基础。

文学的历史表明着,人的思想超越现在的现实的界限有时候走第一条路,有时候走第二条路。它走第一条路,那是当它不能以理解现在的现实的意义并且因此不能够确定它的发展的方向的时候;它走第二条路,那是当它能以解决这个有时是很困难的,并且甚至于是解决不了的问题的时候,并且当它,用黑格尔的美丽的语句来

---

[1]〔译者注〕都是易卜生作品里的主人公:索尔纳斯(《大匠》),罗斯木尔(《罗斯木尔庄》),约翰·加布里尔·波尔克曼(《约翰·加布里尔·波尔克曼》)。

说，处于说得出"唤起将来的形象的、诱惑的语言"的状况的时候。但是能够说出"诱惑的语言"是力量的征象，而不能够说出这种语言——是软弱无力的征象。所以，当现在的社会的艺术里出现象征主义的倾向的时候，这就是可靠的征象，表明这个社会的思想，——或是这一社会在艺术上打下自己的印记的那个阶级的思想，——不能以深刻理解当前进行的社会发展的意义。象征主义——这类似贫困的一种表现。当思想用对现实的理解武装起来的时候，它没有必要走进象征主义的荒野。

人们说，文学艺术是社会生活的镜子。如果这是正确的，——而这毫无疑问是正确的，——那末，很明显，象征主义的倾向，这种社会思想贫困的表现，在这种或者那种社会关系的结构里，在这种或者那种社会发展的过程里有它自己的原因：因为社会意识为社会生活所决定。

这些原因是什么呢？我正想要回答这个问题，因为它触及到易卜生。但是首先我想充分地来讨论一下那些表明我的说法是不对的材料，因为我说：易卜生好像是他的卜朗德，自己不知道决定了"打断妥协的锁链"的人们应当往那里去；易卜生所宣传的那种道德的法则是没有任何明确的内容的。

让我们来看看，易卜生的社会见解是什么样子。

全都知道，无政府主义者认为他是自己的或者差不多是自己的作家。

白朗德斯[1]确定地说，一个"投炸弹的人"在法庭上在他的辩

---

[1] 〔译者注〕白朗德斯（Georg Brandes，1842—1927），丹麦著名的批评家和文学史家，名著是《十九世纪欧洲文学的主要派别》。

护词里引用易卜生的话，好像引用无政府主义学说的代表者的话一样。[1] 我不知道白朗德斯指的是一个什么样的"投炸弹的人"。不过几年之前，我在日内瓦的剧院里看"斯托克曼医生"[2]的演出，亲自看到一群也在场的无政府主义者，十分赞同地倾听那位正直的医生反对"团结的多数人"和反对普遍选举权的热烈的长篇演说。应该承认，这个长篇演说实在会令人想起无政府主义者的议论来。还有易卜生本人的许多见解也是如此。请想一想，例如，易卜生是多么地憎恶国家。他写信给白朗德斯说，他愿意去参加以反对这个他所憎恶的制度为目的的革命。或者是读一读他的诗：《给我的朋友，革命演说家》。从这首诗里我们看到，易卜生认为值得赞同的只有一种革命：全世界的大洪水。但是当时连"魔鬼都被欺骗了，因为诺亚，你们都知道，在洪水上面依然做他的主人"[3]。来造 fabula rasa[4]！——易卜生喊道，——我也要跟你们一起干。已经完全是无政府主义式的了。可以想到，易卜生是很读了一些米·阿·巴枯宁[5]的著作的。

但是不要根据这一点就急忙地把我们这位戏剧家列进无政府主义者里面去。同样的话有完全不同的意思，在巴枯宁的嘴里，是一个意思，而在易卜生嘴里——是另外一个意思。就是这位说准备参加以反对国家为目的的革命的易卜生，他也很清楚明白地表示，在他看来社会关系的形式没有意义，而重要的只是"人的精神的反

---

[1]〔原注〕Georg Brandes, Gesammelte Schriften, Deutsche Original Ausgabe, 4. B., S. 241.（格沃尔格·白朗德斯，文集，德文原版，第四集，二四一页。）
[2]〔译者注〕即易卜生的名著《人民公敌》。
[3]〔译者注〕《旧约》"创世记"说：上帝降洪水毁灭地上罪恶的人类，只留义人诺亚。诺亚遵照上帝的话，造了一只方舟，跟他一家人躲避洪水，得免于难。
[4]〔译者注〕拉丁文：船板。
[5]〔译者注〕米·阿·巴枯宁（М. А. Вакунин, 1814—1876），俄国无政府主义者。

叛"。他在一封给白朗德斯的信里说，他觉得我们俄国的政治制度是最好的政治形式，因为这种制度引起人们对于自由的最强烈的渴望。那末这就是说，为了人类的利益需要永远保存这种制度才好，所有那些力图消灭这种制度的人是违反了人类的精神的。米·阿·巴枯宁，自然，是不能同意这些话的。

易卜生承认，现代的法制国家跟那些警察国家比较起来有某些优点。但是这些优点仅仅从公民的观点看来才有意义，而一个人完全没有必要做一个公民。在这里易卜生十分接近政治的冷淡主义，所以毫不奇怪，他，这个国家的敌人和"人的精神的反叛"的不倦的宣传者，竟然愿意跟历史上所仅见的最不得人心的国家体制之一和解：大家都知道，他真诚地惋惜意大利的军队占领罗马[1]，这也就是说，惋惜教皇的世俗政权的垮台。

谁要是没有看到他所宣讲的"反叛"，跟卜朗德的道德的法则一样，是没有内容的，谁要是没有看到正是由于这一点产生了我们的作者的戏剧作品的缺点，那他是完全不了解易卜生的。

易卜生的"反叛"的空洞性多么有害地影响了他的艺术创作的性质，正是他的那些最好的戏剧表现得最为明显。即使拿《社会柱石》来看吧。这个剧——在许多方面都是卓越的作品。它无情地，同时又是艺术地在我们面前揭穿了资产阶级社会的道德的腐败和假仁假义。但是它的结局怎么样呢？易卜生所抨击的资产阶级伪君子里最典型的最根深蒂固的一个，康苏尔·贝尔尼克，结果承认了自己道德的腐败，他大声地差不多在全城人的面前坦白承认这件事情，

---

[1]〔译者注〕一八七〇年九月，意大利的军队占领罗马，完成意大利的统一，教皇国于是最后消灭，只剩下梵蒂冈一个城。

并且感动地宣布他所得到的发现,就是:社会的柱石——那是女子,对于他这句话,他的那位正直的亲戚,海赛尔女士使人感动地郑重地提出异议,她说:"不,自由和真诚——那才是社会的基础!"

假如我们问一问这位正直的人物,她所争取的是什么样的真诚,她所希望的是什么样的自由,那么她会说,自由就是不管社会舆论的独立,而对于真诚的问题,大概,她会回答说,请看剧本的内容。康苏尔·贝尔尼克在年青的时候跟一个女演员有恋爱关系,当这个女演员的丈夫知道了她跟某某一位先生发生了关系,并且当事情要闹成一桩可怕的丑事的时候,贝尔尼克的朋友约翰·坦尼孙自己担当了罪过,就到美洲去了,于是他,顺便,又把偷钱的罪名加在他的身上。过了许多年,康苏尔·贝尔尼克在这个谎骗的基础上又作了第二层和第三层的谎骗,构成了一大堆层层叠叠的谎骗,可是,这并没有妨害他成为"社会柱石"之一。如我们已经知道的,将近戏剧结尾的时候,贝尔尼克公开地承认了几乎他的所有的罪恶,——不过他仍然隐瞒了某些事情,因为他发生这种意外的道德的剧变一部分是受了海赛尔女士的有益的影响,那末从这里可以看出,按照她的意见,应当做社会的基础的是什么样的真诚。假如你跟女演员们玩笑,那末你就说在这件事情上有罪过的就是你,而不要去冤枉自己的亲友。关于钱的事情也是如此:假如并没有人偷了你的钱,那末就不应当做出仿佛它们被什么人偷去了的样子。这样的真诚有时候可能在社会舆论里使你受到损害,不过海赛尔女士已经告诉过你,对于它需要采取完全独立的态度。让所有的人都遵循这种高超的道德吧,于是很快就会到来不可名状的社会的幸福的时代。

大山生的是小老鼠！[1]在这个卓越的戏里精神"反叛"了，可是仅仅是为了使自己安心，并且说出一种最陈腐的最枯燥无味的老生常谈来。不见得再需要补充说明了吧，戏剧的冲突这样的，真正是儿戏的解决，不可能不损害美学的价值。

那位最诚实的斯托克曼医生呢！他束手无策地在一串最可怜的和最明显的矛盾里弄昏了头脑。在第四幕，在人民集会的那一场，他"自然科学地"证明，民主派的报纸称人民群众为国民的真正的核心是可耻的谎话。"民众不过是原料，我们这些优秀的人，应当用它来制造国民。"很好！但是从那里知道，"你们"——就是优秀的人呢？于是这就开始一连串的，在医生看来，反驳不了的自然科学的证明。在人类社会里总是重复那些我们在有生活的地方到处都能看到的东西。"看看普通的农民的鸡吧。那种枯瘦的动物有多少肉？那简直不值得一谈！那样的鸡能生什么样的蛋？任何一只稍稍尊重自己的乌鸦也要生差不多完全一样的蛋。现在拿一只西班牙鸡或是日本鸡来看，你就会看到完全另外一回事情了！我还要请你们来看一看狗，我们，人，是常常接近它的。首先请想一想普通的农民的狗……然后拿这种狗跟许多代的祖先住在好房子里，听好听的声音和音乐的卷毛狗比较一下。你们不会想到，卷毛狗的脑子不比普通狗的脑子发达得多得多吗？是的，你们可能完全相信这一点的！正是那些有文化的卷毛狗，耍把戏的人能教它们玩许多奇妙极了的把戏。普通的狗是无论如何都学不会的。"

我要把这个问题完全放在一边，即：日本鸡，卷毛狗，或者一般地说养驯的动物的这一种那一种的变种，能不能够列入动物界里

---

[1]〔译者注〕意即虎头蛇尾。

"优秀的"动物之列。我只想指出这一点，那些"自然科学的"论据把我们这位医生自己打垮了。事实上，按照他的意思说来，只有那些许多代的祖先"住在好房子里，听好听的声音和音乐"的人，才能算是优秀的人，社会的领导人物。我要冒昧地提出个不客气的问题：斯托克曼医生自己是不是一个那样的人呢？关于他的祖先在易卜生的剧里完全没有任何提示；不过斯托克曼一家未必是贵族。至于说到他本人的生活，那它显然可见的是无产阶级知识分子的充满了贫困的生活。所以，像克雷洛夫[1]的农夫有一回劝他的鹅一样，假如他不去打扰祖先的安宁，他会做得更好得多。无产阶级知识分子是强有力的，——他之所以强有力，——这不是因为祖先，而是因为他自己在或多或少的劳动生活过程中获得的那些新知识和新思想。

但是问题也就在这里，斯托克曼医生的思想既不新，而且贫乏无力。这是——杂乱的思想，像已故的卡罗宁[2]所说的。我们的医生跟"多数人"作战了。战争是因为什么引起的呢？

因为"多数人"不愿意实行根本改建浴场，为了病人的利益那是绝对必要的。

既然这是如此，那末斯托克曼医生应该很容易想到，在目前的情形下面，正是那些从四面八方跑到这个城市来的病人是"多数"，同时那些反对改建的城市居民对于他实在只是少数。假如他观察到了这一点，——而观察到这一点，我要重说一遍，是很容易的：这是近在眼前的，——那末他就会看到，大声疾呼地反对"多数"在

---

[1]〔译者注〕克雷洛夫（И. А. Крылов, 1769—1844），俄国伟大的寓言作家。
[2]〔译者注〕卡罗宁（Каронин），彼得罗巴甫洛夫斯基（Н. Е. Петропавловский, 1857—1892）的笔名，俄国小说家。

目前的情形下面完全没有意义。但是这还不是一切。我们的主人公跟他们发生冲突的，城市里的那个"团结的多数人"是些什么人组成的呢？第一，是浴场的股东们；第二，房主们；第三，那些见风转舵的报馆记者和印刷所老板；最后，第四，处在这三种分子影响之下因此盲目随从他们的，城市的平民。跟前"三"种分子比较起来，自然，平民是"团结的多数人"里的"多数"。假如斯托克曼医生把他的明智的注意力转移到这一方面来，他会得出比他在易卜生那里所得到的对于他更为需要得多的发现：他会看到，进步的真正的敌人并不是"多数"，他大声疾呼地反对它，令无政府主义者高兴，其实那仅仅是这个多数的发展不够，而这是由于在经济上有势力的少数迫使他们处于依赖的状况造成的。因为我们的主人公讲无政府主义的胡话并非出于恶意，也只是由于发展不够，那末，当他得出了这个发现之后，并且因此向前发展到够远的程度，他就会大声疾呼地不来反对多数，而来反对在经济上有势力的少数了。那时候，或许，无政府主义者要停止对他鼓掌了；不过另一方面，那时候真理就会赞成他了，真理是他向来热爱的，可是由于上述的发展不够的原故，他从来是不了解它的。

无政府主义者不是无故地向斯托克曼医生鼓掌的。他的思维的那些显著的缺点，正是他们自身的思想方式的特点。我们的正直的医生的思想是极端抽象的。他仅仅知道真理和错误之间的抽象的对立；他大谈其卷毛狗的祖先，而没有想到就是按家系来讲，真理可能属于不同的种类的。

在"大改革时代"[1]俄国的农奴制度拥护者中间，确实，有许

---

[1]〔译者注〕指一八六一年俄国废除农奴制度前后。

多人比他们的"受过洗礼的财产"[1]更有文化得多。那样的人，自然，不认为雷是先知伊里亚坐着他的战车在天空里游玩引起的。假如谈到雷雨的原因的话，那末真理就会是在少数——有文化的农奴制度拥护者方面，而不是在多数——没有文化的农奴"百姓"方面。好，可是假如谈到农奴制度的话，就会怎样呢？那末多数——那些没有文化的农民——就会表示赞成废除它，而少数——那些有文化的农奴制度拥护者——就叫喊起来了，说废除它——就是动摇整个的"神圣的基础"。这时候真理是在什么人的方面呢？我以为，它不在那些有文化的少数方面。一个人——或者阶级，阶层——判断自己本身的事情决不总是正确无误的。但是我们有充分的根据说，当一个人——或者阶层，阶级——判断自己本身的事情的时候，那末我们有无比之多的机会从这个人那里听到关于这件事情的正确的判断，比较从那个虽然更有文化，但是因为对它有利益关系而曲解这件事情的人。如果这是如此，那末很明显，当谈到社会关系的时候，——因此，也就要谈到不同的阶级或者阶层的利益，——认为少数总是对的，而多数总是错的，那就是极大的错误。完全相反。社会关系直到今天是这样形成的，多数人受少数人剥削。因此，为了那些少数的利益，在涉及社会关系的这个基本事实的一切问题上面真理总是被歪曲了的。

剥削人的少数不能不说谎，或者——因为他们说谎并不总是有意识的，——没有可能不错误。而被剥削的多数不能不感到——像德国人说的，——鞋子挤他们的脚，并且不能不想要修理鞋子。换而言之，客观的必然性使多数的眼睛转到真理的方面，而使少数的

---

[1]〔译者注〕指农奴。

眼睛——转到错误的方面。可是在剥削人的少数人的这个根本的错误上，建筑起了附属于这个错误的、妨害他们正视真理的、整个的和非常复杂的上层建筑。于是，为了期待这个少数热心于真理并且大公无私地来为它服务，这就需要斯托克曼医生那一番天真的话了。

二

斯托克曼医生会反驳我说："但是剥削人的少数——那决不是优秀的人。优秀的人——是我们，知识分子，靠自己的而不是别人的脑力劳动生活，并且不屈不挠地追求真理的人。"

假定如此。但是你们，"知识分子"，不是从天上掉下来的，而是产生你们的社会阶级的骨肉之骨肉。你们是这个阶级的思想家。阿里斯多德无疑地是个"知识分子"，但是，当他说自然本身注定了某一些人当奴隶而另外一些人做主人时，他仅仅是把他当时有文化的希腊奴隶主的见解提高到理论。

什么样的知识分子在社会里起革命的作用呢？

那样的——也只有那样的，——知识分子，他们在涉及社会关系的种种问题上能够站在被剥削的多数人方面，并且能够放弃对民众的轻视，那常常是"知识分子"所固有的。

当西叶士神甫[1]写他的著名的小册子《什么是第三等级？》的时候，他在那里面证明这个等级是"除去特权阶级以外的所有的国民"，他是以前进的知识分子的身份出现的，并且是站在被压迫的多

---

[1] 〔译者注〕西叶士神甫（Sieyès, 1748—1836），法国一七八九年大革命时期著名的活动家之一。

数的方面的。

但是当时他抛弃了真理和错误的抽象的对立的观点，并且站在具体的社会关系的基础之上。

而我们这位斯托克曼医生愈来愈高地走入抽象的领域，甚至于毫不疑惑，当涉及社会问题的时候是不是跟研究自然科学的问题不同，应当从完全另外一条路走向真理。他的议论，使我想起马克思在《资本论》第一卷里批评那些没有应有的方法论的修养，而来解决社会问题的自然科学家所说的话。

这些人在他们的专门的学问上是唯物论地思考的，在社会科学上却是最纯粹的观念论者。

斯托克曼在他关于人民群众的特性的"自然科学的"论断上就是一个最纯粹的观念论者。照他的话说来，他发现群众是不可能自由思想的。为什么呢？这就请听一听吧，不过请不要忘记，对于斯托克曼，自由思想的意义"差不多也就是"道德。

  幸而，文化败坏道德这种话，不过只是一句陈旧的、传统的谎话。不是的，败坏道德的是愚昧，贫穷，恶劣的生活条件。住的屋子如果不天天打扫，换换空气，——我的妻子卡吉林娜主张甚至于也要天天刷洗地板，不过关于这一点还可以讨论，——好，住在那样的屋子里的人，我要告诉你们，在那末两三年里头就会失去按照道德来思想行动的能力。缺乏氧气良心就会枯槁。所以，大概，在我们城里许多人家都非常地缺少氧气，因为这个团结的多数人居然这样地没有良心，准备在谎骗和欺诈的泥沼上建立自己的富源。

于是，假如浴场的股东和房主们想要欺骗病人，——我们已经知道，提倡欺骗的正是股东的代表们，——那末这是因为他们的贫困使得他们屋子里缺乏清洁的空气的原故；假如我们的部长们用种种谎话来为反动势力服务，那末这是因为在他们华丽的官邸里地板很少打扫搞出来的；假如我们的无产者对部长们的谎话感到愤怒，那么这是由于他们吸了许多氧气引起的……特别是当他们在失业期间被人从屋子里赶到街道上去的时候。在这里斯托克曼医生达到了思想混乱的无限世界的赫尔古里斯之柱[1]了。也在这里比在任何地方都更明显地表现出他的抽象的思维的弱点。认为贫穷是道德堕落的根源，认为那些把道德堕落归罪于"文化"的人是错误的，自然，这是十分之对的。但是，第一点，一切的道德堕落都是因为贫困，"文化"在一切的情况下都使人高尚，这是不真实的。第二点，无论贫穷使人堕落的影响多么大，然而"缺乏氧气"并不妨碍我们今天的无产阶级对于现在的时代里一切最前进的、真诚的、高尚的事物，比所有其他的社会阶级更容易感应得多，简直不能够比较。说一定的社会贫穷，那还并不是说明贫穷对于它的发展有什么样的影响。缺乏氧气在社会发展的代数的总和里始终将是一个负数。不过假如这种缺乏不是因为生产力的不足，而是因为生产关系的缺点，以至于弄得生产者过贫困的生活，同时占有者却穷奢极欲，挥霍无度，——总之，假如"缺乏"的原因是在社会本身，那时候，它就会一方面使某些阶层愚昧和堕落，同时另一方面产生革命的思想并且在主要的群众中激起革命的情绪，使他们对现存的社会秩序持反对的态度。这个，正就是我们在资本主义的社会里所看到的情形，

---

[1]〔译者注〕指直布罗陀海峡两岸矗立的岩石，意即"极限"。

在这个社会里在一极累积着财富，而在另一极是——贫穷，不过跟贫穷一起也有对于自己的处境不满的革命情绪和对于自己的解放的条件的理解。但是天真的医生对于这种情形毫无了解。他绝对不能够理解怎样无产者可以高尚地思想行动，尽管他们呼吸污浊的空气，并且他们家里的地板常常是说不上清洁的。正是因此，斯托克曼医生虽然不断地自负为最前进的思想家，站在"人类的前哨"，却在他的那番无谓的演说里讲出那样的学说，按照那个学说，群众、平民、愚昧无知的民众就是社会的核心。……"这个民众里的那些普通人，那些社会上没有知识和能力不够的分子，跟独立高超，才智优秀的人物的代表们一样，有同样的审判、赞成、反对、主持和治理的权利。……"于是因此，这位"才智优秀的人物"的代表像最新的发现一样得出了他的结论，那个结论斯托克曼曾经又把它推进一步，进而反对民主政治："一个国家里的多数人是由什么样的人组成的？是聪明的人还是愚蠢的人？我想，全都同意，愚蠢的人现在在整个的地球上占绝对而又绝对的多数。可是对不对呢，愚蠢的人管理聪明的人？"一个到会的工人这时候喊道："把这个人赶出去，讲这样的胡话！"他真诚地把斯托克曼当作人民的敌人。并且从他的立场看来他是对的。

自然，当医生要求根本改建浴场的时候，他对人民丝毫没有恶意。完全没有，在这件事情里他不是人民的敌人，而是人民的剥削者的敌人。但是，在跟这些剥削者进行斗争的时候，他，由于误解，拿出那些害怕人民当权的人们想出来的论据来反对他们。他自己没有想到也没有注意到，就像一个人民的敌人，反动政治的辩护者那样说起话来了。

很有意味的是，在边生的剧本《超人之力》第二部里，像斯托克曼医生那样说话的已经是一个真正的和有意识的"人民的敌人"，以剥削者为职业的企业家果德尔了。

他在跟拉希丽的谈话里（第二幕）说，世界只有到那个时候才是美好的世界，当赋有智慧和意志的人们能够任意自由行动，并且当群众不再倾听乌托邦的话和害人的幻想的时候。"必须开倒车（sic!——格·普[1]）并且把权力只交给那些有魄力和天才的人。我不知道斗争什么时候结束，不过我可以确信地告诉你的是，将来战胜的是个人，而不是群众。"

在另一处地方，在企业家的会上（第三场），他嘲笑工人，工人们在讲你们（那些企业家们亦同——格·普）都知道的他们的历史的时候，说："我们——是多数，我们应该有权力。"可是果德尔说，昆虫也是数目很多的。"不，诸位先生，假如由于投票或者别的什么原因，权力要落到那种样子的多数的手里，——那个多数，不知道秩序是什么，没有彻底的精神，办事的习惯，最后，没有我们的机关所必需的各种学识和技术的传统；我们就只有一桩事情好做了：我们要冷静地，坚决地，用这样一句话大声回答他们：砲拉上来！"

这至少是明白的和彻底的。最善良的斯托克曼医生，大概，会极其愤慨地谴责这种彻底性。他要的是真理，而不是流血。但是问题也就在这里，他自己也不了解他那番关于普选权的高谈阔论的真正的意义。他在惊人的天真里想象，这种权利的拥护者想用普选的方法来解决的是科学的问题，而不是跟群众的利益有最密切关联的社会实际的问题，这些问题假如群众没有权按照他们的利益来解决，

---

[1]〔译者注〕sic!（拉丁文），意为"原文如此！"格·普（Г. П.），格奥尔基·普列汉诺夫（Георгий Плеханов）的缩写。

那就会违反他们的利益予以解决的。有意思的是，这一点直到现在无政府主义者还不懂得。

边生甚至于在他的文学活动的第二个时期，就是当他抛弃了从前的宗教的信仰并且转到现代自然科学的观点上来的时候，——也还没有完全摆脱对于社会问题的抽象的看法。但是，在这个时期他犯这种过错究竟比易卜生少得多了。虽然易卜生在一八九〇年作的一篇宣言里说，他要尽他的能力和环境的可能来努力认识"社会民主主义的问题"，并且说他只是没有可能来研究"属于各种不同的社会主义体系的广泛的著作"[1]，但是根据所有的情形看起来，"社会民主主义的问题"仍然是他的理解十分难以接近的，这如果不是由于他个别地来解决其中的某些问题，那就是由于他解决问题的方法。关于方法易卜生始终是一个道地的观念论者[2]。

这已经造成了许多错误的机会了。不过这还并不是一切。

易卜生不仅抱着观念论的方法来解决社会问题，而且在他的思想里这些问题总是受到过分狭窄的图式化的解说，不适合现代资本主义的社会里社会生活的广阔的范围。而这就最后消失了找到正确的解决的一切的可能性。

---

[1]〔原注〕Henrick Ibsen, Sämtliche, Eerke erster Band, S. 510. （亨利克·易卜生，全集，第一集，五一〇页。）

[2]〔原注〕里亚·谢纳（Ле Шене）论易卜生说（*Mercure de France*, 15 juin, 1906）——（《法国水星》，一九〇六年六月十五日）："他日益严格地运用科学的方法"。这表明里亚·谢纳自己对于方法问题毫不"严格"。事实上，易卜生的好像是科学的方法，在解决社会问题的时候是完全不适用的，甚至于用到个人性质的问题上也不能令人满意。正是因此诺尔多（Нордау）医生才能够责备他的许多重大的错误。不过，诺尔多自己看文学的现象也过分地抽象。

三

这个问题在什么地方呢？一个非常之有才能的、智慧的，并且加之具有最真挚的最强烈的对真理的渴望的人，他的这些思想上的极其严重的失误的原因何在？

整个的问题在于他诞生和成长的那个社会环境对于易卜生的世界观的影响。

维康特·德·科尔维伊和弗·柴贝兰——一本相当有兴趣的书：*Le maître du drame moderne—Ibsen*[1]的作者，——对于伟大的挪威剧作家的世界观是在"泰纳[2]所重视的那个臭名昭著的环境"的影响之下形成的这种见解很为轻视。[3] 他们认为挪威"决不是易卜生的天才发育的环境"。[4] 但是他们完全违反在他们自己的书里搜集的资料。

例如，他们自己就说，易卜生有些剧本完全是在回忆他的童年的影响之下"酝酿而成"。难道这不是环境的影响么？此外，再来看一看，他们自己怎样说明易卜生诞生、成长和发育的那个社会环境。这个环境，——他们说，——显然是"极为平庸"。[5] 易卜生在那里度过少年时代的沿海的小城格里姆斯塔德，在他们的描写里是一

---

[1]〔译者注〕《现代戏剧的大师——易卜生》。维康特·德·科尔维伊（de Colleville）和弗·柴贝兰（Zepelin）都是现代法国作家。
[2]〔译者注〕泰纳（Taine，1828—1893），法国历史家和文学家，名著有《英国文学史》《艺术哲学》。
[3]〔原注〕*Introduction*，p. 15.（序言，一五页。）
[4]〔原注〕同上书，一六页。
[5]〔原注〕*Le maître du drame moderne* etc.，p. 29,（《现代戏剧的大师》等，二九页。）

个典型的庸俗和枯燥的地方。"这个小城的生活来源全在它的海港和商务。在这样的环境里人的思想都不超出物质生活的水平，平常居民有时候出门了，要做的就是这么一桩唯一的事，打听什么时候有船到，顺便看看市场的公报。……所有的人都彼此认识。私人生活的墙上都有许多讨厌的小窟窿，清楚得像玻璃一样。对富翁全都恭恭敬敬地鞠躬，对小康的人礼貌就不这么殷勤了，而对工人或是农民的敬礼只微微颔首回答而已。"[1] 在那个地方一切都做得极端地慢：因为今天做不了的，明天还可以做。一切违背平常的生活习惯的事会遭受严厉的谴责；一切新奇的都是可笑的，一切反常的——都是罪恶的。[2] 而易卜生当时已经就显然表现出倾向新奇和反常了。

不难想到，在这些小市民中间他的感想如何。他们使他生气，他使他们生气。易卜生在《卡吉林娜》[3] 第二版的序言里说到他自己："我的朋友们认为我是个怪人；我的敌人们很愤愤，因为一个社会地位如此之低的人[4]，竟然胆敢评判他们自己也不敢评判的事情。我要补充一句，我的激烈的行为有时候也实在令社会觉得，我有一天会归化资产阶级的美德这件事情希望很少……总之，当时整个的世界为革命思想所激荡，我跟我由于命运和境遇的意志而生活在那里面的那个小社会处于公开的战争状态。"

易卜生后来迁居挪威的京城赫里斯吉阿尼亚[5]，在那里也住得

---

[1]〔原注〕*Introduction*，p. 36—37.（序言，三六、三七页。）
[2]〔原注〕同上书，第三七页。
[3]〔译者注〕《卡吉林娜》（Катилина），易卜生早年作的一个韵文的历史悲剧，可以说是他的第一部著作。
[4]〔原注〕易卜生在格里姆斯塔德做药店的学徒。
[5]〔译者注〕自一九二五年改名为奥斯罗（Oclo）。

不佳。在京城里社会生活的脉搏也跳动得非常缓慢。德·科尔维伊和柴贝兰说:"在这个(即十九——格·普)世纪初,赫里斯吉阿尼亚是一个有六千居民的小城。很迅速地,好像美国城市的发展,它变成一个大约有十八万人口的城市,但是保存着所有的先前的小气:在那里继续盛行造谣、闲话、诽谤、卑鄙。在那里赞扬庸碌并且不承认真正的伟大。斯堪的纳维亚作家们关于挪威京城的生活不体面的方面所写的文章,可以编成一大本书。"[1]

易卜生在这里继续感到窒息,好像他在格里姆斯塔德感到窒息一样。而当丹德战争[2]开始的时候,他的忍耐之杯就盈满了。挪威人在口头上充满了斯堪的纳维亚人的爱国主义,并且准备为斯堪的纳维亚三个民族的共同的福利牺牲一切。但是事实上他们完全没有给丹麦任何援助,丹麦很快就被强大的敌军打败了。在一八六三年十二月写的热情的诗《患难中的兄弟》里,易卜生痛骂斯堪的纳维亚人的爱国主义的空话;"于是从这个时候起,——一个德国的易卜生传记作者说,——在他的心里就发生了对人们的轻视。"[3]无论如何,他对他的同胞们感到满怀的十分的轻视。"当时易卜生的反感达到极点,——德·科尔维伊和柴贝兰说,——他认为离开这样的国家对于他是首要的问题。"[4]好容易办妥了钱的事情,他就"拂去脚上的尘土"愤然出国去了,在国外他差不多一直住到死的时候。

这些不多的材料已经表明,与我们的法国的作者们的意见相反,社会环境当然在易卜生的生活上和世界观上,因而,也在他的文学

---

[1]〔原注〕*Introduction.* p. 75.(序言,七五页。)
[2]〔译者注〕一八六四年丹麦与奥地利普鲁士的战争,丹麦战败。
[3]〔原注〕D-r Rudolph Lothar, Ibsen, Leipzig-Wien, 1902, p. 58.(卢多尔夫·罗塔尔博士,易卜生,莱比锡—魏因版,一九〇二年,五八页。)
[4]〔原注〕*Le maître...* etc., p. 78.(《现代……大师……》等,七八页。)

作品上,印下了很显著的图记。

说到这一点,我要请读者记住,任何一定的社会环境对于一个人的影响,不仅仅是说他住得很融洽的环境,而且也指他对它宣战的环境。

可能反驳我道:"然而易卜生住得不融洽的那个环境,正是他的绝大多数同行住得十分融洽的环境呀。"对于这个说法我要回答,跟这个环境作战的有相当多的挪威作家,不过,自然,易卜生是以他自己特殊的、个人的方式跟它作战的。而且我本来并不否认个人一般地说来在历史上,和局部的说来在文学史上的意义。本来没有个人就不会有社会,而且就是说——也不会有历史。当某一个个人反对周围的庸俗和虚伪,这就明确地表现出他的才智和道德的特性,他的洞察力,他的敏感,他的同情心等等。每一个个人都以他自己的步法走反对的路。但是这条路通到何处去,这要看表示反对的个人周围的社会环境而定。反对的性质由遭受反对的事物的性质决定。

易卜生诞生、成长、长大在小资产阶级的环境里,所以他的反对的性质,可以说,是由这个环境的性质预先决定的。

这种环境的道德上的特点之一是,——如我们所已经知道的,——憎恶一切新奇的事物,一切稍稍违背固定了的社会习俗的行为。密尔[1]都曾经抱怨过社会舆论的专横。但是密尔是英国人,而在英国小资产阶级不发生主要的影响。要想知道社会舆论能够专横到什么地步,需要在一个西欧的小资产阶级的国家里住一住。易卜生奋起反对的也就是这种专横。我们知道,当他是个二十岁的青年,住在格里姆斯塔德,他已经跟"社会"作战了,并且用讽刺诗

---

[1]〔译者注〕密尔(John Stuart Mill,1806—1873),英国哲学家和经济学家。

来讥刺它，用漫画来嘲笑它。

年青的易卜生的一本笔记本保存下来了，那里面有一幅画，画的是"社会舆论"——自成一格的象征。你怎样想，读者，这幅画的内容是什么？一个胖胖的资本家，拿着一根鞭子，在赶两只猪，猪在走，满高兴地向上翘起卷成螺旋形的尾巴[1]。我并不想说，易卜生在艺术的象征主义的领域这个初次的试作是很成功的：因为作者的思想表现得不清楚。不过画里出现的两只猪向我们保证，无论如何这是一种极其不恭敬的思想。

小资产阶级的社会舆论的没有限度的、无所不管的、小气的专横，教人们习惯于伪善，说谎，亏损自己的良心；它使他们的性格卑鄙，使他们成为不彻底的、两面性的人。于是易卜生，举起反对这种专横的旗帜，就提出无论怎样都要真诚的要求和这个戒律："要独行其是"。卜朗德说：

要

做你想做的人，但是要充分，要完整，

不是半点半点的，不是零零碎碎的！

瓦克赫的信徒，希连[2]——是明白的，完整的形象，

可是醉酒的人——只是一幅漫画。

在国内到处走一走吧，听听人们的话——

你就知道，在这里每一个人都学会了

---

[1]〔原注〕D-r Rudolph Lothar, l. c., S. 9. （卢多尔夫·罗塔尔博士，同上书，九页。）

[2]〔译者注〕瓦克赫（Вакх），希腊神话里的酒神。希连（Силен），瓦克赫的抚养人和伴侣，传说他是一个秃顶多须扁鼻矮壮的老人，通常都作喝醉酒的形状。

什么都只是一点点——这样是一点，那样也是一点：

星期天在教堂做礼拜有点严肃，

说到那样的风俗的话——就有点固执，

像在睡觉之前要饱餐一番，

跟我们的父亲和祖父一样！

在宴会上有点像热烈的爱国者——

因为当时歌声歌唱故乡的岩石

和像岩石一样坚强的，

没有受过奴役的束缚和棍子的，我们的人民；

在举起酒杯来作种种允诺的时候

性情有点大方而又慷慨；

到清醒的考虑履行不履行它们的时候——

就有点吝啬起来。但是这一点或是那一点

统统只是那么一点点；

无论是它的美德，或是它的罪行

全都没有什么了不得；它——是一小点

小也如此，大也如此，恶也如此，善也如此。

顶糟糕的是，任何一小点

把其余的整个的都败坏了。

某些批评家[1]说，"卜朗德"是易卜生受了某一位拉米尔斯（Ламмерс）牧师的影响，并且特别是受了著名的丹麦作家赛兰·吉尔开果尔德（Сёрен Кьеркегор）的影响写出来的。这完全是可能的。

---

[1] 〔原注〕同上书，六二—六三页。

但是自然，这一点也不减少我在这里所说的话的正确性。拉米尔斯牧师和赛兰·吉尔开果尔德各人都在自己的领域里跟易卜生与之作战的那个环境有过战斗。并不奇怪，他们反对这个环境的话有些地方像他的话。

我没有读过赛兰·吉尔开果尔德的作品。不过，根据罗塔尔所说的关于他的话，我多少可以看出他的见解，戒律"独行其是"完全可能是从赛兰·吉尔开果尔德那里借来的。人的任务就是要做一个独立的人，要集中自己的精神在自己身上。人应当是个什么人，就做个什么人；他的唯一的任务就是在"虔诚的自我选择"中选择自己，好像生命的唯一的任务就是它的自我发展。真诚并不是懂得真诚，而是做得真诚。"主观性高于一切"等等，等等。[1] 这一切在事实上很像易卜生所宣讲的道理，并且这一切又一次地证明，同样的原因引起同样的结果。

在小资产阶级的社会里，"精神"倾向"反叛"的人们，不可能不是越出常规的罕有的例外。那样的人常常骄傲地自命为贵族，并且他们在两方面实在像贵族：第一，他们在精神方面高于别人，好像真正的贵族因为自己的特权的社会地位高于别人；第二，他们同样，好像真正的贵族，是孤立的，因为他们的兴趣不可能是多数人的兴趣，而且更常常跟后者发生完全敌对的冲突。不过差别在于真正的、历史上的贵族阶级在它的全盛时代统治当时整个的社会，而小资产阶级的社会环境中的精神贵族对于它几乎不起任何影响。这些"贵族们"不是社会的势力：他们只是些孤立的个人。但是因此他们更热心地沉醉于个人的崇拜。

---

[1]〔原注〕卢多尔夫·罗塔尔博士，同上书，六二—六三页。

环境把他们造成了个人主义者，于是他们，既经如此，就像著名的法国的成语说的那样，把需要化为美德，就把个人主义提高成原则，把结果造成他们在小资产阶级社会里的孤立地位的东西当作自己个人的力量的幻影。

这些反对小资产阶级的两面性的战士们，他们自己往往就是意气消沉和精神分裂的。不过同时在他们中间也能够偶尔碰到那种彻底的人们的光辉的榜样。罗塔尔说到的拉米尔斯牧师，大概，是一个这样的榜样；赛兰·吉尔开果尔德，或许，也是一个这样的人，而易卜生，确实，是一个这样的人。他整个地毫无余留地被自己的文学的职任占有了。他在一封给白朗德斯的信里关于朋友们所说的话实在动人。"朋友——是太宝贵的奢侈品，所以对于一个把他所有的资本投资于自己的职任，自己生活的使命的人，他就置备不起朋友了。朋友之所以太宝贵，不是因为你为他们要做的事情，而是因为由于他们你要放弃做的事情。"这样的一条路可能走到，——像哥德也走到过的，——可怕的利己主义。不过这条路在任何情形之下都要通过对于自己的名位的十分的、全面的迷恋。

易卜生的精神的儿子，卜朗德，也完全是那种完整的人的一个光辉的榜样。当他大声疾呼反对小资产阶级的中庸之道，反对市侩的言行不符，他是好得很的。小资产阶级连上帝都是按照自己的形象造出来的：架着眼镜，穿着拖鞋，戴着小帽。

卜朗德对埃诺尔说：

> 呵，我不是说笑话。
> 我们人民的上帝，父亲和祖父的上帝
> 正就是那么个形象。

天主教徒把救世主变成一个婴儿；
你——把上帝变成一个老人，
快要老得昏聩糊涂了。
好像彼得长老一样，在教皇手里
有一把天堂的钥匙，可是它变成了
只是平常的百宝钥匙，你们也这样的
把上帝的王国缩小成了教会；
你们使生活跟信仰，跟上帝的教义分离，
在这种生活里谁也不去做基督教徒了；
在理论上你们崇奉基督教的信仰，
在理论上你们努力想做完人，
可是你们的生活遵照的完全是另外一种圣经。
所以你们需要那样的上帝，他假装做
看不见你们。像人类本身一样
他应该衰老了，并且可以
把他画成戴着眼镜和秃头。
但是这个上帝——只是你们的和你的，不是我的！
我的上帝，他——是暴风雨，而你的——是风；
我的是铁面无私的，而你的只是漠不关心的；
我的是仁慈的，而你的只是善良的。
我的上帝——他是年青的；很像赫尔古里斯，
不是个老爷爷。我的上帝——他曾经在西奈旷野，
像雷声一样，从天空向以色列人轰鸣，
不烧毁一切，只烧掉荆棘的丛林，
他曾经在贺里夫山上，在摩西前面，

使太阳停留在纳文山谷之上[1]，

直到今天他会创造出许多的奇迹，

假如整个的人类不是这样的麻木，懒惰！

易卜生借卜朗德的口痛斥小资产阶级的伪善，仿佛为了爱就跟恶和好：

没有更庸俗，

更虚伪透顶的字了，那就是——爱！

小人们用魔鬼的狡猾

借它来掩盖意志的薄弱，

隐蔽他们的生活的实质——

跟死亡的懦怯的调情！

路是艰难的，险峻的，——叫他

截短了……那是爱！我们走上了罪恶的

老路——希望得救……那就用爱！

我们看到了目的，但是——要达到它

为什么斗争？我们会胜利的……用爱！

我们迷了路，虽然认识路，——

可是终归我们有避难之处的……那就是爱！

在这里我衷心地同情卜朗德：社会主义的敌人多么常常地用爱做口实！他们多么常常地责备社会主义者，说是社会主义者由对被

---

[1]〔译者注〕故事见《旧约》"出埃及记"和《新约》"使徒传"。

剥削者的爱产生了对剥削者的恨！好心的人们劝人爱一切：也爱苍蝇，也爱蜘蛛，也爱压迫者，也爱被压迫者。仇恨压迫者是"不人道的"。卜朗德——也就是易卜生——很知道这句庸俗的话的价值：

> 人道——就是这两个软弱的字，
> 成了全世界的口号。
> 任何一个渺小的人都拿它当作外套，
> 竭力掩盖无能力和不愿意
> 去建立功业：
> 任何一个懦弱的人都用它来解释
> 害怕——为了胜利冒牺牲一切的危险。
> 用这两个字掩盖起来，
> 任何一个懦怯的后悔自己的誓约的人，
> 就以轻松的心情
> 破坏了它们。
> 或许，按照那些小人的策略，
> 不久所有的灵魂渺小的人
> 都要变成人道主义的使徒！可是
> 天父自己对他的儿子是人道的吗？
> 自然，假如你们的上帝那时候
> 下个命令，他会赦免他的儿子的，
> 并且赎罪的事情
> 只要一纸天国的外交"公文"就行了！

这一切都好极了。伟大的法国革命的伟大的活动家们就是这样讲的。并且在这里易卜生精神的亲属是以伟大的革命者的精神讲出来的。然而莱·杜密克称卜朗德的道德为革命的道德是没有道理的。革命者的道德有具体的内容，而卜朗德的道德——如我们已经知道的——是没有内容的形式。我在上面说过，卜朗德带着他的没有内容的道德陷入了那个挤公山羊的奶的人的可笑的境地。不久我要努力从社会学来解释，他怎样陷入这样的不愉快的境地的。可是现在我应该再来说明一下社会性的人类使我们发生兴趣的性格的某些特点。

小资产阶级社会的精神贵族往往认为自己是特选的人，最好是像尼采所说的，超人。而当他们把自己看成特选的人，他们就从上面往下看"民众"，看群众，看人民。特选的人一切都许可。

这条戒律："独行其是"是特别属于他们的。对于平常的人类有另外一种道德。威廉·汉斯（Вильгельм Ганс）正确地指出，在易卜生看来，那些没有任何职任的人只有一种职任，就是牺牲自己[1]。国王斯库里在《争夺王位的斗争》[2]里说："有的人生来是为了活的，也有的人生来是为了死的。"为了活而生的人就是那些特选的人。

至于说到我们这些贵族轻视民众的观点，我们并不需要走到远处去找例子：我们还清清楚楚地记得斯托克曼医生的精彩的演说。

---

[1]〔原注〕"Schicksal und Wille", München, 1906, S. 56.（《命运与意志》，明兴版，一九〇六年，五六页。）
[2]〔译者注〕易卜生的一个剧本。

四

  医生说到后来成了反动的胡话了。而这个，自然，是不给叫斯托克曼说他的话的易卜生增加光荣的。但是，不应当忽略一种很足以减轻易卜生的过错的情况。挪威剧作家叫自己的主人公去反对的小资产阶级的社会，它里面的"团结的多数人"事实上是由根深蒂固的庸俗的小市民组成的。

  要是在最新式的社会里，——就是在发展的、有强烈的阶级对立的资本主义社会里，——由无产者组成的多数，就是唯一的能够无私地爱好一切真正前进的和高尚的事物的一个阶级，不过这样的阶级在小资产阶级社会里完全没有。在那里，自然，有富人和穷人，但是贫民阶层处于那样一种社会关系里面，它不是唤醒，而是麻醉他们的思想，并且拿他们做多多少少是富人的，多多少少是富裕的小市民的"团结的多数人"手里的服从的工具。在那个时候，当易卜生的见解形成了和憧憬确定了的时候，工人阶级，在这个名词的最新的意义上，在挪威还没有形成，因此在这个国家的社会生活里没有足以令人注意它的地方；所以并不奇怪，易卜生在为斯托克曼医生做演说的时候，没有想到它是进步的社会力量。在易卜生看来，人民就是事实上在典型的小资产阶级国家里所表现的那样：完全没有知识的群众，陷于智力的睡眠状态里，他们跟牵着他们的鼻子的"社会柱石们"的不同，只是他们的举止更粗野，住处更不清洁。

  我不想重复说明，斯托克曼用"缺少氧气"来解释在小资产阶级社会里贫民阶层的智力的睡眠状态，他是错误的。我只想指出，他的错误的解释跟他对于社会生活的观念论的观点有密切的因果性的关系。当一个观念论者,类如斯托克曼医生,讨论社会思想的发展而又想要保持科学的根据,他总是诉之于氧气,没有打扫的地,遗传,——总之,诉之于个人的身体的生理学和病理学,可是他却没有想到转移注意力到社会关系上面去,归根到底,任何一定的社会的心理都是由社会关系决定的。

观念论者用意识解释存在,而不是相反。并且这也是明明白白的,最低限度,在演说讲到小资产阶级社会的那些"优秀的个人"的地方。他们在他们周围的社会环境里是那样的孤立,并且这个环境是用那样慢腾腾的步伐向前进展,所以他们事实上没有可能发现在人类社会里"思想的过程"和"物的过程"之间的因果性的联系。

应当指出的是,在十九世纪这种联系才第一次引起研究学问的人们——复辟时期[1]的历史家和政论家——的注意,主要是由于革命时代的种种事件;表明了阶级斗争是整个社会运动的主要原因[2]。差不多静止不动的小资产阶级社会的"精神贵族们"注定了只能够作那种适合于他们的自尊心的发现,那就是,如果没有他们,社会上就要完全没有有思想的人了。因而他们就把自己看作优秀的人,因而斯托克曼医生把他们叫作"卷毛狗般的人"。

但是无论如何,那种忽然跑进这位医生的演说里去的反动的胡说,决不能证明易卜生同情政治上的反动。如果在法国和德国有一部分读者把他当作主张享有特权的少数人统治备受压迫的多数人那种思想的人,那末为了伟大的作家的名誉,应该说这是极大的错误。

易卜生一般地说来对于政治是冷淡的,而政治家,据他自己承

---

[1]〔译者注〕指法国大革命之后,一八一四至一八三〇年布朋王室复辟的时期。
[2]〔原注〕关于这一点更详细的说明见《共产党宣言》我的译本的序(《文集》,第十一集)。

认，简直是憎恶的。他的思想是脱离政治的。并且这个，可以说，——是他的思想的主要的特点，这个特点很清楚地说明了社会环境对于他的影响，不过它引导他达到一连串最令人苦恼和最无法解决的矛盾。

我们的作者所观察的所熟识的是什么样的政治，什么样的政治家？就是那个小资产阶级社会的政治和政治家，在那个社会里他几乎窒息死了，并且他在自己的作品里是那样严厉地抨击它的。可是小资产阶级的政治是什么样的政治？那是——可怜地打小算盘。小资产阶级的政治家是什么样的人？那是——小气地打小算盘的人[1]。

小资产阶级的"前进的"人们有时候也提出广阔的政治纲领，可是他们无精打采地、冷淡地支持他们。他们从来都是不慌不忙的；他们遵守一条金规玉律："慢慢地忙"。在他们的心里完全没有高贵的热情存在的余地，没有那种热情，用黑格尔的精彩的话来说，在全世界的历史上就做不出任何伟大的事情。并且他们实在也不需要热情，因为伟大的历史性的功业——不是他们的命分。在小资产阶级的国家里，甚至于广阔的政治纲领要保卫自己和获得胜利也得靠一些小手段的帮助，因为，由于没有尖锐的显著的阶级斗争，在那样的纲领的道路上遇不到多大的社会的障碍。政治自由在这里可以廉价地买到，但是因此在这里它的价值也就不高。它也完全渗透了庸俗的小市民的精神，这种精神在实践中总是跟政治自由走完全相反的道路。一切都非常的狭窄，小资产阶级就连对于政治自由的理

---

[1]〔原注〕我说这个话，指的是小资产阶级占居民的主要阶层的那些国家。在别的社会条件下面小资产阶级可能起，并且不止一次地起过革命的作用，不过在这种作用里它向来都是不彻底的。

解也是非常的狭窄。

只要他看到在自己前面的纷争,那怕有一点类似现代资本主义社会生活里多得很的那些重大的、严重的冲突,——它们在更发展的国家的腐蚀和诱导的影响之下,现在偶尔也在西欧的小资产阶级的"平静生活"里发生,——他就忘记了自由号叫起秩序来了,并且用最可耻的方式,毫无忌惮地在实际上动手破坏他在理论上引以为荣的自由的宪法。小资产阶级的庸俗的小市民在这里,跟在别的任何地方一样,言和行是不符的。简而言之——小资产阶级的政治自由一点都不像巴尔比叶[1]曾经在他的《律诗集》里歌颂过的那位强有力的难以驯服的美人。这一位不如说是——安静的、狭窄的、小气的 hausfrau[2]。

一个不满足于家常的、纵然是十分干净的、每天"打扫过的"平淡生活的人,很难迷恋这位可靠的家庭主妇。他宁可完全放弃对于政治自由的爱情,转过身采用背对着政治,在任何其他的领域里去寻求满足。

易卜生也正是这样做的。他失去了对于政治的任何兴趣,并且他在《青年联盟》和《人民公敌》里面恰切地描写了资产阶级的政治家。

值得注意的是,当他还完全地是个年青人,住在赫里斯吉阿尼亚的时候,易卜生跟波特金·汉生(Вантен Ганзен)和奥斯孟德·奥拉夫松(Осмунд Олафсон)一起出版了一个周刊 Manden[3],这

---

[1] 〔译者注〕巴尔比叶(H. A. Barbier,1805—1882),法国诗人,讽刺作家,名作为《律诗集》(Iambes),暴露黑暗,歌颂革命。
[2] 〔原注〕家庭主妇。
[3] 〔俄文本编者注〕Манден.

个刊物不仅跟保守的党派，而且也跟反对的党派公开地作战，可是它跟后者作战不是因为它比反对党更稳健，而是因为觉得它的劲头不够[1]。

在这个刊物上易卜生发表了他的第一篇政治讽刺作品《模范》，那里面他写到一个政治上的升官发财主义者的典型，后来他在《青年联盟》（斯坦斯加德）里出色地描写了他。显然的，小资产阶级政治家们的活动里缺乏理想的动机在那个时候已经使他极为反感了。

但是，就在这个跟市侩的政客作风进行的战争里，易卜生也没有停止"独行其是"。罗塔尔先生说，他那时候所主张的"政治，后来也是一样，指的是个别的人的，某一派或者某一党的个别的代表的政治。它是从人到人的，决不是理论上的或是教义上的政治"[2]。但是政治，仅仅跟个别的人有关，而跟他们所代表的"理论"或者"教义"无关，它自身就完全没有什么政治的性质了。主张"从人到人"，易卜生的思想一部分是道德的，一部分是艺术的，但是它始终是脱离政治的。

易卜生自己很清楚地用下面的话说明了他对于政治和政治家的态度："我们现在靠前一个世纪革命的餐桌上掉下来的面包渣生活，——他在一八七〇年写道，——这种食物早就已经嚼烂了，并且嚼得烂而又烂了。思想也需要新的食物和新的发展。自由，平等，博爱——现在已经不是在已故的断头台时代那个样子了。

"政治家们固执地不肯理解这一点。这就是我憎恶他们的原因。他们想要局部的，完全表面的政治革命。这都是些空事。重要的只

---

[1] 〔原注〕de Colleville et Zepelin, *Le maître du drame moderne*, p. 57. （德·科尔维伊和柴贝兰，《现代戏剧的大师》，五七页。）
[2] 〔原注〕*Ibsen*, S. 24. （《易卜生》，二四页。）

有人的精神的反叛。"

把政治的革命跟其他的某种（大概，社会的）革命，不限于表面的局部性的革命对立起来，这是不能成立的。易卜生在这里说到的法国革命，就同时既是政治的也是社会的。并且任何值得称之为革命的社会运动都应该这样说。不过在这里问题并不在此。重要的是，我所引的这几行话，再好没有地给我们说明了易卜生对于政治家的否定的态度。他憎恶他们，因为他们只限于从法国大革命的桌上掉下来的嚼烂了的面包渣，因为他们不想向前走，因为他们的目光不能更深地透过社会生活的表面。这正就是西欧的社会民主党人责备小资产阶级政治家的话（西方的大资产阶级政治上的代表人物已经完全不提任何的"革命"了）。所以易卜生对这些政治家作这些责备完全是对的，并且他对政治家的冷淡证明了他本人的憧憬的高尚和他本人的性格的完整。但是他以为在世界上不可能有别样的政治家，跟他的见解形成时期在他的小资产阶级国家里活动的那些人不同的政治家。在这里，自然，他就是错误的了；在这里他对政治家的憎恶仅仅证明了他本人的视野的局限性。他忘记了，大革命的活动家们本来也就是政治家，他们的英勇的功绩也本来就建立在政治领域里面。

言外之音在这里，像在易卜生的任何作品里一样，是为了"精神的反叛"而"精神的反叛"，完全不讲内容的形式的抽象。

五

我说过，在我所讲的那种情况下面，我们的作者对于政治的否定的态度证明了他本人的憧憬的高尚。但是它也把他引导到没有出路的矛盾，这些矛盾我已经讲过一些，现在在下面我要再讲一些。

易卜生的情形的最深的悲剧在于，这个在性格上无比完整的人，比所有的人都更重视彻底性的人，却注定了永远地在矛盾中迷惑。

易卜生有一回在一群朋友中间问道："你们可曾经有过把某一种思想思考到最后，没有碰到过矛盾的吗？"[1]不幸，应当假定，易卜生本人极少能够做到这样。

一切流动着，一切变化着，每一桩事物自身都带着它自己消灭的胚胎。物的这种过程，反映在人的头脑里，同时它规定了每一种概念自身含有否定自己的胚胎。这是——根据物的自然辩证法而来的、概念的自然辩证法。它不使掌握了它的人糊涂，而是恰恰相反，使他们具有思想的机动性和彻底性。但是易卜生为之搞得糊里糊涂的那些矛盾跟它毫不相关。它们是我已经讲过的他的思想的脱离政治的性质规定的。

易卜生对小资产阶级的——私人的和社会的——生活的庸俗的反感，逼迫他去寻找一个他的真诚的和完整的心灵可以稍稍休息一下的领域。起初他在人民的古代找到那样的领域。浪漫派使他认识了这个古代，那里面一切都不像庸俗的小资产阶级的现实，那里面一切充满了野性的力和英勇的诗。

跟他同时的那些小市民的强有力的祖先，挪威的维金格[2]，引起了他的创作的幻想，于是他在好几本戏剧作品里描写了他们。这些作品中最值得注意的，无疑的是《争夺王位的斗争》。这本题为这

---

[1]〔原注〕R. Lothar, 1. c., S. 32.（卢·罗塔尔，同上书，三二页。）
[2]〔译者注〕维金格（Викинти），公元八世纪至十世纪斯堪的纳维亚人组织的武装集团，常常乘船到海外侵略，横行欧洲沿海一带，所向无敌。欧洲人称之为"海盗"。

个名字的作品，易卜生早已在他的心里想好了。它的大纲在一八五八年就草拟出来了，可是在一八六三年方才写成。在这本作品里易卜生想，——正如德·科尔维伊和柴贝兰所指出的，——在离开自己的国家之前，"在这个国家里维金格的子孙已经变为穷人和自私自利的资本家了，叫他们看看他们堕落到了什么样的地步。"[1] 此外，《争夺王位的斗争》的政治的思想很有趣味：这个剧本的主要的主人公，国王加阿孔·加孔生进行了争取挪威统一的斗争。这样，在这里我们的作者的思维就不再是脱离政治的了。但是它像这样并不长久。新的时代不可能靠早已死亡的古代的思想生活。这个古代的思想对于易卜生同时的人没有任何实际意义。这些人爱在喝酒的时候回忆一下自己的勇敢的祖先——维金格们，而生活则继续，自然了，按照新的样子。在《卜朗德》里的区长说：

"伟大的回忆可以做向前发展的保证。"

卜朗德轻蔑地回答他这句话道：

"是的，如果跟生活有血肉的联系的话。你们却把好好的回忆的古墓变成了精神萎靡的避难所。"

这样，过去的政治思想在现在是没有力量的，而现在又没有产生能够吸引易卜生的政治思想。因此他别无他途，只好走进道德的领域去了。他就这样地做了。从他的观点看来，从一个只知道小资产阶级的政治并且轻蔑这种政治的人的观点看来，自然就会觉得道德的宣传——抽象的"清洗意志"的说教——比参加小资产阶级政党的鸡零狗碎的、腐败的互相斗争，是重要得不能够比较的事了，这些政党常常因为不值一谈的小事就彼此打起仗来，并且不能够把

---

[1]〔原注〕R. Lothar, l. c., S. 216.（卢·罗塔尔，同上书，二一六页。）

思想提高到比不值一谈的小事有更多的内容的什么事情。但是政治的斗争是在社会关系的基础上进行的；道德的宣传的目的则在于个别的人的完善。既然背弃了政治并且把自己的希望放在道德上面，易卜生，自然地，就站在个人主义的观点上了。既然转移到个人主义的观点上来了，自然地，他就要完全失去对于一切超出个人自我完善的范围的东西的任何兴趣。从这里产生了他对于法律，也就是对于那些义务性的条规的冷淡的甚至敌视的态度，它们为了社会或者社会中的统治阶级的利益对个人的见解规定了一定的界限；他对于国家的态度也是如此，因为它是这些义务性的条规的根源。用《群鬼》里阿尔文夫人的话来说，她常常想，"世界上一切的不幸的原因"就是"法律的秩序"。

是的，她说这句话是因为孟代尔斯牧师指出她的婚姻是合法的婚姻，但是她指的是一般的一切的法律，一切这样那样的束缚个人的"条规"。在德文译本里她的回答是：

O ja, Gesetz und Ordnung! Zuweilen meine ich,
die stiften in der Welt alles Unheil an.

这意思就是："呵，是的！法律和秩序！有时候我觉得世界上一切的苦恼都是从这些个东西来的。"而这正是易卜生的世界观在外表上看来跟无政府主义者接近的方面。

道德的目的在于别的人的改善。但是它的规章本身生根在政治的土壤里，因此包含着社会关系的整个的总和。人是道德的生物，只因为他是，用阿里斯多德的话来说，政治的生物。

鲁滨孙在他的荒岛上不需要道德。如果道德忘记了这一点并且不会建筑通到政治领域的桥梁，那末它就要陷入一连串的矛盾之中。

各个个人都使自己完善，解放自己的精神，纯洁自己的意志。这是很好的。但是他们的完善如果引起社会里人们的相互关系的变化，那时候道德就变成政治了，如果它不接触到这些关系，那时候它就不过是在原地踏步而已；那时候个别的人的道德的完善本身就是目的，也就是说失去了一切实际的目的，于是那时候各个完善了的个人在跟其他的人们的交往中就不需要讲什么道德了。而这就是说，道德那时候自己消灭了自己。

这就是易卜生的道德的情形了。他反复地说：要独行其是；在这条最高的法律里，没有比违反这个法律更重的罪过了。但是《群鬼》里的淫荡的御前侍从阿尔文也是独行其是的；然而除去腐败之外得不到别的什么结果。是的，"要独行其是"的戒律，如我们已经知道的，只属于"英雄们"，而不是属于"群众"的。可是英雄们的道德也应该有它的一些规则，而我们在易卜生那里找不到。他说："问题不在想做这样或是那样的人，而在想做一个人无条件的应该做的人，因为他本来如此并且不可能是别的样子。其他的一切都要走到虚伪。"但是不幸的是，这样要走到极其明显的虚伪。

从易卜生的观点看来，全部的、无法解决的问题是：什么才是一个"本来如此"的这个人应该想做的。应该的标准不在于它是不是无条件的，而在于它往那里去。永远保持本来如此，不跟别人打交道，只有鲁滨孙在他的岛上能够如此，但是那也只能在礼拜五[1]出现之前。孟代尔斯牧师跟阿尔文夫人谈话里指出的那些法律，实在是无益的条规。但是阿尔文夫人，也就是易卜生自己，想象任何

---

[1]〔译者注〕鲁滨孙在荒岛上的伴侣。

的法律都不过是无益的和有害的条规,就是极其错误了。例如,限制雇佣劳动受资本的剥削的法律,就不是有害的,而是很有益的,像这样的法律不是可能还有许多吗?假定说,英雄人物一切都许可,但是,当然,只有附带极为重要的保留条件方才能够如此假定。但是"英雄人物"是谁呢?那是为公共的利益,人类的发展服务的人,——威廉·汉斯代易卜生回答。[1] 很好。但是,说出这个话,我们就越出了道德的范围,抛弃了个人的观点,并且站到社会的观点,政治的观点上来了。

易卜生做了这个转变,——当他这样做的时候,——完全是无意识的;他在他们本人的、"自治的"意志里,而不是在社会的关系里去寻找"特选的人们"的行为的准则。因此英雄和群众的理论在他那里就弄成十分奇怪的样子。他的英雄人物斯托克曼,他是那样地重视思想自由,可是却努力说服群众,说他们不应当随便有自己的见解。这仅仅是许许多多的矛盾之一,易卜生把自己的视野限制在道德问题上,就只有"无条件的应该"被它们弄得糊里糊涂了。既然我们了解了这一点,卜朗德的整个的、在任何情形之下都真是卓绝的性格,对于我们就是完全可以理解的了。

他的创造者不能够找到从道德的领域到政治去的出路。因此卜朗德也"无条件的应该"停留在道德的范围里。他"无条件的应该"不走出清洗自己的意志和解放自己的精神之外。他劝人民"终生奋斗,一直到死"。而结果是什么呢?结果就是……

  你们的意志将要变得完整,有力……

---

[1]〔原注〕卢·罗塔尔,同上书,五二、五三页。

这是——循环的兜圈子。易卜生不会，——并且也不能够，由于我已经讲过的社会学的原因，——在他周围极端丑恶的现实里找到应用"清洗了的"意志，改造这个丑恶的现实，"清洗"它的工具的支点。因此卜朗德"无条件的应该"宣讲为了纯洁意志而纯洁意志，为了精神反叛——而精神反叛。

更有进者。小资产阶级——是生来的机会主义者。易卜生衷心地憎恶机会主义并且非常突出地在他的作品里描写了他们。这只要回想一下印刷所老板阿斯拉克孙（在《人民公敌》里）跟他经常宣传的稳健就够了，稳健，照他的话来说（"就我，……，所了解的"），是公民的第一个美德。阿斯拉克孙——这是一个典型的小资产阶级政治家，这种人甚至于在钻进小资产阶级的国家的工人政党里去。所以卜朗德的高傲的格言：全有或是俱无，就是反对阿斯拉克孙们的"第一个美德"的自然地反应。当卜朗德大声疾呼地反对小资产阶级的稳健的时候，他是好极了的。可是，他没有找到自己本人的意志应用的地点，他只有"无条件的应该"陷于空洞的形式主义和打小算盘了。当他的妻子阿格纳斯把她死了的婴儿所有的东西给了女乞丐，想要自己保留一顶孩子戴着它死的小帽子做纪念，卜朗德就喊道：

你认为偶像是神了。
好，你就信奉他吧。

他要求阿格纳斯把那顶小帽子也施舍了。这是可笑的，如果不是残忍的。

真正的革命者对谁也不会要求不必要的牺牲。但是他之所以不会，唯一的是因为他有可以让他辨别必要的牺牲跟不必需的牺牲的规范。而卜朗德没有这种规范。"全有或是俱无"这个公式不能够做规范，这应该在它之外去寻找。

在卜朗德那里，形式取消了一切的内容。他在跟埃纳尔的谈话里辩解怀疑他是教条主义的话，说：

> 我不是想搞什么新的东西，
> 我想巩固永久的真理。
> 我不是企图颂扬教会或者教条。
> 它们都有过自己的初生的日子，
> 那末，一定地，就要看到最后的夜晚。
> 任何的开始都预定下了结束，
> 因为一切生出来的、造出来的事物，
> 结束也就是萌芽，
> 并且让位给存在的将来的形式。
> 但是有一样东西是永远存在的，——
> 就是那不是造出来的精神，
> 它在存在之初遭受到了奴役，
> 当勇敢地架起了从肉体通到
> 自己的泉源的桥，不可征服的信仰的桥，
> 它重又获得了自由。
> 现在精神变成小零碎了，
> 这要多谢人类对于上帝的见解；
> 所以应当由这些灵魂的断片，

精神的可怜的碎块，重新再造

一个完整的东西，让造物主能够在他身上

认出自己创造的万物之灵——

年青的亚当[1]。

在这里卜朗德的议论几乎像是墨菲斯多菲尔[2]的话：

Alles, was entsteht,

Ist wert, dass es zu Grunde geht. [3]

并且他们两个人的结论差不多是一样的。墨菲斯多菲尔得出的结论是：

Drum besser wär's

Wenn nichts entstünde. [4]

卜朗德没有直接说出这种话，不过他对一切有过初生的日子并且因此有一天要看到自己最后的夜晚的东西是冷淡的。他仅仅重视永远存在的东西。但是什么东西永远存在呢？运动。译成卜朗德的神学的——亦即观念论的语言——就是说，永远存在的只有"不是造出来的精神"。也就是为了这个永远的精神，卜朗德掉头不顾一切

---

[1]〔译者注〕基督教《圣经》里所说的人类的始祖，上帝所造的第一个人。
[2]〔译者注〕哥德的"浮士德"里的魔鬼。
[3]〔原注〕"一切有生即有灭。"
[4]〔原注〕"因此倒不如什么都不生的好。"

"新的东西",也就是暂时的东西。最后他终于得出了对于这种暂时的东西的否定的态度,像墨菲斯多菲尔一样。但是墨菲斯多菲尔的哲学是片面的。这个 Geist, der stets verneint(永远否定的精神),忘记了:假如什么都不新生,也就没有什么可以否定[1]。卜朗德也完全同样地不理解,永远的运动("不是造出来的精神")仅仅显现在暂时的东西即新的东西的创造中:新的事物,事物间新的状况和关系的创造中。他对一切新的东西的冷淡使他变成保守的人,尽管他对妥协有一种神圣的憎恶。卜朗德的辩证法缺乏否定之否定,于是这使它完全没有结果。

但是为什么它缺乏这个必要的因素呢?这又是易卜生周围的环境的罪过。

这个环境本来只足以在易卜生身上引起对于它的否定的态度,但是它并不足以,——因为它太不发展,——使他发生对于什么新的东西的明确的憧憬。因此他就没有力量说出能够唤起将来的形象的、诱惑的语言。因此他就只有迷失在没有出路的没有结果的否定的荒野里了。这样,卜朗德的方法论的错误得到了它的社会学的解释。

六

但是这个错误,卜朗德也是从易卜生那里继承来的,它不能不损害我们的剧作家所有的创作。易卜生在一篇他在"保卫妇女事业

---

[1]〔原注〕黑格尔在他的大《逻辑学》里说,"das Dasein ist die erste Negation der Negation",即一定的存在是第一个否定之否定。

联盟"发表的演说里说到他自己:"我不如说是诗人,与其说是社会哲学家,不像平常所想的那样。"在另一个场合他说,他的意图总是想使读者发生一种印象,仿佛他所感受的是实在的东西!这是很明白的。诗人是用形象思维的。但是怎样用形象想象"不是造出来的精神"呢?这就必须要象征了。于是易卜生每逢要叫他的那些主人公为了颂扬"不是造出来的精神"而在抽象的自我完善的领域里漫游的时候,总是求助于象征。但是在他的象征里总是不可避免地反映出他们的漫游的徒劳。他们因为过分缺少"生动的生活",都是苍白的:他们——不是现实,仅仅是它的模糊的暗示。

象征——这是易卜生的创作里弱的一面。小资产阶级的主人公们的绝妙的描写才是他的强的一面。在这里他是一个无与伦比的心理学家。每一个想要研究小资产阶级的心理的人都必须研究他的作品的这一方面。易卜生在这方面的精心的研究对于每一个社会学者都是必需的[1]。但是只要小资产阶级人物开始"清洗自己的意志",

---

[1]〔原注〕在一位我们很熟的人,斯托克曼医生身上,可以看到小资产阶级心理的最有趣的特点之一。他并不迷恋他的住宅的简单的舒适的设备和他不久之前得到的丰衣足食的位置。他对他的市长哥哥说:
——是的,是的,我想,你可以想象得到,我们究竟在那里(在旧地方——格·普)过得有多苦。可是现在,居然生活得像地主一样了!譬如,今天,我们吃午饭的时候有烤牛肉。并且晚饭还有。你不来尝一块?再不然,我拿给你看看……这里来吧!
市长 不必,不必,我绝对不……
斯托克曼医生 好,那就这里来吧。你看见了没有,我们弄了一块新桌布了。
市长 是的,看见了。
斯托克曼医生 我们还买了一个灯罩。你看见了没有,全都是卡吉林娜省出来的。
等等,等等。
当小资产阶级决定自我牺牲的时候,这些灯罩和烤牛肉在他们送到思想的祭坛上去的东西里占有一个显著的地位。易卜生很清楚地看出了这一点。

他就变成教训的枯燥的抽象的概念了。康苏尔·贝尔尼克在"社会柱石"的最后一场里就是如此。

易卜生自己也不知道,并且也不可能知道,让他的那些抽象的概念干什么。因此他或是在他们觉悟之后立刻落幕,或是在一处什么高山上让雪崩把他们打死。这令人想起屠格涅夫怎样使巴扎罗夫和英沙罗夫[1]死去,他也是不知道能够让他们干什么。但是在屠格涅夫,他的主人公的这种死亡是由于不知道俄国的虚无主义者和保加利亚的革命者怎样行动。而在易卜生,问题则在于那些从事为自我清洗而自我清洗的人们无事可做。

大山生的是小老鼠。这在易卜生的戏剧里是常常发生的。并且不仅在戏剧里,而且也在他的整个的世界观里。即使拿"妇女问题"来看吧。当郝尔茂对娜拉[2]说,她——首先是一个妻子和母亲,她回答道:

"我不再相信这种话了。我想,首先我是一个人,或者至少应该努力做一个人。"她不承认通常"合法的"男子和女子的同居关系是结婚。她力图争取我们过去所谓的妇女解放。"海的女儿"爱丽达,显然的,也力图争取这种解放。她不顾一切地想要自由。当丈夫把自由给了她的时候,她就拒绝跟随先前那样吸引她的那个"不知道的人",并且对丈夫说:

"你是我的一个很好的医生。你找到了并且敢于使用唯一可靠的药方,能够援救我的唯一的药方。"

最后,甚至于玛雅·鲁贝克夫人(《当我们,死人,觉醒的时

---

[1] 〔译者注〕屠格涅夫小说里的主人公:巴扎罗夫(《父与子》),英沙罗夫(《前夜》)。
[2] 〔译者注〕易卜生的名剧《娜拉》中的人物。

候》）也不满足家庭生活的狭窄的范围。她责备她的丈夫不履行诺言，不带她一起到高山上去让她看看整个的和平世界和它的美景。终于她跟他决裂了，她"欢喜极了"，唱道：

> 我的从前的不自由的日子结束了，
> 我现在是自由的鸟，
> 自由了，自由了，自由了。

总而言之，易卜生拥护妇女解放。但是在这里，跟在别的任何地方一样，使他感到兴趣的是解放的心理的过程，而不是它的社会的结果，不是它对妇女的社会地位的影响。解放是重要的，至于妇女的社会地位，还是让它像从前那样吧。

在一八九八年五月二十六日在"保卫妇女事业联盟"所发表的演说里，易卜生承认，他不明白这是怎么一回事——"妇女的事业"。妇女的事业就是人的事业。易卜生总是力求"提高人民到更高尚的程度"，并且，据他说来，特别是妇女负有解决这个任务的使命。正是母亲们，要用坚持的和缓慢的工作来激发人民对于文化的志趣和纪律感。为了提高人民到更高尚的程度，这是必须预先做好的。而做好了这一点之后，妇女就解决了人的问题。总而言之，为了"人的事业"女子应当把自己的视野限于儿童室的范围之内。这不是明明白白的吗？

女子——是母亲。是的。而男子——是父亲。然而这并不妨碍他是从儿童长大的。解放的女子要满足于母亲的任务，像那种从来没有想到过自由的女子满足于它一样。并且这也是无关重要的。重要的是永远的东西，而不是暂时的东西。重要的是运动，而不是它的结果。"人的精神的反叛"仍然停留在原先的地方。由于这种方法论的错误，巨大的大山又生的是小小的老鼠，这种错误我已经作了社会学的说明了。

而爱情——男子和女子之间的爱情呢？傅利叶[1]就曾经用巨大的讽刺才能指出，资产阶级的社会——他称之为文明，——残忍地把爱情踏入金钱的利益的泥沼里面。易卜生知道这一点并不逊于傅利叶。他的《爱情的喜剧》是一个最卓越的讽刺，它极端恶感地嘲笑了资产阶级的婚姻和资产阶级的家庭的美德。但是这个出色的剧本，易卜生最好的剧本之一，它的结局怎样呢？斯汪希尔德姑娘，她爱诗人法尔克，却要嫁给大商人古尔德斯达德，并且她这样做正是为了她对法尔克的崇高的爱情。她和法尔克关于这件事情作了下面的难以想象的，但是很可以表明易卜生世界观的特征的谈话：

法尔克　……我们就跟你分别了，
　　　　当蔚蓝的天空是这样的明朗，纯净，
　　　　当向着我们打开了喜悦、欢乐、幸福的
　　　　世界的时候，当我们的青春的结合
　　　　今天刚刚接受了洗礼的时候？
斯汪希尔德　正是因为如此。我们现在是站在山顶上面，
　　　　并且胜利的游行——从此
　　　　要走下山的路了。不过在可怕的审判的那一天
　　　　我们的严厉的审判者可能叫我们，
　　　　真糟糕，如果是回答创造者的问题——

---

[1]〔译者注〕傅利叶（Charles Fourier，1772—1837），法国空想的社会主义者。

把他的天赋用到那里去了，——我们就回答，

那神圣的爱情的宝贵的天赋给我们弄丢了！

法尔克 你的看法我明白了。

只有走这一条路我才能够追得上你！

好像肉体的死亡引导灵魂达到永生，

爱情也要这样才能够得到不朽，

只有当它抛弃了肉体的欲望的羁绊

并且飞进亲生的精神的世界的时候，不提了，

把它当作纯洁的回忆吧！——戒指扔了吧！

斯汪希尔德（热情冲动地）

这样现在我做完了我的事情——

在你的心里点燃了活跃的诗的火焰！

飞吧！像鹰一样地飞向胜利，

而斯汪希尔德——已经唱过了天鹅之歌[1]。

（从手上除下戒指，吻它。）

到世界的末日都在大海的深处

躺着吧，我的幻想，——我要用坚强的手

来埋葬你。

（向峡江走几步，把戒指扔进水里，满脸欢喜地回到法尔克处。）

为了短暂的生活我失去了你

——然而为了永远的生活我得到了你。

---

[1]〔译者注〕即最后的歌。

这是——永远的、"不是造出来的"精神的完全的胜利，同时，——也正是由于这个原因，——这是暂时的、"新生的"东西的完全的自制，自杀。"清洗了的"意志的胜利等于是它的最完全的失败和它所力图否定的东西的胜利。富有诗意的法尔克把荣誉和地位让给枯燥无味的古尔德斯达德。易卜生的主人公在跟资产阶级的庸俗进行的斗争里，正是当他们的"清洗了的"意志显露最大的力量的时候，表现得比什么都更软弱。"爱情的喜剧"很可以称之为"自律的意志的喜剧"。

七

不久之前，在著名的巴黎的报纸 *L'Humanité*[1]上，让·隆盖（Жан Лонгэ）同志称易卜生为社会主义者。但是在这里有一个问题，易卜生距离社会主义之远，正如他距离一切其他的有社会背景的学说一样。我也同样引易卜生在一八八五年六月十四日在德隆叶姆[2]工会发表的演说为证。

在这篇演说里，老剧作家叙述了他在国外生活了许多年之后回到祖国的印象。他看到许多愉快的事情，但是也感到有些失望。他遗憾地说，最必需的个人的权利在他的国家里还没有得到应有的法制上的承认。执政的多数派专横地限制良心和言论的自由。在这方面还有许多事情要做，但是现在的[3]民主政治不能够解决这个任

---

[1]〔译者注〕《人道报》。
[2]〔译者注〕德隆叶姆（Дронтгейм），挪威的一个城市。
[3]〔原注〕"现在的"一词在演说的印刷本上加有着重线。Henrick Ibsen, Sämtliche Werke, Erster Band, S. 525.（亨利克·易卜生，全集，第一集，五二五页。）

务。为了这个任务能够得到解决，应当预先把高尚的因素带进政府，国家生活，报刊，人民代表机关里去。易卜生解释道："我说的这个话，我想，自然了，不是说贵族的高尚，不是说金钱的贵族阶级的高尚，不是说学识的高尚，甚至于也不是说才能的、天赋的高尚。我所指的是性格的高尚，意志和心情的高尚。只有这样的高尚才能够解放我们。"并且这种高尚，据他说，来自两方面："从女子方面和工人方面"。

这是极其有意思的。第一点，易卜生所不满的"执政的多数派"使人想起斯托克曼医生跟它作战的那个"团结的多数人"。它也引起了责备，说它一般地对于个人的权利，——特别是对于良心和言论的自由不尊重。但是，跟斯托克曼相反，易卜生没有说"缺乏氧气"使得"群众"中的人愚昧。不，工人阶级在这里是易卜生等待它们革新挪威社会生活的两个社会集团之一。这一点再好没有地证实了我在上面所说的话，易卜生决不是工人阶级的有意识的敌人。当他把工人阶级作为"群众"的特殊的组成部分来考虑的时候，——他在德隆叶姆就是这样做的，但是他这样做通常是极其少有的，——他好像已经不满足于"挤公山羊的奶"了，为了解放而解放，为了"精神的反叛"而"精神的反叛"，而是指出明确的政治的任务：扩大和巩固个人的权利。但是应该走什么路去解决这个任务呢，这个任务，顺便说一句，是应当列入易卜生极为尖锐地指责的"部分的革命"之内的？好像，这条路应该通过政治的领域。但是在政治的领域里，易卜生总是自己感觉到太不舒适。他于是赶忙走进对于他无比的更为习惯更有诱惑力的道德的领域：他等待由"高尚的因素"带进挪威的政治生活里去而来的一切好事。这就完全模糊了。在这里好像是他的艺术的宠儿，约翰·罗斯麦尔在说话，罗斯麦尔也抱着要使国内所有的人成为"高尚的人"的目的（《罗斯麦尔庄》，第一幕）。罗斯麦尔期望在"解放了人们的精神"和"清洗了他们的意志"之后达到这个崇高的目的。这个，自然，是值得赞扬的。自由的精神和纯洁的意志都是非常之好的。但是在这里连一点政治都没有。而没有政治就没有社会主义。

请注意：在易卜生对德隆叶姆的工人所说的关于"高尚"的话里有大部分的真理。他的敏感是诗人的，并不带有小资产阶级那种甚至于把最高尚的心灵的运动都庸俗化了的中庸性，它指示给他，工人是要把现在缺少的高尚的因素带进挪威社会生活里去的社会因素，它没有欺骗他。坚决地为自己的伟大的"最终目的"而奋斗的时候，无产阶级事实上要解放自己的精神和清洗自己的意志。但是易卜生颠倒了事物的实际的关系。为了无产阶级发生这个道德的变化，他必须预先要在自己前面定下这个伟大的目的：不然他就走不出小资产阶级的泥坑，不管有些什么样的道德的说教。把热忱的高尚的精神带到工人中间来的不是罗斯麦尔们，而是马克思们和拉萨尔们。

无产阶级的道德的"解放"只有借助于他的社会的解放斗争才会达到。"问题在于开始"，浮士德说。但是这一点也是易卜生所不了解的。

是的，在德隆叶姆的演说里有一处地方，从表面上看，它可以证实让·隆盖的思想。原文如下：

"现在在欧洲准备着的社会关系的改革，主要的是关于工人和女子将来的地位的问题。我等待这个改革，我指望着它，我愿意并且将要在我一生的过程里竭力做有益于它的事情。"在这里易卜生好像是一个信仰坚定的社会主义者。但是，第一，这个地方的缺点是它极其不明确。我已经不用讲所谓妇女问题跟所谓工人问题是不能够分开的了。但是易卜生连一个字也没有讲到他自己怎样想象将来的"工人的地位"。这表明了他完全不清楚"社会关系的改变"的最终的目的。期待从妇女方面来的高尚不妨碍易卜生把他们关在儿童室里。从那里可以看得出来,期待从工人方面来的高尚就使他认识到工人应当解脱资本的枷锁呢? 这是无论从那里都看不出来的;而从易卜生在"保卫妇女事业联盟"发表的演说里看到,相反地,他所说的"改革社会关系"仅仅意味着"提高人民到更高尚的程度"。这是社会主义吗?[1]

易卜生得出来的结论是,首先应当使人民高尚,然后再提高他们到更高的高度。这个公式在实质上跟我们的已故的农奴制度拥护者们那个臭名昭著的公式是同样的:"首先教化人民,然后再解放他们。"我再说一遍:易卜生完全没有任何农奴制度的思想。他决不是人民解放的敌人。他甚至于,或许,同意为人民的利益工作的。但是这怎么做法? 这怎样着手呢? 这是他完全不知道的。而他之所以不知道,因为在小资产阶级的社会里,他在里面长大并且后来跟它进行激烈战争的那个社会里,对于工人或者妇女那样的问题,没有也不可能有正确地解决它们,乃至于正确地提出它们的论据。

让·隆盖错了。使他弄错的是我在上面已经提到的易卜生在一八九〇年所作的声明,那是因为萧伯纳的一篇题目叫作《易卜生与

---

[1]〔原注〕奇怪,白朗德斯总算是熟悉社会主义著作的,却在德隆叶姆的演说里找到了易卜生的"隐藏着的社会主义"的表现。(G. Brandes, Gesammelte Schriften, München, 1902. I. B., S. 42;论文:"Henrick Ibsen und seine Schule in Deutschland")(格·白朗德斯,文集,明兴版,一九〇二年,第一集,第四二页;《亨利克·易卜生及其在德国的学派》)但是,白朗德斯甚至于在《社会柱石》里也看到有"隐藏着的社会主义"。这就需要很多的好意了。

社会主义》的讲演引起了报纸上的纷纷议论而发表的。

在这个声明里我们的作者肯定地说，他努力尽情况和能力的许可，来"研究社会民主主义的问题"，虽然他"从来没有时间来研究论述各种社会主义制度的浩大的广博的著作。"[1] 但是，正如我已经说过的，十分明显，易卜生对于"社会民主主义的问题"也是从他习惯的，即仅限于道德的观点，而不是从政治的观点来看的。

他多么的不够了解现代的无产阶级的运动，这从他完全不明白一八七一年巴黎公社的伟大的历史意义这一点就可以看到；他宣称它是他自己的社会理论的一幅漫画，然而在他的头脑里是完全没有社会理论的位置的。

八

在易卜生的葬仪上他的崇拜者之一称他为摩西。这不见得是个恰当的比譬。

易卜生，可能，跟他同时的全世界的文学家里只有他一个人能够引导读者走出市侩的埃及[2]。但是他不知道那里是极乐的土地，他甚至于这样想，并不需要任何允约的土地，因为所有的问题在于人的内心的解放。这一位摩西注定了在抽象的荒野里作没有出路的流浪。这对于他是巨大的不幸。他说到自己，说他的生活是"漫长，

---

[1]〔俄文本编者注〕《易卜生文集》，第一集，五一〇页。
[2]〔译者注〕意即市侩的世界。摩西领导受奴役的以色列人迁出埃及，去到上帝允约的土地——迦南，建立以色列人的国家。（约在公元前一二三〇年，参看《旧约》"出埃及记"等篇。）

漫长的热情周"[1]。这一点是不能不相信的。对于他的真诚的完整的性格，在无法解决的问题的迷宫里永远的流浪当然成了难以忍受的痛苦的根源。

他遭受这种不幸是由于挪威社会生活的不发展。丑陋的小资产阶级的现实显示给他应当避免什么，但是不能够显示应该往那里走去[2]。

是的，离开了挪威，从他的脚上拂去了资产阶级庸俗尘土，迁居国外之后，他有充分的外在的可能性找到走向真正提高人类的精神和真正战胜庸俗的小市民性的道路。那时候德国工人阶级的解放运动已经成了不可遏止的洪流，甚至于它的敌人都说只有它现在能够产生真正的高尚的道德理想。但是易卜生已经没有内在的可能性来认识这个运动了。他的敏锐的智力过分地被他祖国的社会生活提到他面前来的那些问题占有了，并且它们在他是始终无法解决的，因为这种生活向他提出了它们之后，本身还没有作出解决它们所必

---

[1]〔原注〕见一八九八年四月十三日在斯托哥尔摩宴会上发表的演说。(Ibsen's Werke, I. B., S. 534.)(《易卜生文集》，第一集，五三四页。)
[2]〔原注〕在挪威的无产阶级的政治方面，情形直到今天都是够坏的。不久之前这个国家跟瑞典分开了，当时发生一个问题：共和国还是王国？——有些挪威的社会民主党人表示赞成王国。这件事情最低限度是令人惊奇的。

"这是真事吗？"我问一位著名的瑞典的社会民主党人白朗金格（Брантинг）。"可惜，这是真事，"他回答。"那末为什么他们做出这种事情？""为了不落在我们，瑞典人的后面，瑞典人是有国王的。"白朗金格带着微妙的微笑回答。社会民主党人竟至如此！这样的社会民主党人在地球上别的地方恐怕未必能够找到了。

需的前提[1]。

易卜生被人称为悲观主义者。并且他实在也是这样一个人。但是在他的处境，以他对那些使他苦恼的问题的严肃的态度，他绝对不可能成为一个乐观主义者。他只有当他能够解答现代的斯芬克斯[2]的谜语的时候，才会成为乐观主义者，而这是他注定了不能做到的。

他自己说，他的创作的基本的动机之一是愿望与可能之间的对立。他很可以说，这就是他的创作的基本的动机，并且正是在这里有他的悲观主义的解答。这种对立本身也是环境的产物。在小资产阶级的社会里"卷毛狗般的人"可能有很广大的意图。可是他们"一定什么也做不成功"，原因很简单，因为他们的意志没有任何客观的支柱。

人们又说，易卜生的崇拜是个人主义的崇拜。这也是真实的。但是他之所以发生这种崇拜，唯一的原因是他的道德没有找到走向政治的出路。并且这不是他个人的力量的表现，而是他个人的弱点，教养了他的社会环境使他必然如此。弄清楚了这一点以后，请想一想里亚·谢纳的深奥的思想吧，他在一篇我在上面引用过的发表在

---

[1]〔原注〕为了确切起见，我补充说明一下在易卜生出国之前更发展的国家对于他的影响。当他还住在赫里斯吉阿尼亚的时候，他就热情地写到匈牙利革命，并且甚至于有一个时期跟一些受了社会主义熏陶的人很接近。因此可以说，不是挪威的生活，而是外国的影响教导了他什么是应该摈弃的。但是这种影响总并不是那样地强有力，能够使他养成固定的政治的兴趣。关于匈牙利他很快就忘记了，而跟那些受了社会主义熏陶的人们，也很快就分开了，或许，仅仅在草拟他的德隆叶姆演说的时候回忆起过他们。

[2]〔译者注〕斯芬克斯（Cфннкс），希腊神话里一个女首狮身有翼的怪物，它坐在路旁的岩石上出很难的谜语问往来的行人，如果猜不中它的谜语，就要被它杀死。

Mercure de France[1]上的论文里断言,生在那样一个小国家里对易卜生是很大的幸运,"在那里,是的,起初他会很困难,但是在那里至少他的任何努力都不会不受人注意,埋没在大批的其他书刊里。"这种话,可以说,是文学的竞争的观点。易卜生本人会用什么样的轻蔑的讽刺来对待它呵!

德·科尔维伊和柴贝兰称易卜生为现代戏剧的大师,这是对的。但是如果像俗话所说的,事情怕行家[2],那末它同时也就反映出他所有的弱点。

易卜生的弱点在于不能找到从道德到政治的出路,它"无条件的必然"反映在他的作品里,把象征主义和议论性,也可以说是——倾向性的因素带了进去。它使他的某些艺术形象失去了生气,加之正是他的那些"理想的人物","卷毛狗般的人"使他受到损害。所以我说,作为一个剧作家,即使假如他有莎士比亚的才能,他是低于莎士比亚的。我极其想来说明一下,为什么他的作品这种无疑的巨大的缺点能够被读者群众当作是它们的优点。本来这也应当有它的社会的原因。

但是篇幅不许可我在这里讲到这一点。我要以后再来分析这个问题,当我说到同样的另外一个跟它有密切关联的问题的时候:一个最不发展的欧洲国家的代表怎么会成为现代世界文学里的戏剧大

---

[1]〔译者注〕《法国水星》。
[2]〔译者注〕事在人为之意。

师。白朗德斯正确地指出[1]，单是用易卜生的才能是不能解释他在国外的成功的，不过白朗德斯自己所作的解释，实在糟糕得很。

好吧，关于这一点就以后再谈。

九

什么原因呢？为着找到这个原因，必须预先了解易卜生在西欧各国成功的社会心理条件，西欧各国的社会经济的发展程度，要比斯堪的纳维亚的高得多，简直不能够比较。

白朗德斯说："为着要在自己的国家之外得到一般的承认，单是才能的力量是不够的。除开才能以外，还要对于它有感受性。杰出的人才在自己的同乡之中，或者自己慢慢地去造成这种感受性，或者灵敏地去感觉并且利用已经存在的或是正在成熟的情绪。然而易卜生不能够在外国的社会里去造成这种感受性，外国社会本来一点儿也不知道他，甚至于在他似乎感觉到有些成熟的地方，他起初也丝毫没有得到什么反响。"

这是很对的。在这种地方，单是才能是不够的。中世纪的罗马人不但对于古代艺术作品没有什么兴趣，而且烧毁古代的雕刻像，为的要在雕刻像里烧炼出石灰来。后来才开始了另外一个时期，罗马人以及一般的意大利人对于古代艺术发生了兴趣，而且把它当作

---

[1]〔原注〕见上面提到过的他的论文"Henrick Ibsen und seine Schule in Deutschland"。(《亨利克·易卜生及其在德国的学派》)

＊格·华·普列汉诺夫注：

（给翻译者）这个新的一章，第九章直接下列诸字："要知道这也应当有它的社会的原因"（在俄文单行本六四页，从上数五及六行）之后开始；在上述诸字后面的那几行（见本页上文——俄文本编者注）应该删去，易以下稿。

自己的模范。在那个长久的时期之中，当罗马人——并且也不只是罗马人——这样野蛮地对待古代雕刻的伟大的作品的时候，在中世纪社会的内部生活里面，正慢慢地完成着一个过程，这个过程深刻地改变了社会的结构，因而也改变了组成这个社会的人们的观点、感情和兴味。存在（des seins）的改变引起了意识（des bewusstseins）的改变，直到这个意识的改变才使得文艺复兴时代的罗马人能够享受古代艺术的作品，——说得更正确些，就是直到这个意识的改变才使得文艺复兴的本身成为可能的事实。

一般地说起来，为的要某一国家的艺术家或者文学家能够对于别国的人民的思想发生影响，就必须要这个文学家或者艺术家的情绪是适合于读他的作品的外国人的情绪的。因此，如果易卜生的影响传布到了离他的祖国很远的地方，那么，可见得他的作品里面一定有一些特点，的确是适合于现代文明世界读者群众的情绪的。这是些什么特点呢？

白朗德斯指出易卜生的个人主义，以及他对于多数的蔑视态度。白朗德斯说："得到自由和伟大的第一步，就是要有个性。谁的个性少，他就只有一个人的躯壳，谁要是完全没有个性，他就等于——零。然而一切的零是互相相等的。现代的德国里面，又有了雷奥纳尔多·达·芬奇的话的信徒：'就其内容和价值来说，全世界一切的零等于一个唯一的零。'这里，才达到了平等的理想。而在德国的思想界里，不相信平等的理想。亨利克·易卜生也不相信平等的理想。德国有许多人是这样的一种意见：在信仰多数的时代之后要来一个信仰少数的时代，而易卜生就是信仰少数的人。最后，许多人以为进步的道路是要经过个人的孤立的。易卜生也是这种意见。"

这里，白朗德斯也只有一部分是对的。所谓德国的思想界

(denkende kreise Deutschlands)的确很不同情于"平等的理想"和"对于多数的信仰"。这种不同情的事实,白朗德斯指出来是对的。但是,他的解释却是错误的。实际上,照他的意思,对于平等理想的努力是和发展个性的努力不能够并存的,因为这个缘故,所以"德国的思想界"避开那种理想。然而,这是不对的。谁敢于肯定地说:大革命前夜的法国"思想界",比现在德国的"思想界",尊重"个性"的利益要少些呢?而当时的"有思想的"法国人对于平等理想的态度,却要比现在的德国人好得多,简直不能够比较。多数（majorität）对于法国人的恐吓,比对于现在的"有思想的"德国人,也要少得多,也简直不能够比较。谁也不怀疑西叶士神甫和他一派的人是属于那时候的法国"思想界"的,而西叶士主张第三等级的利益的主要理由,却正是因为这些利益是多数的利益,只有极少数特权阶级的利益是和这些利益冲突的。可见得问题不在于平等理想本身的性质,也不在于多数的观念的本身的性质,而在于一定的历史条件,就要看某一国家的"思想界"是在什么样的历史条件之下去对付这些观念。法国十八世纪的思想界多多少少还是站在革命的资产阶级的观点之上的。这个资产阶级反对教会的和世俗的贵族,自己觉得和广大的民众是团结的,就是和"多数"团结着的。现在的"德国思想界"——而且不但是德国,还有完全建立了资本主义生产方法的一切国家,——却是大半都接受了另外一种资产阶级的观点,这种资产阶级懂得了它的阶级利益和贵族的利益比较接近些,——不过,现在的贵族也完全沾染了资产阶级的精神,——至于资产阶级的利益,和先进资本主义国家里的多数人,就是无产阶级的利益,那就离得远了。因此,"对于多数的信仰"（majoritätsglauben）要引起这些人的不痛快的概念;因此,这种信仰照他们看起来,是和"个性"的观念不能够并存的；因此，他们之中"对于少数的信仰"（minoritätsglauben）就逐渐地兴盛起来。十八世纪法国的革命的资产阶级欢迎卢梭，不过当时的资产阶级并没有完全了解卢梭；而现在的德国资产阶级欢迎尼采，他们的正确的阶级本能立刻就觉到了尼采是"统治"的阶级意识代表和阶级诗人。

然而无论怎么样，没有疑问的是：易卜生的个人主义的确适合于那种"对于少数的信仰"，这种信仰恰巧是现代资本主义世界的资产阶级"思想界"的本性。易卜生在一八七一年九月二十四日写给白朗德斯的信里面说："我所最希望你的就是健全的利己主义，这种主义要使你认为一切属于你的都是唯一有真正价值和重要性的东西，而其余的一切都是不存在的。"这几句话里面所表现的情绪，不但是和现在的"有思想的"资产阶级的情绪没有冲突，而且是完全符合的。而底下几句话所暴露的情绪，也是和他们的情绪符合的："我从没有好好地了解所谓团结。我只当它传统的信条看待。如果我们有勇气完全抛弃所谓团结，那就可以避免那些束缚个性的最痛苦的负担。"最后，随便那一个充满着阶级意识的（klassenbewusster）"有思想的"资产阶级，都不能够不同情于写出底下这几句话的人："我想别国的情形也不见得比我们这里好些。到处的群众都是在高尚的利益之外的。"

过了十多年，易卜生写给白朗德斯的信又说："我无论怎么样也不会属于多数人所赞成的政党。边生说：多数永久是对的。而我说：少数永久是对的。"这种话，自然只会引起现在资产阶级的"个人主义"情绪的意识代表的赞成。因为易卜生的戏剧作品都表现着这些话里面的情绪，所以所有这些作品都引起了那些意识代表的注意，这些作品对于这一类的意识代表就有了所谓"感受性"（"empfanglich"）。

固然，古代的罗马人就说过的：两个人讲着同一样的话，这就并不是一样的（non est idem）。易卜生的所谓"少数"的概念，和先进的资本主义国家的资产阶级读者群众的概念，其实完全是另外一件事。易卜生的说法是："我所认为的少数是前进的，是把多数留在后面的。我认为谁和将来更加和谐些，谁就是对的。"我们已经知道，易卜生的努力和观点是在这样一个国家里形成的，那地方没有革命的无产阶级，那地方的民众，自己就是深入骨髓的小资产阶级性的。这些群众，的确不能够成为先进的理想的代表。因此，无论那一个前进的运动，在易卜生看来，都是"少数"的运动，就是一些有思想的个人的运动。在资本主义生产发达的国家里，就不是这个样子。这里的前进的运动，应当是被剥削的多数人的运动，或者说得更正确些，应当努力去做成被剥削的多数人的运动。养成易卜生那样的人的社会条件之下，一些人"对于少数的信仰"，它的性质是完全没有罪过的。不但如此，这种信仰表现着少数的知识分子的进步的努力，他们在一片荒凉的市侩主义的沙漠里面，仿佛是一块肥沃的土地。正相反的是，在先进的资本主义国家里面，所谓"思想界"的这种信仰，却是对于工人群众的革命要求的保守主义的抵抗。两个人讲着同一样的话，这就并不是一样的。两方面"对于少数的信仰"，也就并不是一样的。然而，一个人在宣传着"对于少数的信仰"（minoritätsglauben），也就会得别一个同样有这种信仰的人的同情，虽然这别一个人的信仰，完全是由于另外一种的心理原因。易卜生碰见的事情，就是这末一回事。他的激烈的、动着深刻的感情的对于"多数"的攻击，的确得到了许许多多人的欢迎，而在这许许多多的人的心里，所谓"多数"，首先就是要求解放的无产阶级。易卜生所攻击的"多数"，是那些不了解一切进步的努力的人；

而同情于易卜生的,却正是恐惧"多数"的进步努力的人。

再讲下去吧。白朗德斯说:"可是,如果我们再深刻些研究这个(即易卜生的——格·普)个人主义,那么,我们就会发现隐藏着的社会主义,这个社会主义在《社会柱石》里已经可以觉得到,而在易卜生最近到北方去的时候,他对于德隆叶姆的工人的热烈的答复里,就表现了出来了。"*

我在前面已经说过,要有很多的好意才能够在易卜生的《社会柱石》里发现社会主义。实际上,易卜生的社会主义不过是很好的,可是很不一定的一种希望,就是"把民众提到更高尚的程度"。然而就是这一点也没有妨碍易卜生在"德国思想界"和其他资本主义国家里的成功,而且还大大地帮助了他的成功。如果易卜生真正是个社会主义者,那么,那些恐惧"多数"的革命运动而发生"对于少数的信仰"的人也就不会同情他了。然而正因为易卜生的所谓"社会主义"仅仅是"提高民众的程度",所以他能够并且应当得到那些人的喜欢,那些人正要抓住社会改良来做预防社会革命的手段。这里又是 qui pro quo[1],完全和关于所谓"少数"问题的情形一样的。易卜生没有从"提高民众程度"的努力更进一步,原因是在于他的观点的形成是在小资产阶级社会的影响之下的,这种社会的发展过程还没有提出伟大的社会主义的任务;然而易卜生的努力的狭隘性却保障了他在另外一些社会的高等阶级(所谓"思想界")里的成功,这些社会的内部生活现在已经有了那种伟大的任务了。

可是还应当记住,在易卜生的戏剧作品里面,甚至于他那种很狭隘的改良主义的努力也简直觉不到。这些作品里的思想是广义的

---

[1] 〔译者注〕各说各的话。

非政治主义的,就是站在社会问题之外的。他在这些作品里面宣传着"意志的清洗","人的精神的反叛";然而他不知道"清洗了的意志"应当有什么样的目的,"起来反叛的"人的精神应当去反对什么样的社会关系。这又是非常之大的缺点,然而就是这个非常之大的缺点——和上面所指出来的两种缺点一样——应当很有力地帮助易卜生在资本主义世界的"思想界"里的成功。这些"思想界"只能够在"人的精神的反叛"是为反叛而反叛的时候,就是没有目的的反叛,就是并不危害现在的秩序的时候,来同情这种反叛。资产阶级的"思想界"可以抱着极大的同情,来注意卜朗德,因为卜朗德答应:

> 往高处去,沿着冰河的
> 冻结的波浪,
> 往低处去,沿着山谷,村庄,
> 远远近近——我们要走遍
> 整个的大地,
> 解开一切罗网和陷阱,
> 放出那些陷落在里面的灵魂,
> 我们要革新和清洗他们……

然而,假使这个卜朗德的意思,不但要使这些革新的灵魂,清洁的灵魂,去逛逛那些冰河的冻结的波浪,而且还要惊醒他们,使他们去实行一定的革命行动,那么,那些"思想家"一定会吓得什么似的认为他是个"煽动家",而说易卜生是"有倾向的作家"。这样,易卜生的才能,也就不能够帮助他了:这样,就要明显地表现出来,那些"思想界"没有那种感受性来同情这个才能了。

现在可以明白了，为什么易卜生的弱点——就是不能够在道德里找着政治的出路，反映到他的作品里面就变成了象征主义和议论性的成分，——为什么这种弱点不但没有妨害易卜生，反而在大部分的读者群众的意见里是对于他有利益的。易卜生的"理想人物"，"卷毛狗般的人物"，是不清楚的，差不多是完全没有血肉的人物。然而在资产阶级"思想界"的意见里，这正是他的成功所必需的：这些"思想界"只能够同情于这样的"理想人物"，就是只表现一些不清楚的不一定的"往高处去"的努力，而没有什么认真的努力，要"在这里，在这个地面上，来创造天堂"。

我们时代的资产阶级"思想界"的心理就是这样；这种心理，我们可以看见，是能够用社会学来说明的。这种心理对于我们现代的艺术的全部，都留下了自己的痕迹。应当在这种心理里面，去猜到现在象征主义这样盛行的原因。象征主义派所造出来的艺术形象的不可避免的模糊，适合于现代社会"思想界"里所产生的那些实际上完全没有力量的努力的不可避免的糊涂性；这些"思想界"，甚至于在自己对于周围的实际生活非常之不满意的时候，也不能够进到对于这种生活的革命的否定。

这样，我们现代的阶级斗争所造成的资产阶级"思想界"的情绪，必然地使得现代的艺术丧失它的鲜艳。这里，资本主义自己，在生产方面妨害现代人类所有的生产力的使用，在艺术创作方面也是个障碍物。

而无产阶级呢？他们的经济地位没有这样好，所以他们现在不能够很多地来从事于艺术。然而，既然无产阶级的"思想界"也有些从事于艺术的，那么，他们对于这个作家自然也应当有一定的态度。

无产阶级的"思想界"，认识易卜生的创作和思想的缺点——就是上面已经指出来的，——可是，也就不能够不喜欢他，因为他是这么一个痛恨小资产阶级机会主义的人，他是用这样鲜明的光线去照耀那种机会主义的心理的艺术家。要知道，"人的精神的反叛"现在表现在无产阶级的革命努力，同时也就是反对那种小资产阶级的卑劣，反对那种"心灵的衰朽"的暴动，——易卜生的卜朗德所反对的正是这种"心灵的衰朽"。

既然这样，我们就看见了易卜生是个艺术家的"怕拉多客思"[1]的例子，他差不多是在同样的程度里，可是因为相反的原因，而得着现代社会互相敌对的两大阶级的"思想界"的同情。这种艺术家，自然只会发展在一种特殊的环境里，那种环境是和现在伟大的阶级斗争所发生的环境大不相同的。

---

[1]〔译者注〕"怕拉多客思"（парадокс）就是出人意料之外的自相矛盾。

斯托克曼医生的儿子[1]

一

我，很抱歉，不能够从原文来读汉姆松[2]的作品。而我手边有的译本，又不是无可指责的。翻译者雅·达尼林（Я. Данилин）先生，好像是个外国人，俄文学得很好，但是还没有能够领会它的所有的微妙的地方。在他的译文里常常碰到类似这样的词句："你可是不要见怪，假如我告诉你任何事情？"（一五六页）但是按照剧情看起来，显然的，说这句话的人（伊叶尔文）想说的不是"任何事情"（"что-нибудъ"），而是很确定的"某桩事情"（"нечто"）："你需要钱"等等。因此不应当译为"告诉任何事情"（"что-нибудъ скажу"），而是——"告诉什么事情"（"что-то скажу"）。这有很大的分别。还有出场的人物自己，由于我已经指出的译者所用的不正确的语法，被叫作伊叶尔文，假如我没有弄错，这是不对的：他的名字应该简简单单地写作"叶尔文"（Ервен），而不是"伊叶尔文"（Иервен）。俄文的"e"就是西欧文字里前面有"伊"（i）的

---

[1] 〔原注〕克努特·汉姆松，《皇宫门前》，四幕剧，雅·达尼林译，莫斯科，"曙光"出版社。

[2] 〔译者注〕克努特·汉姆松（Knut Hamsun, 1859—1952），挪威小说家，剧作家。

"e"。类似这种情形,我们不正确地写作伊叶克(Иекк)(德国的国际史的作者),而不是叶克(Екк)。剧里面另外一个出场的人物(新闻记者波德生)喊道:"千万,只要不是现在。只要不是现在。因为那时候我就不会再跟你讲话了。"(五九页)但是这又是很显然的,波德生所怕的不是他不会讲话,即没有讲话的能力,而是他没有运用他的能力的可能。剧里的主要人物(作家伊瓦尔·卡莱诺)也是用这样的语言说话的。他竟搞得(即在达尼林先生的译本里搞得)如果秋天是暖和的,他就"会在花园里工作了"。(八一页)但是这里也很明白,寒冷的秋天不是使卡莱诺没有在花园里工作的能力,而只是没有运用这种能力的可能。这——自然,是小事情。但是这是很遗憾的小事情。为什么用拙劣的方言来损害有力的丰富的俄国语言呢?此外,在剧本里有不少印错的字。这也是小事情,可是也是很遗憾的小事情。

好像,这个剧本还有另外一个译本,但是我没有。因此我就用雅·达尼林先生的译本。

在汉姆松的剧本里其实有两个剧:一个——是个人性质的,另一个——是社会性质的。一个写的是很陈旧的,然而永远新鲜的主题;另一个的主题是完全新的,但是由于这个新的主题而弥漫着衰败的老朽之气,真正的颓废精神。在第一个剧里显露出汉姆松自己的很大的艺术才能;第二个剧使人发生喜剧的印象,尽管作者努力使它具有真正的悲剧的性质。简而言之,第一个剧作者是成功的,第二个剧呢,应当认为是不成功到了极点的。

我不想来多谈第一个剧,就是成功的剧。我已经说过,它的主题是很旧的,但是却是永远新鲜的。一个年青的、知识开得晚的,或许甚至于是知识很有限的,但是无论如何在道德上是十分健全的女子，爱林娜·卡莱诺夫人，她爱她的丈夫，哲学硕士伊瓦尔·卡莱诺；他报答她的还不是那种十分的冷淡，而是使她很难堪的很苦恼的漠不关心。在他的心灵深处有对她的爱情，但是他没有功夫来讲爱情。他在写一本著作，这本著作他认为要使很多的并且很有害的偏见受到严重的打击。于是他完全埋头在自己的工作里面。卡莱诺夫人对波德生抱怨道："他不想到我，他也不想到他自己，只是想他的工作。这样已经整整三年了。但是他说，三年——这算不了什么，甚至于就是十年，在他看起来，时间也不算长。我就想到，如果他像这个样子搞下去，那就是说他不再爱我了。我从来也看不见他；夜里他坐在自己的桌上一直工作到天亮。这一切真可怕！我的头脑完全混乱了。"（七六页）并且她的头脑实实在在地完全混乱了。不断地受到她丈夫的难堪的漠不关心，她揣想不出这种漠不关心的原因，于是变得无理由地嫉妒起来。她嫉妒丈夫，不仅吃她的女用人英格波尔格的醋，他因为必要，是常常看见她的，而且也吃他的同事伊叶尔文的未婚妻，娜达里·荷文德姑娘的醋，他跟她是初次会面，而她跟他交谈过几句完全无关重要的话。最后，可怜的卡莱诺夫人就开始耍花样了。她想激起她丈夫的嫉妒，因此就跟新闻记者波德生卖弄风情。但是卡莱诺甚至于都没有注意到她的把戏。她于是就加强卖弄风情的分量，这样……就落进了她自己的网里：爱上了无聊而又庸俗的波德生。卡莱诺只是当事情到了无可挽救的地步才发现他妻子的行为。立刻他自己作了一些努力企图挽救临到他头上的不幸，但是一点用处都没有。妻子在波德生伴随之下离开了他，到她父母那里去了，第一个剧就在这里结束。

我说过，在这个剧里显露出汉姆松自己的很大的艺术才能。要证明我的这个评论，只要指出描写卡莱诺夫人的心灵活动的巧妙就够了。这个不幸的女子的性格——是名符其实的大家的创造。引诱她的波德生描写得也不比她坏。汉姆松用不多的几个特点非常突出地描写了一个无原则的，准备为多少钱一行字出卖自己的文侩。真是什么样的波德生！什么样的卡莱诺夫人！那个剥制禽鸟的手艺人——在剧里完全是个插曲性的人物，可是他也是一个雕塑的形象。总而言之，第一个剧充分地证明了那条老法则：事情怕行家。

为什么不能证明他的第二个剧？难道它不是就从这一个卓越的大家笔底下写出来的么？

要回答这一个问题，就需要认识作家伊瓦尔·卡莱诺，他是第二个剧的主要出场人物，好像他的妻子在第一个剧里起主要作用一样。

我说过，他在写一本书，在他看来，有很大的重要性的一本书。我说得不够有力。卡莱诺自己说得更有力得多。例如，他在第三幕里对他的妻子说："今天夜里，当我写作的时候，思想纷纷地拥集在我的脑子里。你不相信这个，但是我解决了所有的问题，我懂得了生活，我感到了伟大的力量的潮流。"（七○页）要解决"所有的问题"事实上需要伟大的力量。但是伊瓦尔·卡莱诺是站在什么方面去解决所有的问题的呢？关于这一点他总是说得不够明白。例如，他告诉他的妻子，说他懂得了生活之后，他补充道："夜里我觉得，我是一个人，孤独的一个人在地球上。在人们和外在世界之间有一堵墙壁，但是现在这堵墙壁变薄了，我就想来毁掉它，伸出头去看看。"（七○至七一页）这是很模糊的。而且也很奇怪，一个人已经解决了所有的问题，却仍然认为需要毁掉墙壁，伸出头去看看。这是因为什么？既然所有的问题都解决了，那就不用"看"什么东西了，并且可以休息了。但是在卡莱诺跟他妻子的这一段谈话里面有他的见解的更明确的暗示。卡莱诺称自己是一个"带着自己的像鸟一样的自由的思想"去敲人们的门的人。这就是说，毁掉了墙壁伸出头去之后，我们的主人公可以看到自由的理想。这就不是那样模糊了。然而自由可以有各种不同的解释。什么是伊瓦尔·卡莱诺自由的思想的内容呢？关于这一点，下面的长篇大论给我们一个很清楚的概念：

"看吧，"他在妻子面前打开他的文稿，对她说，"这都是讲多数统治的，我把它推翻了。这是——适合英国人的学说，我写道，它是在市场上提出来，在伦敦的船坞里进行宣传的，讲如何使平庸之才得到权力和权利的福音。看，这是——讲抵抗的，这是——讲憎恨的，这是——讲复仇的，这些伦理的力量，现在都衰落了。我写到了这一切。不，听一些更值得注意的，爱林娜，——你就会明白了。这是——讲永久和平问题的。全都认为永久和平是好事情，可是我说，这是只够资格有小牛的脑筋的人想出来的学说。是的，我嘲笑永久和平，因为它无耻地忽视骄傲。让战争发生，用不着操心保全多少多少生命：生命的泉源是无穷无尽的；重要的只是让人们勇敢地前进。看吧，这就是——主要的一篇论文，讲自由主义的。我不宽恕自由主义，我从心底里攻击它。但是人们不明白这一点。英国人和希林教授——都是自由主义者，可是我不是自由主义者，只有这一点他们是明白的。我不相信自由主义，我不相信选举，我不相信人民的代表机关。这一切我也都在这里说出来了（读）："这种自由主义乃重演古老的，不合乎自然的骗局，若似二尺高的人群能够自己选出三尺高的领袖一般……"你是懂得这一点的；这是经常发生的事……看吧！这就是结论。在这里，在这一切的废墟上头，我建筑了一个新建筑，一个尊严的城堡，爱林娜。我为我自己报了仇。我相信生来的统治者,相信天生的专制君主,相信那种不是选出来的,可是自己成为这个地球上这些游牧部落的领袖的统治者。我相信并且期望的只有一桩事——最伟大的恐怖主义者,人的精华,凯撒之重来……"(一○六至一○七页)

我们很快就可以看到,希林教授所想望的,卡莱诺所起而反对的是什么。现在先要记住,那是"自由的思想"使我们的主人公归结到反对多数统治的斗争。这——是他的著作的基本的主题。而在这个意义上,他——是易卜生的斯托克曼医生的亲生的儿子。但是他的思想的形象,比这位医生的思想的形象远为具体得多。首先,斯托克曼讲到多数本来是由于误会,因为他进行的斗争事实上是为了多数(即病人,到浴场来的和可能来的游客)的利益,反对少数(即经营这个浴场的股份公司,他担任这个浴场的医生)。并且当他的议论发挥到了顶点的时候,他证明任何的真理将来都得要变老,并且让位给另一个新的真理[1]。是的,"借助自然科学"来证明这

---

[1]〔原注〕斯托克曼医生:"是的,你们想相信——就相信,不想相信——就不相信。但是真理决不是那些长寿的玛夫沙伊尔(《旧约》里传说活九百六十九年的人——译者注),像有些人想象的那样。通常的真理活个——我们可以说——那么,十七八年,至多——二十年。但是那样的上了年纪的真理总是有很厉害的血毒病的。然而总是要到了那个时候,多数方才开始实行它们并且把它们介绍给社会做有益健康的精神食粮。但是这样的食粮养分是很少的,我可以告诉你们;我是个医生,我晓得这个道理。所有这些被多数承认的真理,就像是隔年的熏肉,像是发臭的、腐烂的,生霉的火腿。在社会生活里到处流行的道德的坏血病就是由它们造成的。"(亨利克·易卜生,《人民公敌》,《文集》,第五集,四○二页)

一点的时候，他在社会关系的领域里作了一些很不成功的游览[1]。但是这些不成功的游览仅仅只是游览而已。斯托克曼医生的实践的纲领不是由它们决定的。并且也看不出他有这样的纲领。可是他的这个儿子，伊瓦尔·卡莱诺，他讲到跟多数的斗争就不是由于误会，而是出自深思熟虑的信念了。并且他有明确的实践的纲领。他不仅"不相信自由主义"，不仅不宽恕它；而且他也不相信选举，不相信人民代表机关，并且不想要它们。他"相信"专制主义，他希望最伟大的恐怖主义者的重来，他觉得这种人是人的精华。看见吧，我们的主人公想望的是什么样的"自由"？专制君主的自由。毁掉墙壁伸出头去，他看到的是使多数服从自己的铁的意志的"最伟大的恐怖主义者"的行将到临的重来。因此，为了便于他的重来，他就进行适应的道德的宣传。他宣传"憎恨""复仇""骄傲"——不是那种不容许人做奴隶的骄傲，而是表明意图拥有奴隶，或者最低限度意图协助"最伟大的恐怖主义者"和"专制君主"不缺乏奴隶的那种骄傲。因此，并不奇怪，这位卡莱诺称和平的理想为"只够资格有小牛的脑筋的人想出来的学说"。值得操心"保全多少多少的生命吗"！"重要的只是让人们勇敢地前进"，这就是说，显然的，当"最伟大的恐怖主义者"和"专制君主"认为需要采取大屠杀的时候，人们不要拒绝去进行屠宰。这一切都像是够明确的。然而不明确的地方在这番长篇大论里并不是完全没有。我们看到，在头几行里多

---

[1]〔原注〕"请你们先想象一下普通的狗，就是那种龌龊的、难看的、乱毛的、老百姓的狗，那种狗只是在街上跑来跑去并且糟蹋人家的墙壁。然后再拿那种狗跟许多代的祖先在贵族人家养着，吃精细美好的食物，并且有机会听和谐的声音和音乐的卷毛狗比较一下。你们会不会认为，卷毛狗的头脑比普通的狗的头脑不是发达得许许多多吗？一定会如此的。"（同上书，四〇五页）这是斯托克曼医生"借助自然科学"所说的那番胡话里的显明的例子之一。

数被称为平庸之才,并且这种用语表明伊瓦尔·卡莱诺的话仍然带有他的父亲,斯托克曼医生的话里充满了的,那种无目的的理想主义的味道。在其他的地方这种味道就消失了。在他的一篇论文里,关于这篇论文他跟希林教授有过一次有兴趣的谈话,他谴责"现代对工人的人道的待遇"是荒谬的事情,并且写道:"工人刚才停止其为植物性的力量,而其作为必需的阶级之地位亦告消灭……当他们为奴隶时,他们尚有自己的职务:他们工作。现在则机器借助于蒸汽、电、水、风,代替他们工作。工人因此愈加成为地球上多余的阶级。奴隶变成工人,而工人是寄生者,此种寄生者今后生存在世界上无任何的用途。而此等甚至已经丧失其为社会上必需的成员之地位的人,国家竟力图提升为政党。那些讲人道的先生们,你们不应当溺爱工人;你们应当保护我们防止他们的存在,阻止他们的增长,你们应当消灭他们。"(二一页)

消灭工人!这就是伊瓦尔·卡莱诺从他的父亲斯托克曼医生继承来的、先前非常不明确的跟"多数"斗争的任务表现出来的明确的面貌。为了解决这个十分明确的(我没有说过:解决了的)任务,卡莱诺甚至于开始拟定那种社会主义者所说的最低纲领。是的,在这个纲领里他暂时只写了一点,但是这一点却是最足以表明它的性质的了。卡莱诺建议实行高谷物税,它可以保护农民,这种人是应当生存的,也可以使工人饿死,这种人是应当灭亡的。这个实践的纲领发出来的已经不是无目的的理想主义的气味;相反的,它充满了特殊的"经济唯物主义"的精神。并且它完全不容有任何疑问地表明了卡莱诺的"自由思想"的内容:这是典型的反动者。

斯托克曼医生,我们都知道,被人称为人民公敌。这是不对的。斯托克曼医生从来不是人民的敌人,虽然在跟他称之为多数的那些人的斗争里，因为他在社会性质的问题上极端的不灵活和束手无策，有时候讲出来的话，好像是真正的人民的敌人：那些剩余产物或者剩余价值的占有者讲的话一样。斯托克曼医生的儿子，伊瓦尔·卡莱诺不是这种情形。他像人民的敌人一样讲的话决不是由于误会。他实实在在的是——人民的敌人，就是在最新式的社会生产过程中起主要作用的那一阶级的敌人。他在跟无产阶级的斗争中抱定的"最终目的"，当然，是十分之荒谬的。"消灭工人"是不可能的。如果卡莱诺抱着这样的目的，那末这就表明了他对社会问题的了解，至少是像他爸爸斯托克曼的了解一样糟糕。但是荒谬的"最终目的"不妨碍他有明确的实践的纲领。在政治上他是反动者，在经济上是保护关税论者，而且还是带着有意识的反动目的的保护关税论者。他指望保护关税政策帮助他"消灭"无产者并且保护农民，农民，按照他的话说来，是应当生存的。他想倚靠农民的利益，在一方面，无产阶级的利益——在另一方面，这二者的对立。农民因为意识到自己的利益跟无产阶级的利益的对立，并且因为在自己的社会政治活动里受这种意识的指导，所以他们意图，用著名的"宣言"里人所共知的话来说，倒转历史的车轮。而那种为了"最伟大的恐怖主义者"的重来利用他们这种意图的人，就已经不是普通的反动者了，而是奸恶的反动者：双料的反动者。伊瓦尔·卜莱诺，"自由思想"的固执的宣传者，就以这样一个奸恶的反动者，双料的反动者出现在我们面前。显然可见，他离开他的父亲是多么地远了。但是也显然可见，他从他的父亲继承了那些最主要的家族的特点。

二

斯托克曼医生在那一回有决定性的人民集会上大发雷霆，在会上他表现出他有很多的好意和很少的知识：

"多数永远是不对的。永远，我说！这是一种社会的虚伪，每一个自由的和有思想的人都应当起来反对的那些通行的虚伪的仪式之一。一个国家里的多数是些什么人组成的？是聪明人还是愚蠢的人？我想，大家都同意，愚蠢的人在整个的地球上都占极大、极大的多数。"

他的这些话，全都知道，无政府主义者是很喜欢的，他们在这里面发现了辩护"自觉的革命的少数"的反叛活动的理由。但是无政府主义者弄错了。斯托克曼医生的这些话辩护的完全是另外一回事情。看一看吧，在事实上，他自己从这些话得出了什么样的实际的结论："但是，见了鬼，愚蠢的人来管理聪明的人对不对呢？（喧哗和喊叫声）是的！是的！你们可以用喊叫压倒我，但是驳不倒我的话。在多数的方面有力量——不幸，——但是不对。我和其他的一些单独的个人——是对的。少数总是对的。"[1]

无政府主义者同意这种话吗：在多数的方面有力量，"但是不对"？我想，不同意。更进一步。无政府主义者同意这种话吗：少数"总是"对的？我想，不同意。不然他们就必须承认，资本家在与工人的冲突中"总是"对的。但是无政府主义者如果不同意这种话，——假如想要合乎逻辑，至少不应当同意，——那末，第一，所有那些属于有特权的少数之列的人，第二，所有那些努力借理论的帮助来辩护这种少数的存在的人，他们是同意并且应当同意这种话的。最后，我们已经知道，那位幻想工人的"消灭"的伊瓦尔·卡莱诺是完全同意这种话的。但是这里发生了一个问题：为什么他

---

[1] 〔俄文本编者注〕亨利克·易卜生，《人民公敌》，《文集》，第五集，四〇五页。

同意这种话呢？

那些属于有特权的少数之列的人，准备欢迎一切辩护他们的特权地位的话，这是不用再加解释就可以明白的。但是伊瓦尔·卡莱诺不属于有特权的少数之列。他不仅不是一个有钱的人，而且他是一个——被债务压垮了的穷人。《皇宫门前》这个剧结尾的一场里，卡莱诺接待了来查抄他的财产的法庭的官吏。而他之所以破产，不是因为他想借什么投机买卖去掏别人的口袋，而是因为完全被自己的著作占有了，没有保证供应每天需要的食粮的实际的可能。这不是一个"牟利者"，而是一个充满忘我精神的有思想的人。为什么他看上了敌对工人阶级的思想呢？他不是资本家，而且，像我们从前喜欢说的，是一个脑力劳动的无产者。为什么这个无产者的脑力，站在跟体力劳动的无产者的利益对立的方面去劳动呢？关于这一点很值得想一想。

我们不知道伊瓦尔·卡莱诺过去的生活。在《皇宫门前》这个剧里关于这个没有一点暗示。我们从剧本里只知道在卡莱诺的血管里"流着一个小的、倔强的民族的血"，因为他的祖先是芬兰人。但是这一点，自然，是不够的。问题不在种族，而在那些使得我们的主人公憎恨人类的社会情况和私人生活。这些情况我们都不知道。卡莱诺出现在我们面前就是一个完全成熟了的人的憎恨者。但是这里有一个活人，波兰诗人扬·卡斯勃罗维奇（Ян Каспрович），他自己，顺便讲一下，是从人民中间出来的。卡斯勃罗维奇，跟伊瓦尔·卡莱诺一样，轻视人民群众，并且他，例如，用这样客气的词句对他们致辞：

"穿着褴褛的衣裳，坐在珠宝和金饰剥落了的宝座上的君王！你的眼睛冒着嫉妒的火光，肉欲使你的嘴唇变成丑陋的兽口的模样。

你睁圆怪蛇的可怕的眼睛,要不就狡猾地佯装把它们微微地闭上,引诱那在你的爪下,在你的枯瘦的手下血染殷红的野兽!"

这里还有:"你——精神的敌人!用锡的脚掌你踏毁了神圣的播种者的手种植的花!在凄凉的荒荒的田野上你摆下惊心惨目的尸体。在你毁灭了往日的神殿的基础的地方,——为你在建立新的庙堂。无限呵,神呵,圣呵,帝王呵,国王呵,教长呵!这就是那整个的装金的伟大的祭坛!你的肥胖的腐臭的尸身,第一位神像中的第一位,在自己的膝头上抚养的腐化,就在那上面膨胀!你会长久君临么,你,这吞食了我的心的,嗜血的野蛮的摩罗赫[1]?……"[2]

当普希金和莱蒙托夫攻击"愚民"的时候,他们常常指的是富丽的客厅里的,穿着镶金制服并且有富裕的收入的,那些上流社会的愚民。"愚民"一语他们是常常用作"上流社会"的同义语的。可是卡斯勃罗维奇,像卡莱诺一样,指的不是"上流社会",而正是"人民",上流社会的豪华和欢乐是用他们的劳动购买来的。如果卡斯勃罗维奇的"群众"有"枯瘦的"手,那末,显然的,这是因为穷困的原故。而卡斯勃罗维奇憎恨的正是这个忍受各种各样的穷困的群众;正是这个群众的胜利,据他看来,一定会带来腐化和各种各样丑态的事情。但是他从前对于它的态度是完全不同的。"从前你是我的神,群众,"他在自己的一首诗里说。在年青的时候他并不是完全没有某些,是的,很不明确的,对于社会主义的同情。为什么他丧失了这些同情呢?"你的胃毁灭了我的信仰,"他对"群众"叫

---

[1] 〔译者注〕摩罗赫(Молох),古代腓尼基人祀奉的日、火、战争之神,以人的尸身为祭品。
[2] 〔原注〕见阿·伊·雅车密尔斯基(А. И. Яцимирский),《现代波兰文学》,第二集,二八四、二八五页。

喊道，"所以现在我的爱情已经不会在你的无神的祭坛的台阶上屈身了。现在，用剩余的力量，我开始来渎神了，并且我的拙劣的手在涂改自己的偶像，嗜血的摩罗赫，他咬碎了我的心，并且像吸血鬼一样，吸干了我的心灵的宝贵的脑汁！"[1]

卡斯勃罗维奇的信仰，如他自己说的，"被群众的胃"毁灭了。这是什么意思呢？这意思就是说，群众的要求他觉得是太粗野了，太唯物主义的了，像所有的国家里的市侩们所说的那样。卡斯勃罗维奇想要人们有高尚的理想。但是他不懂得，高尚的理想可能跟一定的经济的要求密切地联系着。在他看来，这里是——经济，而那里是——理想；理想跟经济被一个深渊分隔开来了，并且没有也不可能有一座连接这个深渊的两边的桥，在那上面有理想，跟它一起，在那上面也有经济。这是——幼稚的、几乎是小孩子的看法，对于社会生活和社会心理没有任何科学的理解。根据这样的看法的论证，自然，完全不能使人信服的。但是这些论证很有特色，它们足以表明现代一个整个的社会阶层，——那些"脑力劳动的无产者"的心情，如我们所看到的，我们的主人公伊瓦尔·卡莱诺也是属于这些人之列的。这个阶层在资本主义社会里占据真正的无产阶级和资产阶级之间的中间的地位。虽然从这个阶层里出过许多人，对于无产阶级有过不可代替的功劳，但是一般地整个地说来，这个阶层经常在两个斗争的方面中间动摇着。今天在这里更同情工人，明天在那里也更倾向资产阶级方面。但是无论他们对工人的同情是多么样的大，他们决不会完全摆脱资产阶级的成见。在资产阶级的社会环境里占统治地位的愿望和见解总是对他们有巨大的影响。这就是为什

---

[1]〔原注〕同上书，二八四页。

么甚至于他们对社会主义的同情也有资产阶级的性质。这个阶层极其很少有越过资产阶级的或者小资产阶级的社会主义的。而因为资产阶级的社会主义，同样的小资产阶级的社会主义，不能够站在唯物主义的基础上，所以那些受了它们的熏陶的人，总是高傲地来看无产阶级的"胃的"要求。这些要求他们总好像觉得是"嫉妒"的产物。而当这些人开始丧失自己的，即使是小资产阶级的，对社会主义的同情的时候，他们就觉得，这种心理的变化之所以发生，——我们已经知道，在他们的中间的地位，是十分自然的，——唯一的原因是无产阶级的粗野的"胃"侮辱了他们的文雅的"信仰"。于是当他们找不到话足以表达自己对无产阶级的憎恨的时候，那么他们就开始等待超人的"专制君主"的降临之类的事情。在这里不能不同意涅克拉索夫的这一句话：翅膀受了伤的老鹰会变得很凶恶的。

当这种人俯就参加工人运动之前，由于他们的理想的愿望的空想的性质，他们向它提出了最不能实现的和最荒谬的要求。而这些要求愈荒谬和愈不能实现，这些先生们也就愈快地对现代的社会主义感到失望。勃昔贝谢夫斯基（Пшибышевский）的埃里克·法尔克说：

"我不相信社会民主主义的幸福。我也不相信一个拥有富足的金钱，建立伤病互助会和储蓄银行的政党，能够得到什么结果……我不相信，一个想着要和平地、合理地解决社会问题的政党，能够会做出什么事情来。沙龙无政府主义者容-亨利赫·马凯伊（Джон-Генрих Макэй）先生，也同样地不够……他们全都宣传和平的革命，当大车正在走动的时候用新轮子去换坏轮子。他们的整个的主义的体系像白痴一般地愚蠢，这正是因为它是如此地合乎逻辑，因为它是以理智万能为基础的。但是直到今天，一切的事情并不是遵照理智发生的，而是遵照愚蠢，遵照无意义的偶然性。"

法尔克所了解的"社会民主主义的幸福"正确与否，他所描写的社会民主党的战略对不对，在这里毫无研讨的必要。我的目的是只要指出这一点就够了：现代社会民主党的"主义的体系"使这位主人公愤慨的正是因为它合乎逻辑。他宣称它是"白痴般的愚蠢"，正是因为"它是以理智万能为基础的"，并且他断言直到今天一切的事情是"遵照愚蠢，遵照无意义的偶然性"发生的。很容易想象，他的以"无意义的"见解为基础的战略，应该是毫无"理智性"和"逻辑性"之过的。并且也很容易想象，在归附了工人的政党之后，那些法尔克先生们，尽管他们的社会主义有资产阶级的本性，却总是倾向他们认为"最极端的"那一翼：要晓得他们是如此地愤恨一切即使是稍稍类似"和平革命"的措施的[1]。但是因为那些仅仅倚靠"愚蠢"和"无意义的偶然性"的"极端的"愿望，有一切的根据是不能实现的，于是法尔克先生们因此，在跟生活发生第一下冲突的时候，就又当然地"失望了"。"失望之后"，他们就开始对"群众"发表类似

---

[1]〔原注〕这是大家都知道的，俄国很大一部分颓废派在几年前归附了俄国工人运动，加入了他们觉得是最"左"的一派：明斯基（Минский）先生做了《新生活报》的编辑；巴尔蒙特（Бальмонт）那时候宣言过自己是在这个报纸上锻诗的铁匠，等等。大家也都知道，这些先生们把他们具有的资产阶级的思想上的偏见也带进上述的一派里去了。这一派到今天还没有完全摆脱这种类型的"无产者"，以及可以说是他们的特色的假革命的战略。但是应该为这一派庆幸的是，它已经作了一些要跟他们决裂的重要的步骤了。至于这位作者，其实，从刊载在《言论报》（一九〇九年九月一日）上的，题为《克努特·汉姆松传片断》的短文就可以看到，他也是向往"极端的"学说：跟无政府主义者抱有同感。这就是说，他也不出我所指出的一般的规律之外。克努特·汉姆松并不总是"脑力劳动的无产者"。有一个时候是的，当他做店员的时候（在布莱维克，在挪威）。像这样的中间的社会地位比一切更甚地促在资产阶级与无产阶级之间的政治上的动摇和其他种种的动摇。

上面引用的一段卡斯勃罗维奇的诗所说的那种客气的言论了。他们轻视"多数"不下于斯托克曼医生。然而在他们对"多数"的攻击里，已经没有并且也不可能有斯托克曼医生的攻击所具有的天真了。他们有机会知道了斯托克曼所不知道的事，并且他们了解，谁也不可能对现代的工人运动依然漠不关心，必须或者坚决地走到他们那一方面去，或者同样坚决地起来反对他们。不言自明的是，既经成为失望的人，他们只能作后一种选择了。

三

如果看了上述的这些情形之后，我们再回到《皇宫门前》这个剧本，那末我们不用费力就可以看到伊瓦尔·卡莱诺的那些"自由思想"是从那里来的。它们是现代资本主义社会里否定阶级斗争的思想意识的产物。同时，自然，不应该假定我们在这里所说的那一社会阶层的每一个个别的代表人物，都经过上述的个人发展的两个阶段。不，我说的是一般的概况，决不总是适合每一个个别的情况。例如，一个人开始同情工人运动，结果却轻视和憎恨它，事情就决不是总是如此的。常常是，——并且，大概，更常常的是，——现代脑力劳动的无产者对于无产阶级的态度是既无热衷的肯定的好感，也无热衷的否定的恶感，而是冷淡的平静的，从少年时代起就吸收资产阶级关于它的一切平常流行的偏见。我说这个话，是专指西方的脑力劳动的无产者而言。有时候也往往这样，他一开始就是满怀"失望的"否定的情绪。于是他一开始就像卡斯勃罗维奇结束的时候那样：对"嫉妒的"工人"群众"发出猛烈的非难。可以想到，克努特·汉姆松正是以伊瓦尔·卡莱诺为代表，把那样的现代无产阶级的控诉者之一带到我们面前来的。在卡莱诺所说的全部的话里，关于他对工人运动从前有过什么样的同情没有一点暗示。在他的有意识的生活里他好像总是工人运动的热情的憎恨者。是的，卡莱诺——是一个现代阶级斗争还没有达到非常紧张的程度的国家里的公民。但是这并不改变事情的本质。他的国家不能保险不受先进的资本主义国家精神上的影响。加之，他的最终目的（"消灭工人"）的几乎难以置信的荒谬，可能正是由于他的祖国经济的发展落后而来的。他想象机器不用工人就会生产。这种荒谬的空想不可能发生在任何一个在资本主义发展和机器生产的道路上远远走在前面的国家里面：在那样的国家里这已经是太明显了，技术设备的成就不仅仅不缩小无产阶级在现代生产过程中的作用，而且相反地，愈来愈甚地扩大它。对于《皇宫门前》这个剧本的一些其他的荒诞的地方也得要作完全同样的解释：因为假如这个剧，更确切地说，类似这样的剧，——是出现在一个更发展的资本主义国家的文学里的剧，那就不会有这种荒诞的地方了。我同意以希林教授对伊瓦尔·卡莱诺的关系为证。

这个自由主义的教授无论如何想要医好青年作家对于工人的憎恨。他自己是站在现代英国哲学（他对卡莱诺说，"整个的世界靠着它生活并且所有的思想家都信仰它"）的观点上的，站在"斯宾塞和密勒——这些我们的思想的革新者"的观点上的。以斯宾塞和密勒的精神他想也来影响卡莱诺，而在卡莱诺这方面，则已经进军反对工人阶级，认为不必要击破"现代英国哲学"。伊叶尔文·卡莱诺过去的同学和意见相同的人，因为希林的阴谋改变了自己的见解，他这样描写这个教授：

"他并不特别引起人的兴趣，不。攻击黑格尔，攻击'右派的'

政治和神圣的三位一体[1]的教义，拥护妇女问题，普遍选举权和斯图亚特·密勒。这就是他整个的人了！一个戴灰色的帽子而又没有大错的自由主义者。"（三六至三七页）

然而，难道"戴灰色的帽子而又没有大错的自由主义者"在现在的时候能够被认为是无产阶级的解放愿望的表达者和保卫者吗？当然，不是的。如果不是的，那末为什么卡莱诺和与他意见相同的人跟这个不幸的自由主义者进行那样猛烈的理论斗争呢？大概，因为他们自己还不十分清楚，应该认为什么样的思想家是现代无产阶级的理论家。而这样的无知又只有在现代工人运动还不大发展的地方才有可能。卡莱诺和与他意见相同的人在克努特·汉姆松的无可争辩的影响之下所做出来的错误，简直简单得可笑。但是这种可笑的错误证明了它在那里造成的那个国家的经济的落后。

并且，"戴灰色的帽子而又没有大错的自由主义者"这样热衷地拥护"现代英国哲学"和……现代无产阶级，甚至于不惜诉诸阴谋。他采取一切的手段，为了不让赞同卡莱诺那样的思想的人在文学里或是在大学里得逞。伊叶尔文直率地说，假如他不放弃自己跟卡莱诺的见解相同的见解，希林教授就要阻碍他得博士学位和助学金。希林像父辈一样劝说卡莱诺本人的话要慎重一些。他说："哲学决不否认机智，但是它所无条件的禁止的，那是——不适当的玩笑。放弃写你的论文吧，卡莱诺。我劝你等一等写，并且让你的见解成熟了明晰了。明智是与岁月俱来的。"（十九至二〇页）可以看到，对于自由主义的教授，与岁月俱来的明智不仅在于尊敬"现代英国哲学"，而且也在于维护工人阶级的利益。据卡莱诺说，"我们这位希

---

[1]〔译者注〕基督教的教义，认为圣父、圣子、圣灵三者结合为一个上帝。

林教授贡献了许多的才能和力量,为工人问题而战斗。"[1]并且我们看到,希林自己也以为他对这个问题贡献了不少的才能和力量。他引述卡莱诺认为需要实行高谷物税,以便饿死工人,"这种人是应当灭亡的"那种思想,问他道:"难道你一点没有读过我们大家关于这个问题写的文章吗?"(二一页)并且还表明了,"仅仅"希林"一个人"关于这个问题就写了"大约六篇大大小小的文章"。(二一页)这也是极其有意思的。"戴灰色的帽子的自由主义者"决不是单独一个人来维护工人阶级的。跟他一起还有许多别的人在维护工人阶级的利益。这些别的人是什么人呢?希林教授说得很简略——"我们大家"。但是从剧情里可以看到,这个"我们"说的是许许多多的人。它包括所有那些在所谓的"社会"上有些名望和影响的人。

正是因此,卡莱诺想到他在那里面劝告"消灭"工人阶级的著作会遭遇到攻击和詈骂。并且正是因此,当卡莱诺不愿意像希林教授所希望的那样来改作它的时候,书店老板不敢出版这本著作。希林不是无故地劝他"稍稍修改一下这本作品"的。

总而言之,克努特·汉姆松这个剧把我们好像带到月球上面去了:我们地球上的种种关系在那里搞成了那样奇怪的样子。卡莱诺以为无论什么样的政府,无论什么样的议会,无论什么样的报纸,都不会通过任何敌对工人的东西。这是——可笑的信念;但是这个可笑的信念是可以理解的,如果我们相信这件事实:在卡莱诺的祖国,所有"社会"上多少有些影响的成员都热情地而且固执地不仅是维护"现代英国哲学",而且也维护无产阶级。并且不仅是热情的而且是固执的。应该补充说明的是,可以看得出来,"现代英国哲

---

[1]〔原注〕我已经说过,格·雅·达尼林把这个剧译得很坏。不过卡莱诺的思想在这里仍然是完全可以了解的。

学"和无产阶级的利益在这个"社会"里受到维护，多年以来就是如此了。我之所以这样想，因为汉姆松所描写的为了工人的利益（"现代英国哲学"可以暂且放在一边）的一致的斗争，好像是卡莱诺周围社会里的一种传统，——好像履行它完全是一种习惯，并且它在思想上的影响已经有了成见的稳固性了。只是因为如此，那些不赞成这种斗争的人，——卡莱诺，伊叶尔文，以及许许多多跟他们意见相同的人，——才会以自由思想的人和激烈的革新者出现。但是这个世外桃源在什么地方呢？它在克努特·汉姆松的想象里；在现代的文明世界里没有也不可能有它存在的地方。要晓得这一个资本主义的或正在变成资本主义的世界，是一个以生产资料所有者剥削生产者为基础的世界，——阶级斗争或多或少在加剧的世界。剧本《皇宫门前》毫不模糊地暗示给我们的那种田园诗，在这样的世界里是绝对不可能的。剥削者对于被剥削者是从来不表示关心的。所以需要有非常丰富的想象力结合对于社会生活的充分的不关心，才能够想象仿佛剥削者，——即使他们既戴着灰色的帽子又热衷"现代英国哲学"，——能够把他们对于被剥削者的温存的关心发展到那样极端的地步，令他们忘记了道德的法则，使他们去做阴谋家。具有这样丰富的想象力的人，是很不多的。汉姆松的剧本的这一方面必然要使一切其他的人发生完全非艺术的、虚构的、不符合真实的印象。卡莱诺的性格也必然要使人发生同样的非艺术的印象。汉姆松叫他的主人公告诉我们，说他的祖先是芬兰人，好像企图使我们相信他的倔强是很可能的。但是问题完全不在于倔强。倔强的人可能到处都有，并且为了要使我们相信卡莱诺的倔强，我们没有任何必要知道他的血管里流着"一个小的倔强的民族"的血。问题在于伊瓦尔·卡莱诺的倔强具有什么样的性质。而这样的性质又使人发生一种虚构的、不符合真实的印象。

我们已经知道，卡莱诺是充满自我牺牲精神的。如果他忘记了自己的妻子，实际上他是很眷恋她的，那末，这唯一的原因就是他完全被自己的思想占有了。在他的视野里面没有跟他所抱的目的无直接关系的人和物存在的余地。正是因此，他是那样忽视自己金钱上的事情，以至于弄到他需要接待法庭的官吏。并且甚至于当生活的严酷的实际很迫切地促使他注意自己的时候，甚至于当他明白地意识到自己的处境极端困窘的时候，——他都不表露一点妥协的意思。戴灰色帽子的自由主义者，希林教授白白地在他面前唱自己热爱（依照汉姆松的奇思妙想）希兰[1]般的无产阶级的歌。卡莱诺仍然毫不动摇。只是当他发现了妻子的变心，并且当他希望挽回她的爱情的时候，他才企图用另一种方式来立身处世。"我可以修改一下我的书里的某些地方，"他说，"我重新决定了。结尾的一章，论自由主义的，引起希林教授抗议的那一章。好，我删掉它，它决不是那样非有不可的。我也删掉那些多少有些尖锐的地方。并且这样子之后仍然还是一本大书。（粗声）我来改写书。"（——三至一一四页）但是他很快就深信自己的企图是完全没有希望的。"我又反复地想过了，"他站在他妻子的已经收拾一空的房间门前，喊道，"爱林娜，我不能够做这桩事。你想说什么就说什么吧。我不改写了。你听见了吗？我不能够。"（一一八页）这是真正少有的，值得十分尊敬的对于思想的忠实。但是那是什么思想？我们已经知道：消灭工人阶级的思想，憎恨人的思想。卡莱诺表现出极好的品质，努力争

---

[1]〔译者注〕希兰（Сирена），希腊神话里地中海海岛上的妖女，会唱美丽的歌，相传路过的航海者受了她们的歌声的蛊惑就要死亡。

取极坏的而且又是十分荒谬的目的。于是这个矛盾比一切更甚地损害剧本的艺术价值。罗斯金[1]很深刻地指出："少女能够歌唱失去的爱情，但是守财奴不能够歌唱失去的金钱。"汉姆松好像决心要来表明，那不是这样的。他企图在理想化的世界里描写那种比失去自己的金钱的守财奴的情感还要难于加以理想化的情感。并不奇怪，他所得到的不是戏剧，而是使人感到极大的文学上的错误的，很特别的一种流泪的喜剧。

我不是说，类似卡莱诺的性格的那种性格是完全不可想象的。我可以很容易地想象得到，在适当的情况下面尼采就会完全像伊瓦尔·卡莱诺那样去行动。但是尼采是一个例外，并且，——这一点必须记住，——一个病理学的例外。精神上有病的人在这里是不算数的，而是说的健康的人，那末他们只是在伟大的思想影响之下表现出伟大的自我牺牲精神。"消灭"无产阶级的思想是不能够与人以自我牺牲精神的，因为这种思想本身产生自跟自我牺牲恰恰相反的情感：产生自达到荒谬之极的剥削者的利己主义。利己主义是十分够害人的。这一点，似乎，勃昔贝谢夫斯基了解得很清楚。所以不能不承认，例如，在埃里克·法尔克的性格里，比伊瓦尔·卡莱诺的性格里有远为更多的艺术的真实。不过，这句话还没有确切地表达出我的思想。在卡莱诺的性格里完全没有艺术的真实。因此应当说：勃昔贝谢夫斯基了解憎恨人类的人是够利己主义的，所以他的埃里克·法尔克在艺术的意义上是真实的，而伊瓦尔·卡莱诺在这一意义上则是虚伪的。就我所知道的来说，我们的批评一点没有注意到我所说的这种情形。这是因为什么？或者这——也是时代的标志？

---

[1]〔译者注〕罗斯金（John Ruskin，1819—1900），英国艺术批评家。

四

  我之所以提出这样一个问题，因为剧本《皇宫门前》本身应当认为是我们这个时代的无疑的标志。它在过去的时代是不可能的，例如在旧浪漫主义时代，这种浪漫主义，我们现代的浪漫主义跟它有很多共通的地方。请想一想，旧时代的浪漫主义者是怎样写作的。雪莱向英国人民呼吁道：

    英国人，为什么你们给那些欺压你们的
    爵爷们拉犁？
    为什么你们替那些咒骂你们的
    暴君们做华丽的衣裳？
    为什么你们，凄惨地呻吟着，
    从最初的一天到最后的一天，
    保护那些比雄蜂还要无耻的家伙，那些吸你们的汗，
    不是吸你们的汗，而是喝你们的血的人？
    为什么你们，祖国的蜜蜂呵，
    要准备武器和锁链，
    为了那些没有针的雄蜂，可以无忧无虑，
    夺取你们的工作的收获？
    你们有富裕，闲暇，安宁，
    安身之所和称心的事么？
    你们用这样的代价购得的是什么？
    用劳累，恐惧，三倍的痛苦？

> 你们栽培了五谷，——别人来收获它们；
> 你们找到了财富，——别人来拿走它们；
> 你们织好了衣服——给谁？为的是不相干的人；
> 你们铸造了武器——为的是别人的权力。
> 栽培五谷吧——但是不给那些无耻的蠢材；
> 寻找财富吧——不给那些无所不为的骗子；
> 织制衣服吧——为的是寄生虫的死亡。
> 铸造武器吧——为的是保卫你们自己。

这跟卡莱诺所说的正好相反，卡莱诺不是对人民呼吁的，而是对"恐怖主义者"呼吁的。

雪莱也会对他的人民愤怒的。他愤慨他们的缺点。但是他认为那是些什么缺点呢？他不是认为那是人民争取自己的解放，而是相反的，他们太少争取它了：

> 好，你们只好躲在地下室里，被摈弃的人，
> 你们建筑了高楼大厦，别人在住它们。
> 你们摇摆着你们自己铸造的锁链，
> 在原来是你们自己的钢刀前面颤抖。＊

这——是一种情感，跟那些激励悲喜剧的卡莱诺的情感恰恰相反的情感。是的，雪莱也是一个如果不是唯一的人，无论如何也是一般的法则中的罕有的例外。浪漫主义者一般都不像他这样，远非爱人民的人。他们也是资产阶级的思想意识的代表，并且往往把人民看成只适于做个别的杰出的个人的脚凳的"民众"。例如，拜仑就

并不是完全没有这种过失的[1]。但是连拜仑也是憎恨专制主义的，连拜仑也会赞同当时各国人民的解放运动。可是干什么讲拜仑和浪漫主义者呢！想一想哥德的作品里普罗米修斯回到宙斯前说的那些高傲的和高尚的话吧：

> Ich dich ehren? Wofür?
>
> Hast du die Schmerzeu gelindert
>
> Je des Beladenen?
>
> Hast du die Tränen gestillet
>
> Je des Ceängsteten?[2] *

在这里，——甚至于在哥德的"奥林普斯山的神"那里！——我们又看到一种情感，跟表明卡莱诺心情的特征的那些情感恰恰相反的情感。假如卡莱诺，按照汉姆松的构思，也应该是一个类似反叛的巨人那样的人物，他想要申述自己对上天的不满，那末，自然的，他就不会责备宙斯对人们的痛苦漠不关心，而只是责备他对他太漠不关心了。他会认为"神和人的父亲"还不够精通有力量的人的伦理学，像他，"哲学硕士"，伊瓦尔·卡莱诺懂得的那样透彻。

总之，在这里我们看到的是整个的倒转。探讨西欧文学里的这

---

[1]〔原注〕曼弗莱德对让他藏在自己的茅屋的狼人说："忍耐！——不能；它不适合凶猛的鸟，——只适合重载的家畜。对像你一样微贱的人去数说它吧；我不是你那一等的人。"

[2]〔旧版俄文本编者注〕普列汉诺夫引自哥德的《普罗米修斯》一剧的片断，一七七三年作：

> 我尊敬你，为什么？
> 你减轻了重负的人们的痛苦了吗？
> 你止住了惊恐的人们的眼泪了吗？

个倒转是怎样形成的，对于理论当是极其重要的。我没有任何可能在这里做这件事。不过我想提一提，在这方面已经做了一些事情，——但是，那是很少很少的，——特别是法国人。在那些包含着许多的材料，能够用来说明我们在这里所说到的社会心理的过程的著作里面，莱奈·卡挪（Рене Кана）的书 *Du sentiment de la solitude morale chez les romantiques et les parnassiens*（Paris，1904）[1]也应该算是一种。卡挪关于浪漫主义者所宝贵的拜伦型的（"type byronien"）特点在法国怎样渐渐地变化作了很有兴趣的说明。他说，这种型的特点，顺便说一说，在波德莱尔和弗罗贝尔的作品里都可以遇到。"拜伦型的最后的杰出的人物是有趣的（amusant）巴尔别·多尔维里叶（Барбе д'Орвили）。"（五二页）

我觉得这是正确的。但是请想一想，"有趣的"巴尔别·多尔维里叶是怎样对待他那个时代的解放思想的。在他描写诗人拉隆·辟希（Ларон Пищ）的文章里我们谈道："假如他决定了践踏（fouler aux pieds）无神论和民主政治，他的思想的这两个可耻的污点（ces deux déshonneurs de sa pensée）……他就会是，或许，一个在各方面都伟大的诗人，但是他却仅仅是个伟大的诗人的片断[2]。"这样的评论可以在他的著作里找到不少。巴尔别·多尔维里叶是一个坚决的天主教的拥护者和同样坚决的民主政治的反对者。我们依据一些够不清楚的暗示就有权判断，汉姆松是把他的伊瓦尔·卡莱诺写成

---

[1]〔俄文本编者注〕《论浪漫主义者和巴尔纳斯派精神的孤独的心情》，巴黎版，一九〇四年。
[2]〔原注〕*Les poètes*，éd. 1893.（《诗人》，一八九三年版。）

不仅是天主教的敌人，而且是一般的基督教的敌人[1]。在这一方面伊瓦尔·卡莱诺跟"拜伦型的最后的杰出的人物"是距离很远了。但是他在政治方面跟他很接近：我们知道得很清楚，卡莱诺是多么地憎恨民主政治。在这里他会很愿意地向巴尔别·多尔维里叶伸出手去的。而这就是说，他的性格的最重要的特点之一使他跟退化的"拜伦型"结成了亲戚。如果他的父亲是斯托克曼医生，那末在他的更远的祖先里面，大概，就有那些拜伦的信徒。

从心理学的观点来看事情的情形就是如此。可是从社会学的观点来看它情形怎样呢？为什么"拜伦型"退化了？为什么从前憎恨专制主义并且多多少少赞同各国人民的解放运动的那些"杰出的人物"，现在却准备欢迎专制君主并且践踏工人阶级的解放的愿望？这是因为社会关系根本地改变了。资产阶级的社会现在经历它的发展中完全另外一个阶段。当真正的（没有退化的）"拜伦型"[2]大放光彩的时候，它是年青的。它现在趋向衰落了，这时候尼采型就以各自的样式——好像新的铜币一样——大放光彩了，他的代表人物之一就是伊瓦尔·卡莱诺。

尼采的信徒认为自己是小市民性的不共戴天的敌人。而事实上他们充满了小市民性的精神。

我们已经看到，他们具有的小市民性怎样反映在克努特·汉姆松的创作上面：一个很大的艺术家弄到这种地步，他所创造的典型

---

[1]〔原注〕他确信伊叶尔文"叛变"了，对他喊道："去吧，把你的钱给神甫们吧。"（八七页）当他的妻子苦恼地回忆起来，他对她在他过生日的那一天送给他的那幅画很冷淡，他平静地反对道："可是要晓得那是一幅基督的画像，爱林娜。"（六七页）可怜的卡莱诺夫人就明白了，"他，自然了，连上帝也不信的。"（四七页）

[2]〔原注〕不是无故的，拜伦的拉刺，他对自己的亲友的利益实际上是漠不关心的，却成了起义反抗那些封建主的领袖。

使人感到的是悲喜剧的印象，可是按作者的意图，他是应该以他的深刻的悲剧性激动我们的。这就十分的糟糕了，在这里必须承认，现代的"英雄式的"小市民的反无产阶级倾向剧烈地在损害艺术的利益。

两篇关于古·朗松《法国文学史》一书的评论

一

《法国文学史，十九世纪》。巴黎高等师范学院（École normale supérieure）教授古·朗松[1]著。摩罗佐夫（П. О. Морозов）主编，译自法文。"教育"编辑部出版。圣彼得堡，一八九七年。

你想翻译吗？这是很好的意图，但是要记住，你应当知道，第一，你要翻译的那种语言；第二，你所用以翻译的那种语言；第三，你翻译的那个著作所说的主题。如果不遵守这些条件，即使是其中之一，那么你最好不要拿起笔来，因为你的翻译会是很坏的，并且你只会使读者迷惑。特别是我们不劝你信赖"审阅"和"修改"你的翻译的那种友好的诺言：它们大半什么用处也没有，如果译文坏，那末它就会依然如故，不论那是什么样的"编辑部"。而译出并且印出好书的坏翻译——那就是使读者迷惑并且使他们遭受拷问，他们的罪过仅仅只是要寻求知识和不知道写那本书的文字罢了：你们也会同意，这太严重了。

我们在上面写出它的名字的这本书，是译得很坏的。从各方面

---

[1]〔译者注〕古·朗松（Gustave Lanson，1857—1934），法国文学史家，批评家。

可以看出译者不够精通法文。他表达原作的思想很笨拙，并且时而在他的译文里碰到这方面的奇事。像在十三页上我们读到关于米拉波的外表："最后，他的整个的不成比例发展的头长在宽阔的、粗壮的躯干上。"你们说吧，可不可能有那样一个人，他不是整个的头长在躯干上的？据朗松在这里引用的莱美尔谢[1]的原文，他说的是米拉波不好看，于是，详细地描写了他的面貌之后，用这样一句话结束这段描写："toute cette tête disproportionnée que portait une large poitrine"。这意思就是说，在等等上长着的他的整个的头是不好看的，而不是说整个的头长在躯干上。在俄译文六六页上讲到罗叶-科拉尔[2]："像在政治理论方面以创造性著称一样，在思辨哲学方面也是如此，他在议会里是一个学派的领袖，那一派的生徒有空论家之称，这很好地说明了他们的智力的平庸。"在原文里并不是"他们的智力的平庸"，而是：leur esprit commun，这意思就是说：他们全体（即那一学派的全体生徒）所特有的精神，或者说他们共同的精神。这个错误很厉害地歪曲了朗松的思想，朗松把某些空论家的智力的才能是看得很高的。在第九章的注释里，在基佐的简短的传记里有这样一处："在这之后（在放弃政治活动之后）他从事于文学工作……他把这个工作跟指挥法国卡尔文教会配合起来，并且在这些事情上是一个严格的天主教徒[3]。"读者就要迷惑不解了：这是个什么样的天主教徒，而且还是个严格的天主教徒，竟能够指挥卡尔文教会？而且什么时候这个基佐成了天主教徒呢？这个迷惑只有查

---

[1]〔译者注〕莱美尔谢（Lemercier, 1771—1840），法国作家。
[2]〔译者注〕罗叶-科拉尔（Royer-Collard, 1763—1845），法国资产阶级的哲学家，政治家，一八三〇年曾任议会议长。
[3]〔译者注〕卡尔文教是法国的新教，天主教是法国的旧教。

考原文才能够得到解决。在原文里是：sévèrement orthodoxe，这意思就是——严格的正统派或正教派。基佐是一个在卡尔文教的意义上的严格的正统派，而卡尔文教的正统派，大家都知道，跟天主教徒是相去很远的。我们还能够引出许多类似的例子，但是不得不仅止于指出这一点：由于译者很不熟悉法国语言和法国文学，在他把全都知道的一些作品的名字译成俄文的时候就弄出一些奇怪的错误；例如乔治·桑的 Compagnons du tour de France 叫作《法国旅行中的旅伴》（!!）。La Maison du chat-qui-pelote 变成《溺爱的猫的家》（?!）等等。

一般地说来，这本书的俄文本读起来很困难，而且读过之后留下很不美学的印象，虽然法文本写得很好。译者并不是如此地精通俄文，能够把外国作家的思想译成俄文的时候，保持这种文字固有的灵活性和活跃性；相反的，他笨拙的呆板的死译原文，而原文，我们已经看到了，他并不总是都了解的。不能不为读者抱憾并且不能不责备勃·奥·摩罗佐夫先生，他对他的编辑的责任不够注意。

至于说到这本书本身，朗松的很著名的著作 Histoire de la littérature française[1] 的"十九世纪"部分，它可能会对俄国的读者很有益处。它是由一个聪明的严肃的人以无疑的学识写出来的。是的，有时候可以遇到一些十分不适当的文学的判断。例如他认为"在乔治·桑的作品里比巴尔札克的作品里有更多的心理学"。遇到这种情形只能表示奇异的惊讶了。作者一般地对巴尔札克是不公平的。据他说，巴尔札克是一个放任的浪漫主义者，"但是因为他缺乏艺术的敏感，诗的天才和文笔，所以他的那些充满了浪漫主义的灵

---

[1]〔俄文本编者注〕《法国文学史》。

感的小说和场景，在现在的时代成了死的部分，因为它们总是不成功的。反之，他描写中等或是低等发展水平的心灵，资产阶级或是平民的风俗，物质的和肉欲的对象则十分地完美，并且他的气质显得非常适合于那些题材，看起来，我们的现实的艺术是应该集中于此的。这样，由于自己的长处和短处，巴尔札克在小说里把浪漫主义跟现实主义分开了。然而终究在他的作品里存留着一种巨大的东西，那末一种不必要的丰富，毫无用意的夸张，总之，一种表明它们的浪漫主义的起源的东西。"[1] 这些话是很奇怪的。无论巴尔札克的作品的起源如何，这种情形是丝毫不容怀疑的，就是在他和浪漫主义者之间——有一大深渊。重读一读雨果给他的剧本写的序言吧，你就会在那里看到，浪漫主义者是怎样理解心理分析的任务的。雨果常常说，他在他的这个作品里想要表现处于某某和某某一种情况下的某某一种热情，得到一种什么结果。于是人的热情被他在最抽象的形态中"把握"着，并且在虚构的，假造的，可以说，完全"空想的"情势里活动着。我们在乔治·桑的小说里遇到的大半都是这样一种"心理学"。巴尔札克的作品没有这种缺点。他"把握"的是他当时的资产阶级社会给他的那种形态中的热情；他以自然科学者的注意来追踪它们怎样在一定的社会环境里成长和发展。因为这样，他成了最深刻的意义上的现实主义者，并且他的作品是研究复辟时期和路易·菲力普时期[2]的法国社会心理不可缺少的史料。如果他不能称为法国现实主义之父，那末除非只是因为这样一个唯一

---

[1] 〔原注〕俄文译本里这样说，而法文本说得很简洁，说在他的作品里有"一种巨大的东西，一种过分的和夸张的、显示它们的浪漫主义的根源的东西"。
[2] 〔译者注〕复辟时期即布朋王室复辟时期（1814—1830）。路易·菲力普时期（1830—1848）。

的原因——在法国的现实主义者里面没有有过一个人，能够完全充分理解"Comédie humaine"[1]的天才的作者给自己规定的那个伟大的任务：孩子们不配有这个父亲。但是这一点不应该归咎巴尔札克，而应该归咎从一八四八年二月革命和六月事变[2]以来的法国社会整个的历史。

朗松不了解巴尔札克的意义。这是很坏的，但是这并不妨碍他很好地了解并且很中肯地评述许多其他的法国作家。他对雨果的评述是无可非议的（见俄译本一九一至一九七页）。关于罗叶（即更正确的——路阿叶-科拉尔），他说："他创造了一种新的唯灵论，雄辩的哲学，哲学的自由主义——一种稳健的适中的学说[3]，恰恰适合法国资产阶级的知识仓库和趣味。"（俄译本六六页）这样不多的几句话，比类似斯普莱尔[4]那样的作家专门谈论他的著作更好地说明了路阿叶-科拉尔。他对基佐的了解也是很好的，他说："基佐是一个有独特的、专断的、刚强的性格的人，有强大的、狭隘的、独断的、清楚的、坚定不移的自信的才智；那些有益于他的阶级的思想，在他眼睛里看来具有理智的全部的意义，并且他总觉得那是十分明显的。在他自己的活动之外，他在政府的政策里无论什么地方都看不到这些思想的令人满意的实现。按照他的意见，欧洲的，特别是法国的整个的历史，从野蛮民族的入侵开始，好像是遵从天命的特

---

[1]〔俄文本编者注〕《人间喜剧》。
[2]〔译者注〕法国一八四八年二月革命仍然是资产阶级取得政权，六月二十三日巴黎无产阶级起义，遭受资产阶级政府血腥的屠杀，被杀和被囚者达数万人，自此资产阶级政府更进一步地施行反动政策。
[3]〔原注〕俄译本作：真实的，法文原本上是：juste。但朗松完全不是想说路阿叶-科拉尔的学说是合乎真实的；他只是想说它毫无极端性，是真正的"juste milieu"（正当的，真实的中庸之道）。
[4]〔译者注〕斯普莱尔（Spuller, 1835—1896），法国政治家。

殊的意旨，进行创造，提高，教化，致富中等阶级；作为一个历史家，他的任务就在于描述这个运动。宗教他认为'为了秩序和为了维持社会'是必需的"等等。（见俄译本六七页，不过，我们写出的这几行略有修改）这是再公正不过的了。下面朗松又说到了，"封建势力的渴望并不使基佐惊慌：他的一切的努力以反对民主政治为目的。他因为自己的抵抗政策，自己把资产阶级和法国，而且把资产阶级的利益和理智的要求固执地混为一谈，引起了惊异和愤怒……从来他没有做过更出色的演说家，从来他的议论没有得到过更大的力量，他的话有更大的鼓舞性，像他在那种时候，当他以他所宝贵的整个的秩序的存在进行冒险，傲慢地违反必然和正义，保护在已经倒台的社会里占过统治地位的不公。"（俄译本六八页，译文我们又当略加改正）这里有很大的不确实的地方。在一八三〇年的革命以前，基佐很害怕正统主义者[1]的意图；当时他活跃地跟他们斗争过，并且在斗争中显露出他的那些特性，它们后来又表现在他跟民主政治的斗争中。他的论证得到最大的力量，正是在那些旨在反对正统主义者的反动意图的（在二十年代初，在戴卡兹[2]内阁倒台之后）小册子里。虽然有这些不确实的地方，基佐的作用和见解在这里绘写得是很鲜明的。我们从完全另外一个领域，就是从法国通俗喜剧的历史里再举一个例子。在这里朗松这样的描写斯克里布[3]："斯克里布是一个这种意义上的艺术家，他那些一组组的戏剧，除去它们包含着的目的之外，没有任何目的。对于他，剧院——就是使

---

[1] 〔译者注〕即拥护正统的布朋王室复辟的一派。
[2] 〔译者注〕戴卡兹（Élie, duc Decazes, 1780—1860），法国布朋王室复辟时期的政治家。
[3] 〔译者注〕斯克里布（Augustin Eugène Scribe, 1791—1861），法国喜剧作家，长于巧妙的结构，共作剧三百五十多篇。

他自己满足的艺术；他不需要什么思想，诗意，风格：只要剧本编得好，那就够了。技巧在他的眼睛里——就是一切，他在这方面也是一个行家……然而，他自己没有猜想到，他把道德放进这些无关重要的通俗喜剧里面去了，它们质朴地反映出作者和他的观众的世界观，他们用来指导自己的行动并且根据它来评判别人的行动的那些流行的思想。这种道德以它的庸俗的平凡为特色；只要那里有谈话，谈的就是金钱、官爵、幸运；成功和物质的满足的最低下的理想——这就是斯克里布和他的观众所谓的健全的思想……当你看到每一桩正直、良善、忠诚的行为，都不可避免地用金钱，巨额的陪嫁或富厚的遗产来支付的时候，不能不感到厌恶。斯克里布可能会使浪漫主义的热情导致道德的离心。"（俄译本三一至三二页）这是无条件的公正的，并且是无可补充的，要不然除非是这一点，但也正如朗松所说的，对斯克里布鼓掌的观众，就是资产阶级的观众。

或许，读者会指出来，在我们所引的这些例子里面，朗松是把他叙写的作家们看作资产阶级的代表人物的。他通常的确总想把法国文学的发展跟法国社会制度的发展联系起来。谁仔细地读过他的书，那末就会找到这种思想不少的证据，就是：因为文学是社会的反映，而社会，用别林斯基的话来说，是对立物的统一；所以这些对立物的斗争本身决定文学发展的过程。只可惜的是，朗松不了解这一观点全部的意义，因此也就不能彻底地运用它来研究文学史。有些地方他甚至于准备来反对它。他的思想不是完全跟应用在文学上，是的，不错，以及一般的在历史现象上的有定论取得一致的。

他说："我完全明白，为什么出现法国的悲剧；但是为什么正是高奈伊，或者为什么正是拉辛，而不是别的一些悲剧作家呢？拉丰旦应该在他的作品里表现出泰纳评论过的那种独创性。但是为什么他正是在寓言里表现出这种独创性呢,这就不明白了。如果不把自由的因素引入解释之中,那末泰纳所说的三个条件[1]就不足以论证结果。"在这里就是最明显的最糟糕的理解的混乱。第一,对于文学史重要的是阐明法国的悲剧怎样和为什么出现了,怎样和为什么消失了;但是为什么正是高奈伊,而不是一个别的什么人写了《希德》,——这个问题对于文学史的科学的说明不是重要的问题。假如事实上《希德》不是高奈伊写的,而是"一个别的什么人",那末可能又要反过来问:为什么是"一个别的什么人",而不是高奈伊呢?

类似这样的问题可以蔓延到无穷,而它们不会得到任何的注意。所以请不要对我们说,如果我们不能够列举出引起某一个文学家的出现的所有的条件,那末我们就不能够科学地说明他的文学活动了。这是很可怜的诡辩论。什么是我们能够要求文学史的科学的说明的?指出决定这个历史的那些社会的条件。可是当人们问我们为什么正是高奈伊写了《希德》的时候?就要求我们不仅仅确定高奈伊和别的跟他同时的文学家们生活的社会环境的性质,而且也要求列举所有的,决定高奈伊和所有的跟他同时的文学家的个人发展的那些私人生活的情况。

我们说——所有的,因为只有这样列举每一个个别的作家发展的条件,才能够表明为什么只有高奈伊是高奈伊,而任何一个别的人不是他也不可能是他。科学无论什么时候都不能够列举出所有的这些条件。但是并不能从这一点得出结论,需要叫"自由的因素"来帮助它。机械学可以准确地确定每一种炮的炮弹的弹道,但是它不能够说出为什么炮弹的某一个破片正是飞到这里,而不是飞到别

---

[1]〔原注〕即:(一)种族,(二)环境,(三)历史的因素。

的地方。从这里能够得出结论，说我们应当把"自由的因素"引入炮弹运动的说明里去吗？

"要想那在社会的、政治的、精神的世界里显然发生了的革新不反映在文学里，那是不可能的，"朗松在他的书的最后一章说，"你是赞成还是反对社会主义？现在的时代的大问题就是如此。大公无私和统一意见对于资产阶级比任何时候都更为必要；它应当充满团结的精神，只有团结能够扩大思想的圈子并且消灭利己主义。"（俄译本二三七至二三八页）根据朗松讲到基佐的话，可能以为他是敌视资产阶级的。现在我们看到，他竟想用一些好心的空想的劝告来拯救它了。这个表面上的看来的矛盾，是由于事实上他仅仅反对大资产阶级可能擅自据为己有，并且实际上已经擅自据有了的那些特权，完全不是反对事物的资产阶级的秩序。他知道在法国这个秩序正在摇摇欲坠，不过他也知道可能代替它的是什么。因此它的灭亡他觉得是一切的人的社会生活和一切的文明的果实的灭亡。于是他就力图拯救它，向"自由的因素"呼吁。对于这种"因素"的信仰给与他一种精神上的安宁。换而言之：朗松必然地要向自由呼吁，因为他感到客观的必然性愈来愈决定地在法国转变为反对"中等阶级"了。

二

《法国文学史》。古斯塔夫·朗松作。译自作者修改及补充过的法文第二版。梭尔达金科夫（К. Т. Солдатенков）版。第一册，莫斯科，一八九六年，定价三卢布五〇戈贝克。

不久之前——在《新言论》[1] 六月号上——我们提到过朗松的《法国文学史》的一部分（"十九世纪"）在摩罗佐夫先生"主编"之下的俄文译本的出现。现在我们想告诉读者这部著作的另外一个——远为精细高明得多的——译本的存在。这个目前也还不是它的全译本：只出了第一册——包括十到十七世纪。可惜，梭尔达金科夫先生的版本非常之贵，按照它的价钱许多人要完全买不起。而因此更可惜的是，现在我们比无论什么时候都更需要奋勉地慎重地来研究在一切领域和一切地方的、人类的精神的发展的历史：现在我们这里在很猛烈地传播所谓（照我们的著作界的俗语来说）经济的唯物论，根据这个理论，人类的精神的发展，归根到底，是由经济关系，生产关系决定的。这，自然，是完全正确的观点：只有从经济的（即更正确的——辩证的）唯物论的观点才有可能真正地科学地说明人类精神的历史。但是这样的说明——一切其他的科学的说明也是一样——是以慎重的研究事实，很好地熟悉实际为前提的，无论什么样的理论，无论什么样的一般的见解，都不能够代替它，即使这些理论和见解一般地说来是完全正确的。一个人，讲到人类的精神的发展，仅仅止于引证说，它归根到底是由决定人的社会关系中一切彻底的改变的，社会生产力的发展所引起的；那末，无疑的，这说的是十分正确的思想。但是我们还不知道，他正确地理解了这个无疑的正确的思想了吗，还是它在他的头脑里始终只是一个死的抽象的概念，被奉为信仰并且死板的固定得僵化了的没有用处的教条。辩证的唯物论比其他任何哲学体系会更大地受到教条主义

---

[1]〔译者注〕《新言论》（"Новое Слово"），一八九四至一八九七年在彼得堡出版的一个科学、文学、政治的月刊。列宁也曾经在这个刊物上发表过两篇文章。

的态度的害处，因为教条主义是辩证法最有害的敌人。辩证的唯物论不是僵硬的教条的总和，这首先是研究现象的方法。它的意义真正是大极了的。但是对于那些仅仅限于方法论的讨论而不努力运用它的正确的方法去研究实际的人，它永远是不能充分地了解和明白的。

我们再说一遍，现在比无论什么时候都更需要研究人类的精神的历史。就法国文学的历史而言，在这个问题上朗松可以做一个很有益的助手。是的，他本人对研究文学史的人应当为自己规定的主要的任务的见解，是不能认为令人满意的，但是关于对象的深刻的学识，文学感觉的敏锐，那种不许可作者把跟他爱好的见解截然矛盾的现象模糊带过或者完全略而不谈的忠诚，弥补了这个重大的缺点。从这种忠诚，读者可以得到很多东西，虽然同时朗松自己是很有所失的：他所写的法国文学的历史本身就很显然地在反驳他的错误的见解；而且更加其好的是，他所指出来的那条道路不可避免地通向发现他的见解的错误。

在六月号里我们已经部分地指出朗松的著作的弱点和优点。但是我们也只能够部分地来做这件事，因为要是完全地探讨它们，就得写一篇很大的批评文章才行。我们用现在这篇短评想说一些我们没有说到的话。

朗松说："研究文学，在现在的时代没有科学的修养是不行的；应该有相当数量的确实的可靠的学识做我们论断的时候必须的支柱和指南。从另一方面看，任何企图走科学方法的道路把我们的思想和个别的印象联系起来，构成一幅文学的发展[1]和变迁的过程的整

---

[1]〔原注〕朗松原文说的是"成长"：des accroissements。

个的综合的图画，比什么都是更为合理的。但是不应该因此忽视文学史的目的是在于评述个别的作家，并且它以个人的印象，个人的直观为基础。它研究的不是关于高奈伊，拉辛，或者雨果的种类或范畴，并且研究他们它用的也不是我们每个人都可能反复用过，并且会得出永远不变的结果的那些方案或者经验，而是运用按照每一个个别的人物而不同，并且必然得出与之相当的和难以相信的结果的那种才能。无论就它的目的，就它的方法而言，文学的学问不可能在严格的意义上称之为科学的。"（七页）

在他这本书的法文第四版里，在一个特别的注解里，朗松努力消除由于他对研究文学史的目的和方法的见解引起的一些误会。他说："我不是想说，需要回到圣柏甫[1]的方法并且构成一个画像馆。我只是说，当我们用尽了能够给我们说明一定的作品的出现的一切的方法的时候；当我们叙述了应有的种族、环境、时机的时候；当我们进行了考虑这个作品所属的那一文学种类整个的发展过程的时候，——我们还余下一种东西，那是所有这些说明没有接触到的，那是这些原则中任何一个原则都不能说明的一种东西；这么一种东西，这个不能确定的和不能说明的剩余的东西却形成一定的作品的最高的独创性；这么一种东西高奈伊或者雨果每个人都有，并且形成他们的文学的个性；因为这种个人的余物不能加以科学的分析，所以文学的历史也就不可能是严格的科学的研究的对象。"

类似这样的见解是常常听到的，它不仅用在文学史上，而且也用在一般的历史上，甚至于用在所有的社会科学上。其实朗松在这里完全不是独创的。但是在这个聪明而又严肃的人所说的这些话里

---

[1]〔译者注〕圣柏甫（Sainte-Beuve，1804—1869），法国文学批评家。

就有一种"个人的余物",它使思想有一种独创的和说服人的样子,可是在实质上它并不是独创的,而且是完全不正确的。不过,朗松把这个公式跟流行的反对科学地说明社会现象的尝试联系起来了,在这种情形里它却是独创的。由于这个公式,朗松的话初初看来好像是反驳不了的:因为这个著名的"个人的余物",大约,在任何一个作家的作品里都可以找到;那末,看起来,应该承认朗松是对的了,这就是说,"文学的学问不可能在严格的意义上称之为科学的"。

但是让我们更仔细些来看一看这个问题,并且拿朗松引证的那些作家之一,就是高奈伊来研究一下。我们评论的这本书第五四五至五六四页是讲高奈伊的。让我们再读一读这几页,看看我们的作者在这个伟大的戏剧作家那里找到了什么样的"个人的余物"。

我们从"高奈伊的英雄的心理"开始。据朗松说,"高奈伊的英雄主义——不是别的东西,就是被认为绝对自由和绝对强有力的、激昂的意志"。高奈伊的英雄首先是一个具有非常强有力的意志并且意识到自己的性格这个特性的人,"我是我自己的统治者,就像宇宙的统治者那样",奥古斯特在"辛那"里说。高奈伊其他的英雄也都是这样的自己的主人,而且不仅男子如此,他的女子也都以具有不稍逊色的高傲的毅力和庄严的自省的力量为特色。请问,这种有趣的文学的现象用什么来说明?"用社会环境的影响",朗松自己回答。"我们发现在高奈伊的心理的题材和那个时代现实的心理生活之间有一种惊人的和谐:甚至于那时候在女子身上也很少女性的东西,她们更多的用头脑来生活,很少用心。"(五五四页)这是因为什么这样的呢?大家都知道,十六世纪后半期在法国是以非常剧烈的社会的纷乱,政党的残酷斗争为特征的。这种斗争和这些纷乱引起了意志的激昂的奋发,锻炼了性格。这反映在文学上就成了这种形态,对于那些把意志提到首要地位的道德的学说大感兴趣：杜·维尔翻译埃辟克提特[1]，杜普莱西-摩尔奈、德·尤尔菲以及其他的人意释塞奈加[2]等等。"这种道德能力的觉醒准备了笛卡尔底意志的理论和高奈伊底英雄主义的理论，"朗松说，"这也可以说明天主教的严肃的形式，扬生教派[3]的成功。"（四四八页）十七世纪前半期的社会生活在这方面也有影响。"在恐怖的过去的回忆和现在还是不安的动荡中间成长的一代，三十年战争和阴谋反对黎塞留[4]时代的人们，以强有力的甚至粗暴的性格为特色；他们没有心情爱好多情善感的生活的那些幼稚的娱乐……这种典型的人的热情与其说是细致的，不如说是粗野的……在他们身上绝对没有任何女性的东西，他们受理智和意志的指导……他们的浪漫的英雄主义正适合对于努力和活动的不屈不挠的要求。"（五一二页）文学则继续反映社会心理的这些突出的特点："那个时代的传奇小说和史诗——仅仅是这种刚毅的和强有力的典型的一些漫画，这种典型的描写我们可以在高奈伊的作品里找到，而它的定义——则在笛卡尔的著作里。"在十七世纪后半期，当纷乱停止了，并且当君主专制完全胜利了，长久的封

---

[1] 〔译者注〕杜·维尔（Du Vair，1556—1621），法国作家，著作有《斯多噶派的道德哲学》等。埃辟克提特（Epictetus，55—135），希腊斯多噶派哲学家，主张自制克己忍苦耐劳之说。
[2] 〔译者注〕杜普莱西-摩尔奈（Duplessis-Mornay，1549—1623），法国作家；德·尤尔菲（Honoré d'Urfé，1568—1625），法国小说家。塞奈加（Seneca），生于公元前三年，死于六五年，罗马斯多噶派哲学家，作家，著作有道德论文集和悲剧。
[3] 〔译者注〕扬生（Cornelius Jansen，1585—1638）创立的改良天主教的教派，盛行于荷兰，在法国也有影响。这一教派的作家，如巴斯卡尔（B. Pascal，1613—1662），在作品里也宣传意志理论和英雄主义。
[4] 〔译者注〕三十年战争（1618—1648）。黎塞留（De Richelieu，1585—1642），法国红衣主教和政治家，在路易十三时代主持国政。

闭了先前单独的（或多或少属于特权阶级和阶层的）个人的活动力所走的那些道路，——这时候在生活里是如此，在文学里也是如此，另外一些典型就被提到了第一位。我们不预备在这里深入论述他们；我们需要的只是指出对于我们极为重要的一种情形，就是，照朗松自己承认的话来说，高奈伊的英雄人物的心理[1]是它当时的社会环境的心理特性的真实的反映[2]。现在，让我们跟随我们的作者再往前去，听听他对我们关于"高奈伊的戏剧的形式"说些什么。

他说："高奈伊的作品的基本原则是真实，跟生活相似。他是第一次摸索着前进，因为他成长在那样的时代，当时谁也没有想到使戏剧的诗趋向那样的目的；他把自己的想象力用于种种不同的方面……但是就是那个时候他也创造了自己的特别的、冷静的、严肃的、真实的喜剧形式……以后他创造了真正的悲剧，并且就停留在那上面了。"（五四七页）

这一回，显然的，我们要谈到是什么东西构成高奈伊的作品里的"个人的余物"的了。事实上，如果他以真实为他的戏剧作品的基本原则，虽然是在谁也没有想到它的时代里成长的，那末好像很明显，他的作品的最重要的显著的特点是得力于他自己，而不是他

---

[1]〔原注〕这一点还要明显地表现在作者的另外一本著作里面，就是他的 *Nivelle de La Chaussée et la comédie larmoyante*, Paris (1887), deuxième partie, chapitre Premier: Origine dela comédie larmoyante.（《尼维尔·德·拉·萧塞和流泪的喜剧》。巴黎版，一八八七年，第二部第一章：《流泪的喜剧的起源》。）俄译本把这个很有兴趣并且写得很好的一章附在《法国文学史》第二册上很有益处。
[2]〔俄文本编者注〕手稿原文在朗松的引文之后，此处为：
"在那一世纪的后半期，当法国平静了并且休息过来了，最后，在'太阳国王'（即路易十四，他以太阳做他的王徽。——译者）的治理之下，像在生活里一样，在文学里另外一些典型也开始占主要的地位。但是我们不预备来讲这些新的典型；我们需要的只是指出对于我们极为重要的那种情形，就是，照朗松自己承认的话来说，高奈伊的英雄人物底主要的四种心理……"（手稿第十二页）

周围的社会环境。然而在这里就不得不指出来，这样的结论只是初初看来是正确的。高奈伊的悲剧的真实是在于没有那种浪漫主义的纷乱的纠葛，它在他的前辈们的戏剧作品里占据主要的地位，并且因此剧情不是由剧中人物的性格和境遇决定的，而是由偶然的原因的偶然的凑合。朗松说，高奈伊从来都不使用浪漫主义的手法[1]。C′est trop dire[2]，莱辛就在他的《汉堡剧评》里说明过，不少故意的纷乱的和不自然的东西，有时候甚至于在高奈伊最好的作品里都可以见到，例如在 *Rodogune* 里[3]。不过这一点终归是无可争辩的，就是在这些作品里的真实，比在哈尔第，斯可德里[4]等人的作品里要多得不能够比较。因此终归必须承认高奈伊在时间上是第一个在法国诗剧里追求真实的代表。但是这种情形丝毫并不有利于朗松对于文学的看法。问题在这里，高奈伊在诗剧里对真实的追求不过是理性主义的憧憬的表现，那是当时整个的社会所特有的憧憬，也是对前一个历史时期占统治地位的心情的自然的反动。这里就是朗松

---

[1]〔俄文本编者注〕手稿原文此处为："……不是剧中人物的性格和境遇的不可避免的结果，而是由不依他们的意志为转移的偶然的原因的偶然的凑合决定的。"于是朗松就指着这样一种没有浪漫主义的纷乱的纠葛说道："高奈伊从来都不使用浪漫主义的手法：你在他的作品里找不到一桩改装时事，找不到一桩 incognito（隐姓埋名），只有 *Don Sanche*（《唐·桑谢》）是例外，它不能称之为悲剧，还有 *Herachus*（《赫尔古里斯》），但是在这本作品里偷换孩子不是主题发展的手法，而是它的要点，所以诗人就利用了它。"照朗松的意见来说，高奈伊从来都不使用浪漫主义的等等。莱辛——"在 *Rodogune*（《罗多姑》）里——情节故意的弄得纷乱而且不自然"。

  印刷本里从"不是由剧中人物的性格和境遇决定的"起至下文"不过这一点"止，在手稿上是划掉了的。

[2]〔俄文本编者注〕这说得太过分了。
[3]〔原注〕在描写这个真实里面，它本身受到很多的，适合当时上流社会的习惯和趣味的条件的限制。不过现在说的不是这一点。
[4]〔译者注〕哈尔第（Alexandre Hardy，1570—1632），法国剧作家。斯可德里（Georges de Scudéry，1601—1667），法国剧作家，反对高奈伊甚力。

自己在列举十六世纪成果的时候关于这种反动所说的话:"因为专制的君主政治和天主教的宗教(在亨利第四时期)的恢复,法国人避开一切有刺激性的和危险性的问题。孟泰因[1]就只限于不可认识的东西的领域;但是如果他能够以自己的实证论为满足,那末那些需要一种无疑的东西的人,就在宗教里面去寻找理智对之沉默的那些问题的回答了。……理智在这方面保卫了自己,也在十六世纪的变乱和古代的研究里成熟了,它认识到自己是一切可以认识的真理的最高裁判者,于是文学也渗透了实证的和科学的理性主义。信仰的领域是有限的,一切越出它的范围之外的都取决于理智……文学,在这里面理智开始占有统治的地位,就力求表现普遍的东西;真实和风俗就成了它的对象"等等。(四四七、四四八页)在这样的情况下面,高奈伊对于真实的追求就完全不是什么不能用社会的原因说明的事情了,而且可以惊奇的只有这一点,即真实在高奈伊出现之前的诗剧里没有能够大奏凯歌。

所以,高奈伊在法国诗剧里是理性主义的憧憬的第一个天才的代表人物,理性主义的憧憬一般地是他那一时代所特有的,并且一部分是较早就有了的,一部分则同时表现在其他的文学部门里面,例如在哲学里。如果我们说的话没有错误,那末那种"个人的余物"不可能妨碍科学地说明世界文学的发展。

我们现在来看看题材的选择吧。朗松说:高奈伊"想的是资产阶级的私人生活的题材,想的就是我们现在所谓的戏剧,并且他作出了这种戏剧的公式;不过他自己没有使用这个公式。"(五五〇页)为什么呢?这种情形是不是高奈伊的文学活动里的什么"个人的余

---

[1] 〔译者注〕孟泰因(Michel de Montaigne,1533—1592),法国哲学家、散文家。

物"? 朗松以为它是由许多原因引起的。第一，因为"权力显露出人来"，像古代希腊人所说的那样：它把他从私人生活的许多限制里解放出来，并且使人有可能更好地来研究他的热情的天性。这是很坏的解释。它就完全不能解决那样一个问题，为什么这种关于权力的影响的想法为十七世纪所有的杰出的作家所信服，而在十八世纪就不为人所信服了，当时尼维尔·德·拉·萧塞，狄德罗，博马舍[1]就开始在自己的戏剧作品里描写平常的普通人，而不是传统的国王和英雄了。朗松列举的原因里第二个原因是不是说明了问题呢？"第二，"他继续说，"在他（高奈伊）那个时候，显赫的人物的命运比普通的资产阶级人物的命运更使公众发生兴趣，也使那些伟大的情感有更多的机会可以表现。"这就是另外一个问题了。如果在高奈伊的时候，普通的资产阶级人物的命运不大使剧院的公众感到兴趣，那末自然了，作家就不拿这些资产阶级人物做自己戏剧作品的英雄了。我们还可以说：那个时候的资产阶级的生活从戏剧效果的观点看来也实在是没有兴趣的。可是，如果在下一个世纪资产阶级的英雄的命运能够在观众里引起巨大的兴趣，那末，这种情形就完完全全因为当时法国资产阶级一部分占有了、一部分力图占有的那种社会地位。"最后，"朗松结论道，"一般地说来，历史的利益比职业的或者钱财的利益使热情有更为所有的人了解的基础，职业的或者钱财的利益是资产阶级的热情的根源。"这个话是对的，也是不对的。资产阶级的热情的根源并不永远只是那种职业的或者钱财的利益：例如，在上一世纪末尾伟大的"历史的利益"也同样激动过资产阶

---

[1]〔译者注〕尼维尔·德·拉·萧塞（Nivelle de la Chaussée，1692—1754），法国剧作家。狄德罗（Diderot，1713—1784），法国作家。博马舍（Beaumarchais，1732—1799），法国作家，喜剧很著名。

级。但是，自然，"历史的利益"能够在资产阶级那里出现，只是当具备了相当的条件的时候，这些条件在高奈伊的时候是没有的。那么……那么，所以这个作家选择的题材是这一种，而不是另外一种，这完完全全是社会的原因了。

很容易就可以明白，——请注意，根据朗松自己所引证的事实和意见，——"高奈伊的戏剧的形式"用占据主导地位的等级的心理和风俗可以极其详细地美满地加以说明，这一等级本身也就是高奈伊的时候的剧院的"公众"。所以，假如朗松的理论是对的，那种一定应当表现在高奈伊的作品里的"个人的余物"在那里呢？我们看不到这种余物。而且这不使我们惊奇。任何文学作品都是它的时代的表现。它的内容和它的形式是由这个时代的趣味，习惯，憧憬决定的，而且愈是大作家，他的作品的性质由他的时代的性质而定的这种关联也就愈强烈愈明显，——也就是，换而言之：在他的作品里可以称之为个人的那种"余物"也就愈少。伟大的人物的最主要的个人的特性，"最高的独创性"（读者都记得朗松这个用语）表现在这里，就是他在自己的领域里比别人更早或者更好、更充分地表现出他那个时代社会的或者精神的需要和憧憬。在这个特性，就是他的"历史的个性"前面，一切其他的特性都看不见了，好像在太阳光下面星星都看不见了一样。而这样的历史的个性，完全能够做精确的分析的对象。

朗松说："我认为要研究文学，就要不带任何其他的目的，除去它自身的发展，并且不受任何其他的动机的指引，除去从它得到的快乐。"思考一下他的"个人的余物"的理论，这是十分明白的。认为这种理论是没有根据的人，类如我们，谁也不会同意他，这也是同样明白的。文学能够而且应当带有那样的目的，像生物学家研究有机的生命所带的目的来进行研究。同时也不用多说：这样的研究不会违反文学自身发展的目的，而且从它得到的那种精神上的愉快，不减于也不下于阅读卓越的艺术作品所得到的美学的快乐。[1]

---

[1]〔俄文本编者注〕论文结尾（最后两段）手稿上的异稿如下：

"……用占据主导地位的等级的心理和风俗可以极其详细地美满地加以说明，这一等级本身也就是高奈伊的时候的剧院的公众。但是篇幅不许可我们详加讨论。我们只能限于一般的论述：在任何一个伟大的作家的作品里唯一的显著的'个人的余物'，就是这些作品成功地表现出来了他的时代的社会的憧憬。这样的余物不……"伟大的作家的主要的个人的特性，"最高的独创性"——为的是在这里使用朗松的用语——在于他对他那个时代的社会的（或精神的）需要和憧憬的态度。在这个特性——就是他的历史的个性——前面，所有其他的他的特性都看不见了，好像在太阳光下面星星都看不见了一样。

以他对"个人的余物"的意义那样的见解，朗松说这样的话完全是当然的："我认为要研究文学，就要不带任何其他的目的，除去它自身的发展，并且不受任何其他的动机的指引，除去从它得到的快乐。"然而十分明白的是，认为那些"余物"没有任何本质上的意义的人，类如我们，没有一个人会同意他的。自身的发展——这是个大事情；但是难道科学地认识人类精神的历史不能够帮助达到自身的发展的目的吗？阅读伟大的文学作品所得到的美学的快乐，也是很可尊重的一种东西；但是它并不排斥把这个作品当作那一个或者另一个社会状况的成果加以分析所得到的快乐。事实上只有这样的分析才能够对我们揭露在它的全部深处的活的灵魂。（手稿二一至二二页）

关于加·摩格拉《一个社会的末日》一书的评论

加斯东·摩格拉[1]。《一个社会的末日》。《洛仁公爵[2]与路易十六及玛丽亚·安德娃涅特的宫廷内部生活》。译自法文。圣彼得堡。潘捷莱叶夫（Л. Ф. Пантелеев）出版，一八九七年。

我们写出它的名字的这本书，不是摩格拉的第一本作品。他已经出版过的许多研究著作，其中有一部分是他跟刘茜安·贝莱（Люсьен Пере）〔埃尔班（Эрпен）女士的笔名〕合作的，并且接触到前一个世纪法国某些或多或少有名望的人的生活。那些著作就是：*L'abbé Galiani*，*La Jeunesse de Madame d'Épinay*，*Les dernières années de Madame d'Épinay*，*La Vie Intime de Voltaire*：*Aux Délices Et A Ferney*，*Voltaire et Rousseau*[3]。所有这些著作证明着它们的作者们（或作者）的勤劳，但是它们既无叙述的才能，也无深刻的思想。更具体地更直率地说：加斯东·摩格拉令我们觉得是个很有限的人。他的见解很狭窄，他的判断很偏颇。卢梭的"危险

---

[1] 〔译者注〕加斯东·摩格拉（Gaston Maugras, 1851—1927），法国历史家。
[2] 〔译者注〕洛仁公爵（Duc de Lauzun, 1747—1793），亦称毕隆公爵（Duc de Biron），法国贵族，将军。
[3] 〔俄文本编者注〕《加里阿尼神甫》《德辟奈夫人的青春》《德辟奈夫人的晚年》《伏尔泰尔在乐卢和菲尔纳的私生活》《伏尔泰尔与卢梭》。

的空想"使他害怕（*Voltaire et Rousseau*，p. 588[1]）；前一个世纪末尾的事件使他恐惧[2]。他不能够用客观的观点来看它们。以这样的感受性和这样的缺乏客观性就只能够为历史家收集材料，自己不可能做一个历史家。摩格拉所有的著作一般地都有这样一种材料的意义，特别是这本书《一个社会的末日》。

这本书的主人公是洛仁公爵，在他的末年加过毕隆公爵的封号。全都知道，许多人攻击洛仁，说他是个极不道德的人。摩格拉反驳这个看法。据他的意见，自然洛仁在他和女子的关系上不是一个"无罪的天使"，不过这不是他个人的缺点：在十八世纪，他那个等级的[3]男子不会别样地对待女子。而且这个阶级的女子本身也不幻想永久的恋爱关系，她们在爱情里寻找的只是暂时的欢乐。洛仁很爱这样一种欢乐，不过同时他是良善的，大度的，以机敏的才智，忠实的友谊，高尚的尊严，骑士的勇敢知名。他"是十八世纪末最完全的，最卓越的榜样，"摩格拉说，"他以他的所有的缺点知名，但是也以他的所有的令人向往的方面，高尚的和大度的见解知名。"这是不确实的。毫无疑问，洛仁是一个优雅的、良善的、大度的贵族。但是正因为他的贵族的教养，性格，生活方式，他不能认为是"十八世纪末完全的榜样"。脑力劳动在他的生活里只是极不足道的，偶然的事情，可是活跃和热情的思想工作是十八世纪，特别是他那后半期的卓越的特点。洛仁的见解确实不可谓不高尚；显然，他很为热烈地醉心他那时代的新的憧憬，但是老实说，他始终只是一个良善的和大度的贵族而已。摩格拉自己也了解，那时候法国的贵族

---

[1]〔俄文本编者注〕《伏尔泰尔与卢梭》，五八八页。
[2]〔俄文本编者注〕在手稿上按照检查的意见划去："革命的恐怖直到现在都使他战栗"。
[3]〔俄文本编者注〕在手稿上不是用"等级的"，而是用——"阶级的"。

赞成新学说，完全不像第三等级先进的代表人物赞成它们的那样。他说："良好的风度要求要嘲笑古老的礼节的风俗和陈旧的君主制度。人们颂扬跟新潮流一起出现的自由。醉心新的见解，哲学，民主，平等，但是在这一切里面可以看到玩忽和伪装；在灵魂深处这些人都相信，存在了好几个世纪并且他们觉得很舒服的事情的秩序将会依然一切如故。高贵的出身的优越地位就是现在也应该存在，依然供给生活上的一切利益和快乐。贵族阶级也没有想到放弃自己的特权，例如，塞古尔元帅[1]正是选择那个危急的时刻决定了军队里军官的职位只授给贵族，再好不过地证实了这一点。处于古代的贵族的姓氏的领袖地位的显贵，以为他们的重要性是不可动摇的，好像法国君主政体本身一样，所以他们安心地信赖他们认为对于它的根本的基础无害的反对派。"这是再对不过的，并且很好地说明了当贵族阶级只要看到事情并不是沙龙里的反对特权的诡计，而是真正地废除特权的时候，他们立刻就会扮演的那种反对的角色。是的，洛仁对待新的憧憬的态度，比贵族中许许多多的人都更严肃。在八月四日的夜间[2]他是那些热情地放弃自己的特权的贵族之一。但是这个放弃有一点极端的轻率："当事情结束了，"摩格拉叙述道，"他（洛仁）抑制不住地问他的朋友们：诸位先生，我们做了什么事情？有谁知道这个吗？并且在他周围的人每个人都承认，什么也不知道。"后来洛仁甚至于在共和国的军队里服务过，但是他跟奥尔良公

---

[1]〔译者注〕塞古尔（Philippe Henri, marquis de Ségur, 1724—1801），侯爵，法国元帅，曾任纳克尔（Necker）内阁的军事部长（1780—1787）。
[2]〔译者注〕即一七八九年的"八月四日之夜"，在会议中，贵族和教会都宣布放弃自己的特权。

爵[1]友好，这种情形就必然引起共和党人方面对于他的极不信任的态度。而且他自己也感到在新的环境里很为局促，对于它的憧憬他那时候已经绝对停止同情了。他的死正是做了他的矛盾的处境的牺牲。我们觉得，他的政治活动可以用摩格拉所引用的下面的莱维公爵（Герцог Леви）的话很确实地加以说明："他的不幸的主要原因，不是像所能料想的那样，既不是对于自由的热烈的爱，也不是激昂的共和党的见解……总之，当显贵们能够不受处罚地表示自己的不满的时候，他过分轻率地相信联盟[2]和伏隆德党[3]的时代重演的可能。就是这个断送了他的性命。"

但是就以上所说的看来，如果洛仁远不能认为是十八世纪末最完全的、最卓越的代表人物，那末他总算是一个出色的，并且按他自己的情形来说，是一个很为动人的形象。摩格拉这一点没有错误，他认为描写他的生活的全部的波澜，可以在某种程度上使我们看到被革命的风暴无情地永远地毁灭了的整个的法国高等社会。那时候的法国贵族阶级可以用作处于衰落状态并且快步走向灭亡的阶级的有趣的标本。西欧的贵族阶级是因为社会分工的历史的必然性产生的。在它的存在的最好的时期，它是统治的和军事的阶级。从它的这种社会的职务产生出它的所有的特权，那些特权起初毫不违反正义，因为它们是这一阶级的经济保障在那个时候唯一的可能的方法，而这一阶级因为自己的社会职务的种类不能够直接参加社会生产。

---

[1]〔译者注〕奥尔良公爵（Duc d'Orléans），法国国王的兄弟，这一家的路易·菲力普后来在一八三〇年的革命之后做了国王。
[2]〔译者注〕联盟（Ligue），一五七六年基斯公爵所组织，表面上保卫天主教反对加尔文教，实际上想推翻国王亨利第三，立基斯公爵一家为王。
[3]〔译者注〕伏隆德党（Fronde），一六四八年法国贵族所组织，当时路易十四年幼，伏隆德党人反对官廷和主政的玛萨林，曾联合西班牙起兵，失败，一六五三年被消灭。

随着社会生产力的发展提出了新的社会需要，那时候只有专制君主政体能够满足它们，并且随着这种君主政体的巩固成长了官僚政治和常备军，于是贵族等级存在的历史意义也就消失了。它愈来愈成为无用的等级，只适用于在凡尔赛或是其他的王宫的大厅里摆摆排场。由于这种情形，它的特权对于现在的社会就成了无益的了，而且对于进一步的社会的进步是有害的。那个时候就开始了从前完全默然服从的第三等级的反对运动，由此发生了在哲学、政治，文学艺术领域里十八世纪的革新的潮流。暂时事情还没有弄到废除衰朽的制度的地步，有学识的一部分贵族不仅不反对这些革新的潮流，而且甚至于赞同它们，——完全像从前意大利有学识的神甫赞同异教徒的文艺复兴一样。这种现象从阶级心理的观点来看是很有兴趣的，它很值得加以详细的探讨。我们即使回想一下这种情形也就够了：在十八世纪法国贵族阶级——世俗的以及教会的——对于宗教是抱着很怀疑的态度的[1]。在贵族阶级里迅速地传播开了自然神论甚至无神论。摩格拉说，"然而就是最无信仰的人，也继续把信仰宗教看作是良好的品格的标志，——而主要的——是束缚下等阶级的有用的缰辔……正是因此，怀疑主义的和无神论的人们保持着宗教的仪式，并且强迫人民信奉他们所嘲笑的那些信仰。他们去做弥撒，领受圣餐，请神甫到临死的人的床前；在几个特别的纪念日教堂里总是挤满了人；在圣餐节和其他的大节日，佩绶带的红衣主教们，主教们，大臣们，穿红色的官服的法院的官员，所有的国家机关的代表，都拥挤在圣体的周围；仪仗队表现得非常之庄严；大炮发出

---

[1]〔俄文本编者注〕在手稿上有一句删去的话："泰纳说，当人们问一个巴黎的神甫，主教们实际上信不信教，他沉思了一会之后回答道：可能，我们中间有四五个人还没有失去信仰。"

礼炮，军队——行军礼，所有在场的人都虔诚地跪下。所有的人都在执行宗教的职务，但是有多少个无神论者在这些俨然信教的人们中间呵。"当后来这个社会本身对起来保卫宗教的，贫穷的愚昧的农民鼓掌的时候，自然，那是他们遵从跟宗教丝毫没有关系的思考的指挥。值得注意的是，法国贵族阶级最有天才的杰出的代表人物之一，夏朵布里昂[1]，在他的 *Génie du Christianisme*[2] 里，主要的是从美学的观点来保卫基督的宗教的。任何一个真诚信教的人都会看出这种保卫简直就是亵渎。

摩格拉说："已经不相信上帝了，可是因为人的天性本来爱好神奇的和超自然的东西，于是就相信麦斯麦尔[3]，相信加里奥斯特罗[4]，相信巫术，相信占卜的女人，并且害怕星期五[5]，受难的日子。"（九页）在另外一处地方他惊奇道："谁都已经不信仰上帝了，可是全都信仰起加里奥斯特罗来了"，他并且说到他的主人公洛仁，怎样跟夏特尔公爵（Герцог Щартр）和其他的社交界的名流一起去做召请魔鬼和类似的荒唐的事情。（四〇二页及以下）但是巴黎上流社会的这样一种心情表现着什么呢？那就是：这个社会对于自然还没有达到清醒的哲学的见解，但是在那个时候，那种在中世纪、在更低得多的社会发展阶段上形成的信仰的总和已经不能够满足它

---

[1] 〔译者注〕夏朵布里昂（F. R. Chateaubriand，1768—1848），法国作家。
[2] 〔俄文本编者注〕《基督教真谛》。
[3] 〔译者注〕麦斯麦尔（F. Mesmer，1734—1815），德国医生，物理学家，创立动物磁性学说。此处即指催眠术。
[4] 〔译者注〕加里奥斯特罗（Калиостро，1743—1795），伯爵，一个著名的冒险家，在全欧洲到处冒充医师，炼金术者，降魔伏鬼的专家，卖长生药长生水；他组织了一个秘密的教派，古代埃及的共济会，有很多的信徒，特别为官廷里的人所信仰。
[5] 〔译者注〕耶稣在星期五被钉死在十字架上。

了。把信仰神奇的事物跟人的天性的关系如何这个问题放在一边，可以确定地说，单独这个信仰是完全不足以在这样的教义的体系底这样的环境里占据主导地位的。要占据这样的主导地位需要为一定的社会关系所决定的一定的社会心情。在法国上一个世纪旧的信仰之所以破灭，正是因为旧的社会关系愈来愈甚地被破坏了的原故。

在现在，法国的上流社会也乐意借各种各样鬼怪的事情来消遣。这个社会也是由没落分子组成的，它也在度它的末日。因此可以问一问：它比上一个世纪末的法国贵族社会好多少还是坏多少呢？摩格拉也提出这样一个问题，虽然他根据的是另外一种见解："这个无忧无虑的、优美的、快乐的社会真的比我们的社会坏么？"他问道。"我们没有看到在革命的悲剧性的时刻那些最轻率的朝臣么，那些有时沉于欢乐有时沦于歇斯底里的娇柔的妇女么；我们没有看到他们坚忍地忍受破产、贫穷、监禁么？他们不是唇边带着微笑，既不喊叫，也不流泪，也不诉冤地登上断头台么？"回答这个问题并不难：没落的贵族作为一种人的典型比没落的资本家高得不能够比较，没落的贵族仍然还有一种骑士精神的传统，可是没落的资本家什么也没有，除去贪得无厌的肚子。如果洛仁公爵能够说是趋向衰落的法国上流社会的典型的代表人物，那末现在的法国资产阶级社会的典型的代表人物就是类似莫泊桑的 *Bel-Ami* [1] 的角色了。不过这一点没有详述的必要。资产阶级的历史使命完全不在于培养骑士的性格，而是在于高度地发展社会的生产力，没有它文明的人类就会永远地陷在停滞的泥沼里，尽管有最美好的"进步的法则"……[2]。

---

［1］〔俄文本编者注〕"漂亮朋友"。
［2］〔俄文本编者注〕在《新言论》上发表的评论在此结束，以下的文字系根据在普列汉诺夫博物馆里保存的手稿印出。

摩格拉的书的译文不算坏，可是也并不好。许多地方它是十分不成功的。例如，读一读这几行吧："我的亲爱的，请〔不要以为，无论你用什么样的借口把事情怎样地翻个个，我们无论如何都不会接受借重元帅的帮助。我宁愿受一切的痛苦，不愿意受为你轻视的耻辱。请想一想，给朋友的帮助是需要的，不过要适合他们的风味，最忠实的朋友是不会原谅用荣誉做代价买来的帮助的〕。"不要以为，我们不会接受，——这意思就是：我们一定会接受。事实上这里的意思应该完全相反：无论如何都不会接受。在五〇三页我们读到："然而毕隆〔因为习惯于军人的服从而服从了，不过关于等待他的命运毫不出他所料〕。"难道这样的笔误不能够避免吗？此外，译者，或者——应当是——译者们把同一个名字写作不同的样子：在书里有些地方我们读到 Диллон（狄隆），Дюдеффан（杜德方）先生，Де Лиль（德·力里）骑士，而在另外一些地方这些人就变成дю Деффан（杜·德方）和 Децон（德里翁）先生，Де Лиль（德·力里）骑士了。这是不合适的。同样这也是不合适的：写作 Вурбоне，Гемене，Лоэн，却需要读作：Вурбоннэ（布朋），Геменэ（盖曼），Лозэн（洛仁）等等。关于英国的名字和名称我们就不讲了，Уэльский（威尔斯）王子译者们叫作 Валлийский（瓦里斯）王子，而 Глостер（格罗斯特尔）——叫作 Глочестер（格罗切斯特尔）。

注　释

这本书原来是普列汉诺夫关于文学艺术的理论批评文字选集，《艺术与文学》（"Исккуство и Литература"）的第三部分，论西欧文学部分，因此也名为《论西欧文学》。

《艺术与文字》一书由伯里契科夫（Н. Ф. Бельгиков）编辑和注释，苏联国家文学出版社出版（一九四八，莫斯科）。在书后附有编辑部所作的评注。现在把关于论西欧文学这部分（俄文本八八三至八八五页）移译于下，以供参考。

评封·波连茨的长篇小说《农民》

这篇评论最初发表在《曙光》杂志上（一九〇二，第四期），转收进格·华·普列汉诺夫的论文集《我们的批评家们的批评》（圣彼得堡，一九〇六）；波连茨的这本小说在莫斯科工人出版社再版时（一九二八）曾用来作为序言；收在全集第十一集，三九二至三九六页。

这里印出的是对照过的文字，消除了全集本里存在的错印和遗漏。

威廉·封·波连茨（一八六一至一九〇三）的长篇小说《农民》（一八九五）——是德国自然主义的主要的作品之一。与德国自然主义者通常描写工业城市的主题不同，波连茨选择了德国的农村做他的小说的主题，并且以很大的真实性反映出在资本主义的条件下德国农民的破产。波连茨描写德国农民的经济崩溃和家庭离散，是站在保卫农村的家长制基础的立场上的。这引起了列·尼·托尔斯泰的注意，他在一八九八年为小说《农民》的俄文版写了一篇表示赞同的序言。托尔斯泰给小说以很高的评价，赞扬它的现实主义，并且写道："它的内容是重要的，它触及农民的生活，即大多数人的生活，他们是一切的社会机构的基础，并且现在不仅在德国，而且在所有的欧洲的国家里他们的多年的古老的机构正遭到重大的改变。"普列汉诺夫正确地指出托尔斯泰的论文的缺点：它有三分之二写的不是关于小说的事，而且借着小说的题目并且主要是大肆发挥关于读者的文学艺术赏鉴力低落的牢骚。

亨利克·易卜生

这篇论文最初发表在《文学批评丛刊》的《海燕》里，属于《万人文库》丛书（圣彼得堡，一九〇六），只有前八章。第九章是格·华·普列汉诺夫应卡·考茨基之请特别为德文版写的，作为一九〇八年七月十日的《新时代》（"Neue Zeit"）的附册印行。第九章最初为苏联读者所共知是在《文学遗产》里（报刊出版社，莫斯科，一九三一，第一集，九五至一〇二页），后来又重印在《格·华·普列汉诺夫——文学批评家》（莫斯科，一九三三，一一九至一三二页）里。

这篇论文是普列汉诺夫在西欧文学领域里最坚实的最完善的研究。在他的剧本里提出了社会问题的、伟大的挪威剧作家的作品，成了社会性的重要的研究对象。普列汉诺夫的论文在国外引起了广大的兴趣，并且被印为德国社会民主党的学术性的机关刊物，一九〇八年七月十日《新时代》的附册。在德文版里普列汉诺夫又补充了一章，第九章。普列汉诺夫的第八章以允约说明易卜生在西欧成功的原因结束。《新时代》的编者请他寄去这个补充。普列汉诺夫回答说（一九〇八年五月九日）："关于用什么来说明易卜生在那些实质上决非小资产阶级的国家里的巨大的成功，这个问题本身是很有兴趣的，不过它不需要很多的论证，有几页的一章就够了。"这样的补充就是普列汉诺夫的俄文本里所没有的第九章，目前在他的文稿里还没有发现这个附有给翻译者的说明的一章的俄文原稿。

＊（三〇〇页）指易卜生在一八八五年六月十四日的演说。详见普列汉诺夫这篇论文的第七章。

斯托克曼医生的儿子

这篇论文最初发表在普列汉诺夫的论文集《从防御到进攻》里（圣彼得堡，一九一〇），它是特为这个论文集而写的。在全集里收在第十四集，二三八至二五八页。

普列汉诺夫的论克努特·汉姆松的剧本《皇宫门前》和它的主人公伊瓦尔·卡莱诺的论文，在实质上是论易卜生的论文的续篇。问题不仅在于汉姆松和易卜生一样，也是挪威的作家。普列汉诺夫是把伊瓦尔·卡莱诺作为"斯托克曼医生亲生的儿子"来探讨的，他比他的父亲走得更远，并且达到憎恨人类和反动的思想体系了。

普列汉诺夫在他的著作《艺术与社会生活》里又谈到过汉姆松的剧本，他重又指出，卡莱诺的思想——"消灭无产阶级，这个剥削社会上其他阶级的阶级"——"达到极端荒谬的地步","并且不幸的是,自己的英雄这种错误的思想,很显然的,汉姆松自己也赞同的。"

普列汉诺夫仅仅分析了《皇宫门前》(一八九五),克努特·汉姆松(彼得尔生的笔名,生于一八五九年)的戏剧三部曲的第一个剧,后两个剧是《生活的游戏》(一八九六)和《晚霞》(一八九八)。但是他对伊瓦尔·卡莱诺这个形象的小市民性的判断,完全由主人公在三部曲里后来的情形所证实。伊瓦尔·卡莱诺的思想后来遭到了幻灭,他自己也变成一个穿着长袍和便鞋的学究,一个胆怯的自由主义者,正像卡莱诺起先讥笑和谴责的希林教授一样。卡莱诺终于显露出他的小市民的面目。

普列汉诺夫对于这个剧本里的反动的哲学所作的歼灭性的揭露,也被汉姆松本人后来的发展证实了。卡莱诺的思想对于汉姆松来说不是偶然的。在他以后的作品里汉姆松又说工人是懒惰者和寄生者(《井边的女人》,一九二〇),发扬取消工业的必要性的、自然的农民经济的理想 (《大地之华》,一九一七)。

在政治上汉姆松愈来愈向右发展,最后,变成了自己的国家的叛徒和法西斯反动派的公开的拥护者。

＊(三二七页)普列汉诺夫引用了几乎整个的(除去最后一节)一首雪莱的诗,题目叫作《给英国人的歌》(一八一九),用巴尔蒙特的译文,这是英国诗人革命民主主义的抒情诗里最好的作品之一。

＊(三二八页)普列汉诺夫引用哥德的《普罗米修斯》,一个片断的剧本,作于一七七三年。

两篇关于古·朗松《法国文学史》一书的评论

这两篇评论最初登载在杂志《新言论》上(一八九七),后来,按照普列汉诺夫处理它们的规定，因此在他的文稿里保存了这两篇评论的几页手稿，它们曾经转载在《文学遗产》第一集里（报刊出版社，一九三一，四七至六九页）。

《法国文学史》出过十版，——是古斯塔夫·朗松（一八五七至一九三四）的主要著作，他是梭尔朋的教授（从一九〇〇年起）和"师范学校"的校长（一九二〇至一九二七），著名的法国文艺学家，许多文学史的专论（论波瓦罗、高奈伊、伏尔泰尔等）的作者。

关于加·摩格拉《一个社会的末日》一书的评论

这篇评论最初刊载在《新言论》上（一八九七），在十二月号（第三期，一一六至一一九页）。这篇论文的手稿也保存在格·华·普列汉诺夫的文稿里。手稿和印本没有重大的差异。所指出的文字上的不同之处，取自文集《格·华·普列汉诺夫——文学批评家》（报刊出版社，一九三三，七〇至七八页）。

法国历史学家加斯东·摩格拉（一八五一至一九二七）的书不是艺术的作品，也不是文学史的研究，而是关于十八世纪末法国社会的历史著作。编辑部认为把普列汉诺夫关于摩格拉的书的评论，列入现在这本普列汉诺夫的文字批评的著作的文集里是适当的，因为在这篇评论里涉及对于十八世纪末法国文化、哲学、文学的历史有直接关系的一些问题。

译者　一九五六年十月北京